Angela Maier

Der Heuschrecken-Faktor

Angela Maier

Der
Heuschrecken-
Faktor

Finanzinvestoren in Deutschland:
Wer sind sie? Wie arbeiten sie?
Wer profitiert wirklich?

HANSER

Bibliografische Information der Deutschen Nationalbibliothek
Die Deutsche Nationalbibliothek verzeichnet diese Publikation in der
Deutschen Nationalbibliografie; detaillierte bibliografische Daten
sind im Internet über http://dnb.d-nb.de abrufbar.

1   2   3   4   5   11   10   09   08   07

© 2007 Carl Hanser Verlag München
Internet: http://www.hanser.de
Lektorat: Martin Janik
Herstellung: Ursula Barche
Umschlaggestaltung: Büro plan.it, München, unter Verwendung
einer Fotografie von Hartmut Keitel
Satz: Verlags- und Presseservice Erding
Druck und Bindung: Friedrich Pustet, Regensburg
Printed in Germany

ISBN 978-3-446-41140-1

Inhalt

Einleitung: Eine Vorhut des Kapitalismus

Aufkaufen, umbauen, zerschlagen, zusammenfügen, verkaufen. Bei Unternehmen, die von Finanzinvestoren übernommen werden, bleibt häufig kein Stein auf dem anderen. Die Folgen sind dramatisch für die Betroffenen. Produktion wird verlagert, Stellen werden gestrichen, das Management wird ausgewechselt. Die Beteiligungsgesellschaften sind Eigentümer auf Zeit, mit genau einem Ziel: möglichst viel für ihre Geldgeber herauszuholen.

Entsprechend groß ist das Misstrauen, das Private-Equity-Gesellschaften entgegenschlägt. Der damalige SPD-Vorsitzende Franz Müntefering versuchte 2005, daraus politisches Kapital zu schlagen. Die von ihm entfachte Debatte über die „Heuschrecken", die über Unternehmen herfallen, diese abgrasen und dann weiterziehen, hat seither die Diskussion über die Branche geprägt. Und sie hat die verschwiegenen Beteiligungsfirmen auf den Radarschirm gehoben.

Seither sind die Heuschrecken in aller Munde. Die meist angelsächsischen Turbokapitalisten sind aus der deutschen Wirtschaftswelt nicht mehr wegzudenken. Sie kaufen dem Gaskonzern Linde seine Gabelstaplersparte ab, damit Linde die Übernahme des britischen Konkurrenten BOC stemmen und zum größten Gaskonzern der Welt aufsteigen kann. Sie entlasten Daimler von seinem US-Verlustbringer Chrysler und helfen dem Autokonzern damit, seinen Kern Mercedes-Benz wieder auf gesunde Beine zu stellen. Sie beherrschen die größten deutschen Kabelnetzbetreiber und stellen damit den Schlüssel dafür dar, wie es mit dem deutschen Kabelfernsehen sowie dem Surfen im Internet und Telefonieren über das Kabel weitergeht.

Finanzinvestoren sollen sogar Finanzminister Peer Steinbrück (SPD) dabei helfen, Bundesvermögen zu mehren. Zumindest traut Steinbrück dies Blackstone zu und hat dem

US-Investor deshalb 4,5 Prozent an dem ehemaligen Staatsmonopolisten Deutsche Telekom verkauft. Mit gravierenden
Folgen – für das Management, vor allem aber für die Mitarbeiter der Telekom. In der Regel aber geben sich Private-
Equity-Gesellschaften mit solchen Kleinstbeteiligungen nicht
zufrieden. Sie greifen nach ganzen Unternehmen, sogar Dax-
Firmen wie Continental, BASF, Linde, MAN oder Infineon.

Sind Private-Equity-Gesellschaften Räuber oder Retter?
Genauso kann man fragen, ob das kapitalistische System
schlecht oder gut ist. Die unbefriedigende Antwort lautet in
beiden Fällen: Es kommt darauf an. Der hoch defizitäre Bezahlsender Premiere wäre nach dem Zusammenbruch der
Kirch-Gruppe wahrscheinlich untergegangen, wenn nicht die
britische Beteiligungsgesellschaft Permira eingesprungen wäre. Auf der anderen Seite bauen Finanzinvestoren häufig erst
einmal Arbeitsplätze ab. Und manchmal geraten ihre Unternehmen durch den massiven Einsatz von Schuldenfinanzie-
rung gar an den Rand der Insolvenz, wie die Autozulieferer
Kiekert, TMD Friction oder Honsel.

In der kapitalistischen Wirtschaftsordnung wirkt der Ei-
gennutz als Motor für Wohlstand und gerechte Verteilung, so
beschreibt es der schottische Nationalökonom Adam Smith.
Doch hat auch der Kapitalismus seine Schattenseiten. Ein
Beleg dafür ist der drastische Anstieg mancher Managerge-
hälter in den vergangenen Jahren, obwohl Unternehmens-
werte vernichtet, Arbeitsplätze abgebaut und Löhne kaum
erhöht wurden. Doch lehrte spätestens der Zusammenbruch
des Kommunismus: Der Kapitalismus ist noch das kleinste
Übel.

Im kapitalistischen System sind die Heuschrecken ein Kri-
sensymptom. Sie kommen vor allem dann zum Zuge, wenn
Märkte oder das Management von Unternehmen nicht effi-
zient arbeiten. Honorieren die Börsen die Erfolgsaussichten
eines Unternehmens nicht angemessen in den Aktienkursen,
schlagen Finanzinvestoren zu. Dasselbe gilt, wenn das Management schlecht wirtschaftet und durch eine Veränderung
der Führung aus einem Unternehmen noch viel mehr herauszuholen wäre. Oder wenn Teile zum Verkauf stehen, weil sie

nicht oder nicht mehr in die Unternehmensphilosophie passen. Der langjährige Daimler-Chef Jürgen Schrempp hat für Chrysler 1998 nicht nur viel zu viel bezahlt, sondern auch bei der Sanierung und Integration des US-Autobauers versagt. Private Equity will zeigen, dass es auch anders geht.

Abseits der Aktienmärkte, ihrem Zwang zur Quartalsberichterstattung und vom Licht der Öffentlichkeit lässt sich vieles schneller, unbürokratischer und unter weniger politischer Einflussnahme regeln. Häufig sind die Veränderungen schmerzhaft für die betroffenen Mitarbeiter. Zumindest aber fangen die Heuschrecken damit oft früher an – was unter dem Strich auch ein paar Arbeitsplätze sichert. Fälle wie die Siemens-Handy-Sparte, die aufgrund von Managementfehlern jahrelang am Markt vorbeiproduzierte und unter dem neuen Eigner BenQ pleiteging, sind im Private-Equity-Geschäft kaum denkbar.

Insofern sind die Heuschrecken eine Vorhut des Kapitalismus. Diese wirkt auch als Wegbereiter für eine neue Aktienkultur. Die halfen Private-Equity-Gesellschaften schon in den 80er-Jahren in den USA einzuführen, als die Manager statt der Interessen der Aktionäre ihre persönlichen Pfründe pflegten und das Vermögen ihrer Unternehmen verschleuderten. In Deutschland verhinderte über Jahrzehnte die enge Verflechtung von Finanzwirtschaft und Unternehmen eine stärkere Ausrichtung des Managements an den Aktionärsinteressen. Das von Bundeskanzler Konrad Adenauer errichtete rheinische Konsensmodell blieb über Jahrzehnte intakt – die Auswüchse lassen sich immer noch fast täglich in den Zeitungen nachlesen: bestochene Betriebsräte, Vorstandschefs, die trotz Missmanagements auf ihren Posten kleben, Spitzenmanager, die jahrelang Korruption in ihrem Haus dulden.

Doch der Wind dreht sich auch in der deutschen Unternehmenswelt. Dazu tragen neben den Private-Equity-Gesellschaften auch die Hedgefonds bei, die im Vergleich zu Private Equity noch stärker auf kurzfristige Erfolge und geschäftlichen Aktionismus aus sind. Hedgefonds verhinderten das teure Expansionsstreben der Deutschen Börse und die Übernahme des Ablesekonzerns Techem durch Private-Equity-Gesellschaften. Stattdessen mussten beide Firmen aus ihren vollen Kassen Extradividenden an ihre Aktionäre ausschütten.

Insbesondere vor den Hedgefonds kann sich kaum mehr jemand sicher fühlen. Selbst die Citigroup, der größte Finanzkonzern der Welt, befürchtet, zur Zielscheibe zu werden. Siemens oder Deutsche Telekom scheinen für Private-Equity-Gesellschaften sehr große Brocken zu sein. Für eine Attacke von Hedgefonds indes, die mit kleinen Anteilspaketen oft große Wirkung entfalten, bieten sie Angriffsfläche genug.

Um dies zu verhindern, gehen immer mehr Unternehmenslenker dazu über, die Heuschrecken mit ihren eigenen Waffen zu schlagen. Der Industriegaskonzern Linde ist dafür das beste Beispiel: Unter dem Druck seiner drei Großaktionäre Allianz, Deutsche Bank und Commerzbank startete Linde-Chef Wolfgang Reitzle einen Umbau, der jeder Beteiligungsgesellschaft zur Ehre gereicht hätte. Zuerst kappte er mit dem Verkauf der jahrelang ertragsschwachen Kältetechnik die Wurzeln der Firma, die 1879 als „Gesellschaft für Linde's Eismaschinen AG" gegründet worden war. Dann übernahm er mithilfe eines exorbitant großen Schuldenpakets den britischen Gashersteller BOC, obwohl sich der zunächst sperrte. Um die Schulden wieder zu verringern, verkaufte er anschließend die hochprofitable Gabelstaplersparte – an Finanzinvestoren.

Allianz und Deutsche Bank strichen Tausende Stellen, obwohl sie von einer Krise weit entfernt waren. Allianz-Chef Michael Diekmann und Deutsche-Bank-Chef Josef Ackermann wollten bloß ihre ohnehin schon beträchtlichen Milliardengewinne auf das Niveau internationaler Wettbewerber heben. Der Bad Homburger Traditionskonzern Altana stieß seine Pharmasparte ab, da diese angesichts drastisch steigender Entwicklungskosten langfristig keine Zukunft zu haben schien.

So verwendet Volkes Mund den Begriff Heuschrecken längst nicht mehr nur für die großen internationalen Beteiligungsgesellschaften. Mittlerweile muss sich auch mancher Konzernmanager als Heuschrecke beschimpfen lassen. Oft zu Recht, wenn Mitarbeiter für Managementfehler mit ihren Arbeitsplätzen bezahlen müssen, wie bei BenQ Mobile oder der Deutschen Telekom.

Das Private-Equity-Geschäft an sich entspricht nur dem Streben jedes Kapitalisten, als Ausgleich für die Bereitstellung von Kapital einen Zins oder eine Rendite zu verlangen. Jeder Private-Equity-Kapitalist überweist einem Unternehmen Risikokapital und geht damit – wie die Bezeichnung schon ausdrückt – Risiken ein. Dafür sowie als finanziellen Ausgleich dafür, dass er auch Know-how in das Unternehmen steckt und sein Geld dort jahrelang fest gebunden ist, fordert er eine Rendite, die die durchschnittlichen Aktienrenditen übertrifft.

So weit die Theorie, die wohl kaum jemand beanstanden würde. In der Praxis allerdings ist Private Equity eine Verschuldungsmaschine. Es gibt kaum ein Unternehmen, das nicht nach seinem Wechsel in Private-Equity-Hände zumindest vorübergehend deutlich höhere Schulden aufweist. Mit der steigenden Überhitzung der Kreditmärkte der vergangenen Jahre nahmen diese Auswüchse immer absurdere Formen an. So konnten Finanzinvestoren ihr vorgebliches „Risikokapital" häufig schon nach wenigen Monaten wieder abziehen und durch Schulden ersetzen, die ihnen Banken und Hedgefonds nur so nachwarfen. Wenn aber das Risiko entfällt, wo bleibt da noch die Berechtigung für die überdurchschnittliche Rendite?

Zugleich häufen sich die Fälle wie Celanese, Cognis oder Hertz, die von den Finanzinvestoren wie Selbstbedienungsläden geplündert wurden. Wie ist es um die Verantwortung von Fondsmanagern bestellt, wenn nur wenige Tage nach der 39 Milliarden Dollar schweren Übernahme des amerikanischen Büroimmobilienkonzerns Equity Office Bürogebäude für 17 Milliarden Dollar weiterverkauft werden, um den Kaufpreis teilweise zu refinanzieren? Wie sollen dadurch die Werte geschaffen werden, die die Private-Equity-Manager so gerne für sich reklamieren?

Fast zwei Dekaden nach dem Zusammenbruch der ersten großen Private-Equity-Welle in den USA greift die Gier wieder um sich – diesmal aber weltweit. Wer steckt hinter ihren Treibern, den Private-Equity-Gesellschaften? Wie ticken sie? Wie gehen sie vor, um ihre Gewinne zu maximieren? Was wird aus den Unternehmen, die sie unter ihren Fittichen haben, und aus deren Mitarbeitern, was aus den Mietern, deren Wohnungen sie erworben haben? Warum geben Banken Private-Equity-Gesellschaften bedenkenlos Kredite, die sie Unternehmen verweigern würden? Und warum bleiben die Private-Equity-Gewinne deutschen Anlegern großenteils vorenthalten, sondern kommen stattdessen kalifornischen Lehrern und Beamten zugute? Diese Fragen soll dieses Buch beantworten.

Viele der beschriebenen Erkenntnisse sind gewonnen aus unzähligen Diskussionen mit Private-Equity-Managern, Vorständen und Geschäftsführern ihrer Portfoliounternehmen, Bankern, Beratern, Fondsinvestoren und Journalistenkollegen über die vergangenen zehn Jahre. Ihnen danke ich dafür herzlich.

Wie arbeiten Heuschrecken?

Thomas Krenz, Michael Phillips und Jens Reidel sind entsetzt. Unter dem Titel „Münteferings Liste" sind ihre Namen und Fotos in einer Zeitungsillustration abgebildet, die einem Fahndungsplakat für Schwerverbrecher ähnelt. Darüber zeigt die „Welt am Sonntag" den SPD-Vorsitzenden Franz Müntefering in der Pose des Anklägers. Es ist der 1. Mai 2005, und in Deutschland ist die von Müntefering angezettelte Debatte über Beteiligungsgesellschaften, die wie Heuschrecken agieren, in vollem Gange.

„Meine Kinder mussten sich plötzlich in der Schule fragen lassen, was denn ihr Vater macht", klagt Reidel. Seine zwölfjährige Tochter wurde vom Sozialkundelehrer gar vor der ganzen Klasse als Abkömmling einer Heuschrecke geoutet. Reidel, siebenfacher Vater, ist Chairman der britischen Beteiligungsgesellschaft BC Partners. Und BC fand sich ebenso unversehens von Müntefering namentlich diffamiert wie Krenz' Permira und Phillips' Apax Partners. Die drei waren immerhin in guter Gesellschaft von acht anderen Spitzenmanagern von Private-Equity-Gesellschaften – und Josef Ackermann, dem Chef der Deutschen Bank.

Die Ouvertüre zu dieser Attacke hatte Müntefering zwei Wochen vorher in der „Bild am Sonntag" gegeben: „Manche dieser Investoren verschwenden keinen Gedanken an die Menschen, deren Arbeitsplätze sie vernichten", sagte er dem Boulevardblatt. „Sie bleiben anonym, haben kein Gesicht, fallen wie Heuschrecken-Schwärme über Unternehmen her, grasen sie ab und ziehen weiter. Gegen diese Form von Kapitalismus kämpfen wir."

Wenig später ließ der SPD-Chef seine Heuschrecken-Liste an die Öffentlichkeit durchsickern, in der er die gesamte Creme der internationalen Beteiligungsbranche an den Pranger stellte. In jenem vierseitigen Pamphlet mit der anklagenden Überschrift „Marktradikalismus statt sozialer Marktwirtschaft – Wie Private-Equity-Gesellschaften Unternehmen verwerten" ist zu lesen: „Die Namen der Aufkäuferfirmen heißen KKR, Apax, Carlyle, BC Partners, Advent, CVC, Permira, Saban Capital und Blackstone." Ihnen gehörten inzwischen rund 5 000 Unternehmen, sie seien mit etwa 400 000 Beschäftigten „mittlerweile zu den größten deutschen Arbeitgebern aufgerückt", stellen die Genossen betroffen fest und beklagen die „rabiaten Methoden" der „Finanzjongleure". Besonders fundiert ist das Papier allerdings nicht, die Deutsche Bank zum Beispiel tritt gar nicht als Private-Equity-Investor auf. Ein Assistent der Planungsgruppe der SPD-Bundestagsfraktion hatte es schnell aus Internetrecherchen und diversen Archiven zusammengeschrieben, um Müntefertings Parteifreunden für dessen Kapitalismusdebatte Informationen und Argumente zu liefern.

Dazu muss man wissen: An „Müntes" Nerven zehrten zu jener Zeit immer schlechtere Umfragewerte der rot-grünen Bundesregierung. Der Wahlkampf für die wichtige Landtagswahl in seinem Bundesland Nordrhein-Westfalen war in vollem Gange. Und in der Nähe von Münteferings Heimat, im sauerländischen Hemer, griffen beim Sanitärtechnikhersteller Grohe der US-Finanzinvestor Texas Pacific Group (TPG) und die Schweizer Credit Suisse (CS) mit rüden Methoden durch und drohten, bis zu 3 000 Mitarbeiter auf die Straße zu stellen.

Die schweren Vorwürfe machten die Private-Equity-Branche fassungslos. Öffentlicher Gegenwehr enthielt sie sich trotzdem weitestgehend, um die Debatte nicht weiter aufzuheizen. Dass genau dies passiert ist, konnten die Finanzinvestoren durch ihr beredtes Schweigen nicht verhindern. Unverhofft durften sie sich zumindest über breite Entrüstung auch außerhalb ihrer Branche freuen. So klagte der Historiker Michael Wolffsohn, er fühle sich an das Dritte Reich erinnert. „60 Jahre danach werden heute wieder Menschen mit Tieren gleichgesetzt ... Heute nennt man diese Plage Heuschrecken, damals Ratten oder Judenschweine", kritisierte Wolffsohn.

Doch selbst in den eigenen Reihen brachte Müntefering seine Kapitalistenhetze nichts ein. Bei der anschließenden

Maikundgebung des Deutschen Gewerkschaftsbunds flogen Eier gegen den SPD-Chef, und Menschen riefen: „Lügner, hau ab." Müntefering musste von den staatlichen Beschützern des Kapitals, einer Truppe Polizisten, mit Schutzschilden vor der revolutionären Menge abgeschirmt werden. Und die Landtagswahl einige Wochen später endete in einem Desaster: Nach 39 Jahren musste die SPD die Regentschaft in Nordrhein-Westfalen zum ersten Mal an die CDU abtreten.

Eine scheue Branche rückt ins Rampenlicht

Münteferings schwere Niederlage verschaffte den frontal angegriffenen Finanzinvestorenvertretern allenfalls kurzfristige Genugtuung. Denn der so plakative Begriff der Heuschrecke blieb an ihnen kleben, nicht nur in der deutschen Öffentlichkeit. Selbst die britische Finanzzeitung „Financial Times" schreibt seither stets gerne über die „locusts".

Zudem traf die Kampagne die Branche gänzlich unvorbereitet. Allenfalls von Experten beobachtet und von der breiten Öffentlichkeit kaum bemerkt, hatten Reidel, Krenz, Phillips und viele andere Private-Equity-Manager da schon 15 bis 20 Jahre lang ihr „Unwesen" getrieben in Deutschland. Sie hatten die Ablesefirma Techem und den westfälischen Sanitärtechnikhersteller Grohe erworben. Sie hatten dem Großbäcker Heiner Kamps seine Bäckereikette abgekauft und später an die Börse gebracht. Den legendären Boom des Neuen Marktes in den Jahren 1999 und 2000 haben Finanzinvestoren mit vorangetrieben – und mit hohen Gewinnen profitiert. Eine Reihe einstiger Börsenstars wie TelDaFax, Utimaco und Singulus Technologies hatten ihre Wiege in den Portfolios von Finanzinvestoren.

Sogar der Bund hat schon zu Zeiten der rot-grünen Bundesregierung mehrfach an Heuschrecken verkauft, die damals noch seriös als Finanzinvestoren beleumundet waren. Mit der Bonner Kette Tank & Rast veräußerte die Bundesregierung 1998 nahezu alle Tankstellen und Raststätten an Deutschlands Autobahnen an die Allianz-Tochter Allianz Capital Partners (ACP), Apax Partners und die Lufthansa.

Müntefering selbst war daran als Verkehrsminister maßgeblich beteiligt. Zwei Jahre später verkaufte sein Parteikollege,
Finanzminister Hans Eichel, die Berliner Bundesdruckerei,
einen der größten Drucker von Geldscheinen und Karten
in Europa, an Apax und ACP. 2001 gingen auch noch
65 000 Eisenbahnerwohnungen aus dem Bundeseisenbahnvermögen an die Private-Equity-Abteilung der japanischen
Bank Nomura.

Beispielloser Aufschwung weltweit

Wenngleich die Private-Equity-Manager Münteferings Kritik wohl zu Recht als undifferenziert und deswegen unge-
recht empfinden, kam sein Fokus auf die scheue Branche
gerade zur rechten Zeit. Seit 2004 nimmt das Gewerbe der
Heuschrecken weltweit einen beispiellosen Aufschwung, der
auch ihr Geschäft und ihr Gebaren in Deutschland stärker
in den Vordergrund rückt. Vom Verwerter ungeliebter Randgeschäfte hat sich die Branche zu einer maßgeblichen Größe auf dem Markt für Unternehmen aufgeschwungen – und
nimmt längst auch ganze Dax-Konzerne ins Visier.

So hat sich das Volumen der Firmenübernahmen durch
Finanzinvestoren im Jahr 2006 nach Zahlen des Datendienst-
leisters Thomson Financial weltweit fast verdoppelt, auf
750 Milliarden Dollar. Dabei war nach bisherigen Maßstä-
ben 2005 schon ein hervorragendes Private-Equity-Jahr.
2007 hat sich der Übernahmeboom noch beschleunigt.

Damit sind die Private-Equity-Gesellschaften mit ihren
immer größeren Milliardenfonds wichtige Antreiber für das
Übernahmefieber, das weltweit immer neue Höhen erreicht.
2006 ging vom Rekordvolumen der Fusionen und Übernahmen von weltweit 3,6 Billionen Dollar ein Fünftel auf das
Konto von Private-Equity-Gesellschaften.

Der enorme Aufschwung lockt auch immer mehr pro-
minente Manager und Politiker ins Private-Equity-Geschäft:
Der frühere IBM-Chef Lou Gerstner arbeitet als Chairman
für die amerikanische Investmentgesellschaft Carlyle. Der le-
gendäre ehemalige Lenker von General Electric, Jack Welch,

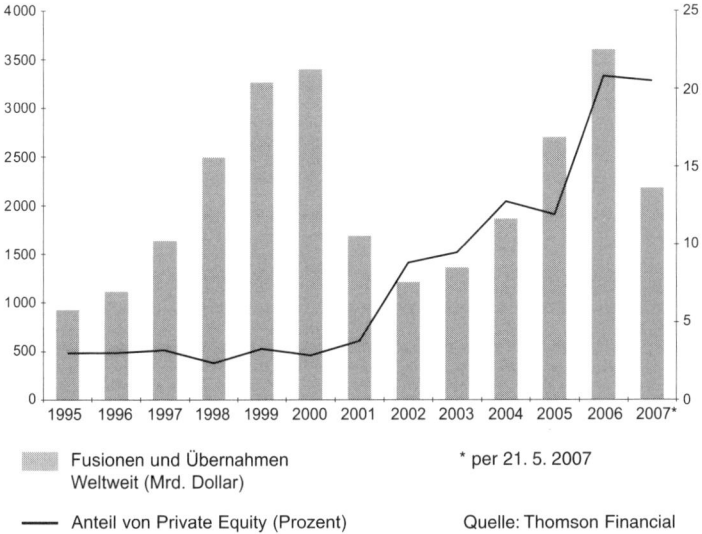

Fusionen und Übernahmen   * per 21. 5. 2007
Weltweit (Mrd. Dollar)

━━━ Anteil von Private Equity (Prozent)   Quelle: Thomson Financial

ist Partner von Clayton, Dubilier & Rice (CD&R). David
Calhoun, einer der wichtigsten Manager von General Electric, wurde von einem Investorenkonsortium um KKR und
Blackstone an die Spitze des niederländischen Medien- und
Marktforschungskonzerns VNU abgeworben. Für KKR
arbeiten außerdem der frühere Eastman-Kodak-Chef George Fisher und Edwin Artzt, Ex-Chef von Procter & Gamble,
dem weltgrößten Konsumgüterkonzern. John Snow, ehemals
Finanzminister der Vereinigten Staaten, fungiert als Chairman des amerikanischen Investors Cerberus.

Auch in Deutschland wird die Liste der Spitzenmanager
und -politiker immer länger, die ins Private-Equity-Geschäft
wechseln. Snows deutscher Ex-Amtskollege Theo Waigel und
der frühere Hauptgeschäftsführer des Bundesverbands der
Deutschen Industrie (BDI) Ludolf von Wartenberg beraten
Grohe-Eigentümer TPG. Der ehemalige Chef der Bundesan-
stalt für Arbeit, Florian Gerster, hilft dem amerikanischen
Wohnungsaufkäufer Fortress beim Suchen und Finden neuer Deals. Müntefrings Parteigenosse Rudolf Scharping, ehemals Verteidigungsminister, fungiert als Türöffner für Cer-

berus, ebenso wie der vormalige amerikanische Botschafter in Deutschland, Daniel Coats.

Bei Cerberus, einem als aggressiv bekannten Hedgefonds, heuerte auch der ehemalige Volkswagen- und Daimler-Vorstand Wolfgang Bernhard an. Nicht nur Bernhards Jobwahl zeigt, dass die Firmenjäger bei Deutschlands Industrieelite salonfähig geworden sind – zumal sich bei ihnen deutlich mehr Geld verdienen lässt als im Vorstand eines Dax-Unternehmens. So hat Ex-Siemens-Finanzvorstand Heinz-Joachim Neubürger bei KKR eine neue Herausforderung gefunden. Der geschasste Infineon-Chef Ulrich Schumacher sucht Investitionsgelegenheiten für die US-Gesellschaft Francisco Partners. Ex-Telekom-Chef Ron Sommer ist Beirat bei Blackstone, und der frühere Mannesmann-Vorstandschef Klaus Esser stieg nach der Übernahme des Telefon- und Röhrenkonzerns durch Vodafone beim amerikanischen Investor General Atlantic Partners ein.

Sie alle verkündeten ihren Wechsel zu Finanzinvestoren öffentlich. Hinter den Kulissen jedoch dürfte die Armada deutscher Topmanager, die sich für Beratungsdienste von Private-Equity-Gesellschaften teuer bezahlen lässt, noch größer sein. Gelegentlich gelangen solche Fälle ans Licht der Öffentlichkeit: So war Hubertus von Grünberg, der Aufsichtsratsvorsitzende von Continental, über ein Jahr lang für die General Capital Group (GCG) in München tätig. Erst als GCG einen Angriff auf Continental startete, kündigte Grünberg erschreckt vor seinen offensichtlichen Interessenkonflikten seine Beratertätigkeit auf. Im Frühjahr 2007 wurde außerdem per Zufall bekannt, dass Gerhard Cromme drei Jahre lang Berater von KKR war: von 2002 bis 2005. Ausgerechnet der frühere ThyssenKrupp-Lenker, der in den wichtigsten Aufsichtsräten dieser Republik sitzt. Cromme lässt sich zudem als Leiter der Kommission für gute Unternehmensführung gerne als „Corporate-Governance-Papst" feiern. In dem von ihm maßgeblich mitgestalteten „Corporate Governance Kodex" fordert er unter anderem die Offenlegung aller Aufsichtsratsmandate. Dies hinderte ihn nicht daran, seine Tätigkeit für KKR geheim zu halten. Doch auch dabei schienen Interessenkonflikte programmiert, da der US-Investor gerne Töchter deutscher Großkonzerne kauft und mittlerweile auch komplette Dax-Firmen ins Visier nimmt.

Die offenen und verborgenen Strippenzieher pushen das Private-Equity-Geschäft immer weiter. So werden mittlerweile im Monatsrhythmus Deals in Größenordnungen angekündigt, die über Jahrzehnte hinweg kaum vorstellbar waren. Immerhin 17 Jahre lang hatte KKRs Weltrekord gehalten, der Erwerb des Konsumgüterkonglomerats RJR Nabisco im Jahr 1989 für 31,3 Milliarden Dollar. Seit 2006 jedoch ist diese Marke uralte Geschichte. Vor allem in den USA scheinen die Firmenjäger keine Grenzen mehr zu kennen. Deals mit 20, 30 oder gar 40 Milliarden Dollar Volumen sind ständig auf der Tagesordnung. Nur drei Beispiele: Die US-Investoren Bain Capital, KKR und Merrill Lynch kauften für 33 Milliarden Dollar den Klinikkonzern HCA von der Börse. Blackstone griff sich den Büroimmobilienkonzern Equity Office, für sagenhafte 39 Milliarden Dollar. KKR und TPG boten 45 Milliarden Dollar für den texanischen Stromversorger TXU.

Auch in Europa jagt die Branche ihre eigenen Rekorde. KKR entschied einen wochenlangen Bieterwettstreit um den britischen Drogerie- und Apothekenkettenbetreiber Alliance Boots für sich, zu einem Preis von 16,2 Milliarden Euro. Dies war nicht nur die teuerste Private-Equity-Übernahme in Europa, sondern auch die erste im Aktienindex FTSE 100 der wichtigsten 100 Firmen an der Londoner Börse.

Der Run von Private Equity auf die Aktienmärkte ist wenig verwunderlich. Wer wie Blackstone, KKR oder Goldman Sachs über Fonds in der Größenordnung von 20 Milliarden Dollar verfügt, der gibt sich eben nicht mehr mit Randgeschäften zufrieden. Die größten Private-Equity-Gesellschaften der Welt kaufen lieber gleich ganze Konzerne. Sie suchen die Aktienmärkte weltweit nach Unternehmen ab, die unterbewertet sind oder deren Wert durch Umbaumaßnahmen schnell erhöht werden kann.

Dax-Vorstände wehren sich gegen den Vormarsch der Heuschrecken

Doch das ist erst der Anfang einer Welle von Attacken auf börsennotierte Großkonzerne. Auch in Deutschland rechnen die Finanzinvestoren seit Jahren den Deutschen Aktienindex Dax rauf und runter, fragen hier und dort nach. BASF, Linde, MAN, TUI, ThyssenKrupp, Daimler, Infineon Technologies und die Deutsche Post – sie alle wurden schon von Private-Equity-Gesellschaften kontaktiert. Mit dem Vorstand des Autozulieferers Continental führte ein Konsortium um Bain Capital und GCG sogar so ernsthafte Gespräche, dass sich Conti im Herbst 2006 zu einer offiziellen Mitteilung veranlasst sah. Wenig später offenbarte Blackstone-Chef Stephen Schwarzman, man habe sich ein anderes deutsches Unternehmen in der Größenordnung von 50 Milliarden Dollar Unternehmenswert angeschaut.

Rund die Hälfte der 30 Dax-Unternehmen gilt als potenziell gefährdet. Dass eines oder mehrere davon in Private-Equity-Hände übergehen, scheint nur eine Frage der Zeit. Lange fehlte es den Investoren indes an Mut. Denn wie stark der öffentliche Aufschrei ausfallen würde, wenn sich eine Heuschrecke einen Dax-Konzern einverleiben würde, ist für die professionellen Finanzjongleure schwer kalkulierbar. Zumal die deutsche Konzernlite längst an Abwehrstrategien arbeitet: So mancher Dax-Vorstand macht bei Berliner Spitzenpolitikern gegen die bösen Heuschrecken kräftig Stimmung.

Trotz all dieser Widerstände marschiert die Branche auch in Deutschland unaufhaltsam voran. Blieb der Erwerb des Kronberger Chemiekonzerns Celanese durch Blackstone für 3,1 Milliarden Euro im Jahr 2004 lange der einzige Dreimilliardendeal, gab es 2006 gleich vier Übernahmen oberhalb dieser Marke: Finanzinvestoren kauften die Fernsehsendergruppe ProSiebenSat.1, die Gabelstaplerfirma Kion, die Pharmasparte des Bad Homburger Traditionsunternehmens Altana und den Chemietransporteur Brenntag.

Große Private-Equity-Übernahmen in Deutschland

Käufer	Unternehmen	Jahr	Kaufpreis*
Nycomed (Nordic Capital, CS)	Altana Pharma	2006	4,2 Milliarden Euro
KKR, GS Capital Partners	Kion	2006	4 Milliarden Euro
BC Partners	Brenntag	2006	3,2 Milliarden Euro
Providence Equity Partners	Kabel Deutschland	2006	3,2 Milliarden Euro
Blackstone	Celanese	2004	3,1 Milliarden Euro
Permira, KKR	ProSiebenSat.1	2006	3,1 Milliarden Euro
Terra Firma, Deutsche Bank	Tank & Rast	2007	2,7 Milliarden Euro
Permira, GS Capital Partners	Cognis	2001	2,5 Milliarden Euro
Charterhouse	Ista International	2007	2,4 Milliarden Euro
ACP, GS Capital Partners	Messer Griesheim	2001	2,3 Milliarden Euro
KKR	Dynamit Nobel	2004	2,2 Milliarden Euro
KKR, Siemens	Demag Holding	2002	1,7 Milliarden Euro
TPG/CS	Grohe	2004	1,6 Milliarden Euro
EQT	Tognum	2006	1,5 Milliarden Euro
EQT	CBR	2007	1,5 Milliarden Euro
CVC	Elster Group	2005	1,5 Milliarden Euro
KKR	Auto-Teile-Unger	2004	1,4 Milliarden Euro

Käufer	Unternehmen	Jahr	Kaufpreis*
KKR	MTU Aero Engines	2003	1,4 Milliarden Euro
Blackstone	Klöckner Pentaplast	2007	1,3 Milliarden Euro
EQT	Kabel Baden-Württemberg	2006	1,3 Milliarden Euro
Bain Capital	Bavaria Yachtbau	2007	1,1–1,2 Milliarden Euro
Carlyle, Advent	H.C. Starck	2006	1,1 Milliarden Euro
Doughty Hanson, Advent	Moeller Holding	2005	1,1 Milliarden Euro

* einschließlich übernommener Schulden
Quelle: Unternehmensangaben, eigene Recherchen
(ohne Immobilientransaktionen)

Mittlerweile beschäftigt Private Equity in Deutschland mehr
Menschen als der Maschinen- und Anlagenbau, die mitarbei-
terstärkste deutsche Industriebranche. Ende 2006 herrschten
die Aufkäufer in Deutschland über 6 000 Unternehmen mit
188,5 Milliarden Euro Jahresumsatz und 962 000 Mitarbeitern. Allein KKR ist mit seinen deutschen Firmen Kion, Pro-
SiebenSat.1, Duales System Deutschland und Auto-Teile-
Unger mit zusammen neun Milliarden Euro Umsatz und
36 000 Mitarbeitern so groß wie mancher Dax-Konzern.
Weltweit gehören KKR sogar 35 Unternehmen mit 540 000
Mitarbeitern – ein Imperium. Zum Vergleich: Der größte
deutsche Arbeitgeber, die Deutsche Post, beschäftigt weltweit
520 000 Menschen.

Konglomerate in stetem Wandel

Private-Equity-Gesellschaften sehen sich gerne als moderne
Konglomerate, ähnlich dem viel bewunderten US-Mischkonzern General Electric (GE). Der Vergleich ist wenig
bescheiden und kurz gesprungen. Zwar engagieren sich

Finanzinvestoren ähnlich Konglomeraten in den unterschiedlichsten Geschäftsfeldern, und Synergien sind die Ausnahme. Doch anders als Private-Equity-Firmen halten Konglomerate wie GE sehr langfristig an Engagements fest. GE ist seit Jahrzehnten in Geschäften wie Flugzeugtriebwerken und Medizintechnik tätig, in der Kraftwerks- und der Lichttechnik sogar seit der Gründung 1879. GE-Chef Jeff Immelt akquiriert nur neue Geschäfte, wenn er sich davon positive Entwicklungsmöglichkeiten in seinem Konzern verspricht. Auf der anderen Seite werden Konzernteile im Prinzip nur verkauft, wenn sie sich trotz aller Sanierungsversuche auf Dauer als ertragsschwach erweisen.

Die Heuschrecken-Konglomerate sind dagegen auf Zeit angelegt, ihre Zusammensetzung ist einem steten Wechsel unterworfen. Denn Private-Equity-Gesellschaften haben überwiegend geschlossene Fonds, also feste Geldtöpfe, zur Verfügung, die bei institutionellen Anlegern weltweit eingeworben werden. Da die Fonds über zehn Jahre laufen, müssen die Investoren sehr langfristig agieren – es sind deshalb vor allem Pensionsfonds, Versicherer und Stiftungen.

Darin unterscheidet sich Private Equity grundsätzlich von Hedgefonds, die in der Öffentlichkeit ebenfalls zu den Heuschrecken gezählt werden. Hedgefonds sind Kapitalsammelstellen, die in ihrem Anlagestil völlig frei sind und einen wesentlich kürzeren Anlagehorizont haben. Während die institutionellen Anleger ihre Gelder bei Private Equity zehn Jahre lang gebunden haben, können sie ihre Mittel von Hedgefonds relativ kurzfristig wieder abziehen.

Hedgefonds verfolgen zudem unterschiedlichste Strategien: Sie spekulieren auf Übernahmen oder auf fallende Kurse, kaufen faule Kredite oder hoch spekulative Anleihen. Einige verfolgen das Konzept, sich in Unternehmen einzukaufen und Umbaumaßnahmen zu fordern – daher rührt die gelegentliche Verwechslung mit Private-Equity-Fonds. Mit einem solchen Angriff war der Londoner Hedgefonds „The Children's Investment Fund" (TCI) bei der Deutschen Börse erfolgreich, dem Betreiber der Frankfurter Wertpapierbörse: TCI schaffte es im Verbund mit anderen Hedgefonds, dass die

Deutsche Börse die Übernahme der Londoner Börse absagen
und stattdessen 1,5 Milliarden Euro an die Aktionäre ausschütten musste. Nach einem spektakulären Machtkampf
traten Deutsche-Börse-Chef Werner Seifert und sein Chefauf-
seher Rolf Breuer zurück. Bei der europäischen Großbank
ABN AMRO leitete ein simpler Brief von TCI, in dem der
Hedgefonds eine Zerschlagung von ABN forderte, die größte
Übernahmeschlacht in der europäischen Bankengeschichte
ein.

Für ein solches „Aktivisten"-Verhalten reichen Hedgefonds oft Anteilspakete von wenigen Prozentpunkten. Um
ihre Schlagkraft zu erhöhen, sammeln sie gerne Unterstützer
unter ihresgleichen. Mehrheitsübernahmen sind hingegen
für Hedgefonds die absolute Ausnahme. Auch dies ist ein
fundamentaler Unterschied zu Private Equity.

Heuschrecken-Regel eins: Zeit ist Geld

Zehn Jahre klingen nach einer langen Zeit, sind es aber nicht.
Die ersten drei bis vier Jahre dienen Private-Equity-Fonds zur
Akquise von mindestens zehn Unternehmen. Jedes davon
sollte nach drei bis spätestens fünf Jahren wieder von der
Rampe sein. Das heißt: Hat der Fonds ein Unternehmen in
seinen Fängen, gibt er sofort Gas. Während mancher Chef
eines börsennotierten Konzerns vor allem die Verlängerung
seines Fünfjahresvertrags im Sinn hat, müssen Private-Equity-finanzierte Unternehmen in dieser Zeitspanne bereits hohe Gewinne eingespielt haben.

Als Faustregel gilt, dass das eingesetzte Eigenkapital während der Halteperiode mindestens verdoppelt – besser noch
verdreifacht – werden muss. Neben diesem Kapitalmultiplikator misst die Branche ihren Erfolg auch in der „Internal
Rate of Return" (IRR), dem internen Zinsfuß. Der IRR drückt
die jährliche Rendite auf das eingesetzte Kapital aus. Je
schneller ein Unternehmen mit Gewinn wieder verkauft wird,
desto höher ist der IRR. Das bedeutet: Zeit ist Geld. Private-Equity-Manager drücken dies gerne andersherum aus:
Zeit frisst Rendite.

Dazu ein Rechenbeispiel: Finanziert ein Investor den Erwerb eines Unternehmens mit 100 Millionen Euro Eigenkapital und erhält er später beim Weiterverkauf 200 Millionen
Euro zurück, macht er 100 Millionen Euro Gewinn. Welcher
Rendite dieser Gewinn entspricht, hängt davon ab, wie schnell
er das Unternehmen wieder losschlagen konnte. Gelingt der
Verkauf nach zwei Jahren, beträgt der IRR 41 Prozent. Dieser interne Zinsfuß lässt sich durch „Probieren" errechnen:
100 Millionen Euro mal 1,41 mal 1,41 ergeben rund 200 Millionen Euro.

Schafft der Investor den gleichen Gewinn von 100 Millionen Euro binnen drei Jahren, sinkt der IRR bereits auf
26 Prozent (100 Millionen mal 1,26 mal 1,26 mal 1,26). Bei
einem Verkauf zu gleichen Konditionen nach vier Jahren beträgt er nur noch 19 Prozent.

15 bis 20 Prozent IRR auf den gesamten Fonds zu versprechen ist in der Private-Equity-Branche üblich. Die besten
Fonds wie Bain Capital, Blackstone, KKR oder Permira schaffen sogar noch deutlich mehr. Die Gewinne werden geteilt:
In der Regel gehen 80 Prozent an die Geldgeber der Fonds.
20 Prozent der Gewinne streichen die Fondsmanager selbst
ein, diese Gewinnbeteiligung heißt im Branchenjargon „Carried Interest".

Die Private-Equity-Renditen können aber nicht ohne Weiteres mit der Rendite beispielsweise eines Aktienfonds ver-
glichen werden. Denn Private-Equity-Manager bekommen
von ihren Geldgebern die Milliarden nicht sofort überwiesen. Sie rufen die Mittel erst nach und nach ab – immer dann,
wenn sie wieder ein Unternehmen gekauft haben. Der Vorteil dieser Vorgehensweise ist, dass die IRRs nicht dadurch
verwässert werden, dass das Geld erst einmal monate- oder
jahrelang niedrig verzinst auf Tagesgeldkonten liegt.

Heuschrecken-Regel zwei: Fremdkapital ist Trumpf

Ihre Fabelrenditen, die bei einzelnen Deals sogar 100 Prozent
und mehr betragen, können auch Private-Equity-Manager
nicht herbeizaubern. Vielmehr bedienen sie sich dafür eines

sehr wirksamen Hebels, des „Leverage"-Effekts: Der besteht
darin, die Kaufpreise für Unternehmen so weit wie möglich
mit – deutlich billigerem – Fremdkapital zu finanzieren. Dabei sind Fremdkapitalquoten von 80 Prozent und mehr keine Seltenheit.

Wie viel dies bringt, zeigt folgendes Beispiel: Angenom-
men, ein Finanzinvestor kauft ein Unternehmen für 100 Millionen Euro und verkauft es zwei Jahre später wieder für
150 Millionen Euro. Finanziert er den Kaufpreis von 100 Millionen Euro komplett mit Eigenkapital, hätte er einen Gewinn von 50 Millionen Euro. Dieser entspräche einem IRR
von 22 Prozent.

Nimmt er jedoch für den Kauf 80 Millionen Euro Kredit auf und finanziert nur 20 Millionen Euro mit Eigenkapital, beträgt die Rendite ein Vielfaches jener 22 Prozent:
Zwar fallen bei einem Zinssatz von acht Prozent über die
zwei Jahre Zinszahlungen von 12,8 Millionen Euro an. Diese muss das Unternehmen selber aufbringen, da Finanzinvestoren die Schulden zur Kaufpreisfinanzierung fast immer
auf die erworbenen Unternehmen übertragen. Entsprechend
kann der Finanzinvestor nach zwei Jahren nur noch einen
Preis von 137,2 Millionen Euro erzielen, und von diesem Betrag stehen 80 Millionen Euro den Kreditgebern zu. Doch
den gesamten Rest – 57,2 Millionen Euro – vereinnahmt der
Investor. Auf einen Einsatz von 20 Millionen Euro erzielt er
also 37,2 Millionen Euro Gewinn – und einen IRR von sage
und schreibe 69 Prozent.

Heuschrecken-Regel drei: Die Zeche zahlt der Wirt

Für die Unternehmen sind die Folgen solcher Finanzakrobatik weniger angenehm. Die Schulden müssen regelmäßig bedient werden und verringern die finanziellen Spielräume. Darüber hinaus müssen Firmen in Private-Equity-Besitz alle paar
Jahre wieder die beträchtlichen Transaktionskosten schultern, die ihr Eigentümer auf Zeit hat. Gelingt einer Private-
Equity-Gesellschaft der Kauf eines Unternehmens, wälzt sie
darauf sämtliche Kosten für Investmentbanker, Unterneh-

mensberater, Wirtschaftsprüfer und Rechtsanwälte ab. Bei
einem Unternehmen wie der Staplerfirma Kion kommen da
mittlere zweistellige Millionenbeträge zusammen. Ähnlich
teuer wird es für das Unternehmen, wenn der Investor nach
zwei oder drei Jahren wieder aussteigen will.

Entwickelt sich die Firma trotz all dieser Belastungen sehr
gut, schütten sich die Investoren zudem gerne schon während
der Haltedauer eine Sonderdividende aus. Denn, wie be-
schrieben: Zeit ist Geld, und vorzeitige Ausschüttungen
hebeln den IRR. Daran, dass dafür meistens neue Schulden
aufgenommen werden müssen, verdienen die Banken, Prü-
fer und Rechtsanwälte dann noch einmal. Im Branchenjargon heißen solche Transaktionen „Rekapitalisierung", obwohl damit eher eine Entkapitalisierung verbunden ist.

Um dies alles zu verkraften, muss ein Unternehmen schon
sehr leistungsfähig sein, damit am Ende auch noch der gewünschte Spitzengewinn für den Finanzinvestor hängen bleibt.
Oder es muss möglichst schnell fit gemacht werden, häufig
wiederum mithilfe von teuren Unternehmensberatern. Einen
Teil der Zeche zahlen die Arbeitnehmer, deren Arbeitsplätze
gestrichen oder deren Gehälter gekürzt werden. Es gibt aber
auch Ausnahmen: nämlich Unternehmen mit klarer Wachstumsgeschichte wie die Autowerkstättenkette Auto-Teile-
Unger oder der Bankautomatenhersteller Wincor Nixdorf.

Warum deutsche Unternehmen so attraktiv sind

Hohe Renditevorstellungen und immer wieder hohe Trans-
aktions- und Beratungskosten: Private Equity ist in jeder Hinsicht eine sehr teure Form von Eigenkapital. Dass sich die
Finanzinvestoren trotzdem immer weiter ausbreiten, stellt
dem Spitzenmanagement börsennotierter Konzerne ein
schlechtes Zeugnis aus. Private Equity führt vor, wie viel Potenzial in einem Unternehmen steckt, würde es nur strikt ren-
dite- und wertorientiert geführt. „Das Private-Equity-Modell
funktioniert so gut, weil es einfach ist", sagt Steve Koltes,
Deutschlandchef der britischen Beteiligungsgesellschaft CVC
Capital Partners. „Ein Eigentümer, ein engagiertes Manage-

ment und eine optimierte Finanzierung. Wir sind in gewissem
Maße Ersatz für den Aktienmarkt, der ein bisschen in der
Krise steckt. Die Corporate Governance ist auch in Deutsch-
land nicht perfekt. Bei Private Equity ist sie perfekt."

Europas größte Volkswirtschaft steht nicht umsonst im
Fokus der Firmenjäger. Denn die bereits totgesagte Deutschland AG ist längst noch nicht Geschichte. Zwar sind die
traditionellen Beteiligungsverflechtungen seit Beginn des
Jahrtausends weitgehend aufgelöst worden. Die Banken, vor
allem die Deutsche Bank, sowie die Versicherungskonzerne
Allianz und Münchener Rück haben ihre großen Industrie-
beteiligungen abgebaut oder auf Handelsbestände ge-
schrumpft. Doch immer noch besetzen die Spitzenmanager
deutscher Konzerne gegenseitig ihre Aufsichtsräte. Getreu
dem Motto „eine Krähe hackt der anderen kein Auge aus"
findet wirksame Kontrolle angesichts solcher personellen
Verflechtungen vielfach nicht statt.

Dabei gilt das Potenzial deutscher Unternehmen im internationalen Vergleich als hervorragend, wegen des Einfalls-
reichtums ihre Ingenieure, der perfekten Organisation und
Infrastruktur. „Deutschland war immer das Traumland", formuliert es der Amerikaner Koltes überschwänglich. „Es gibt
hier viele gute Unternehmen mit guten Produkten und guten
Mitarbeitern, die schlecht geführt sind."

Wenn allein das Management versagt, bleibt der Aktienkurs mager – ein Festmahl für jede Heuschrecke. Längst trau-
en sich die Größten der Branche zu, selbst Dax-Konzerne besser managen zu können als deren Vorstände. Und zwar nicht
nur die kleineren Dax-Werte. Auch im Fall des Autokonzerns
Daimler, der jahrelang unter der fehlgeschlagenen Expansionspolitik seines früheren Chefs Jürgen Schrempp litt, haben die britische CVC und andere einen Einstieg geprüft.

Für die Attacke auf Continental hatte sich aus dem Zwöl-
fer-Klub der weltgrößten Megafonds ein Quartett zusam-
mengetan aus Bain Capital, KKR, Goldman Sachs und Permira. Das sind vier der zwölf Namen, die weltweit bei fast
jeder Übernahme im Wert von mehreren Milliarden Euro
auftauchen. Sie alle haben in ihren Geldtöpfen zehn bis 20 Mil-

liarden Dollar Eigenkapital und leihen sich das Drei- bis Vier-
fache zusätzlich von Banken (siehe Tabelle).

Tabelle: Die größten Private-Equity-Fonds der Welt

	Herkunft	Jahr der Auflage	Fondsvolumen
Blackstone	USA	2006/07	20 Mrd. Dollar
Goldman Sachs Capital Partners	USA	2007	20 Mrd. Dollar
KKR Fund 2006	USA	2006/07	16,6 Mrd. Dollar
Carlyle Partners V	USA	2007	15 Mrd. Dollar
Warburg Pincus	USA	2007	15 Mrd. Dollar
Texas Pacific Group	USA	2006	14,5 Mrd. Dollar
Permira	GB	2006	11 Mrd. Euro
Apax Partners	GB	2007	11 Mrd. Euro
CVC Capital Partners	GB	2005/06	10,1 Mrd. Euro*
Providence Equity	USA	2007	12 Mrd. Dollar
Apollo Management	USA	2005	10,1 Mrd. Dollar
KKR European Fund III	USA	2007	7,7 Mrd. Euro**
Cinven	GB	2006	6,5 Mrd. Euro
Bain Capital	USA	2006	8 Mrd. Dollar
BC Partners	GB	2006	5,8 Mrd. Euro
Carlyle Europe III	USA	2007	5,5 Mrd. Euro**
KKR Private Equity Investors	USA	2006	5 Mrd. Dollar***

* Zum 2005 aufgelegten Europafonds von sechs Milliarden Euro hat CVC
2006 einen zusätzlichen Tandemfonds von 4,1 Milliarden Euro eingesam-
melt. Die beiden Fonds werden als Einheit investiert.
** Fonds für Investitionen in Europa.
*** Dieses Investmentvehikel von KKR ist seit April 2006 an der Vierländerbörse
Euronext notiert.
Quelle: Unternehmensangaben, eigene Recherchen

Allein die zwölf größten Beteiligungsgesellschaften sind damit munitioniert, weltweit Unternehmen für insgesamt bis zu

einer Billion Dollar aufzukaufen. Das würde – abhängig von
Dollar- und Aktienkursen – theoretisch für mehr als die zehn
größten deutschen Unternehmen reichen: Daimler, Deutsche
Telekom, E.on, Siemens, Volkswagen und noch mindestens
fünf Konzerne mehr. Jene Megafonds waren es auch, die die
letzte Welle neuer Mittelzuflüsse (Fundraising) in historische
Höhen getrieben haben: Allein 2006 haben Beteiligungsgesellschaften weltweit nach einer Erhebung des Branchen-
dienstes Private Equity Intelligence 434 Milliarden Dollar
Eigenkapital eingeworben, 120 Milliarden mehr als im Re-
kordjahr 2005. Für 2007 erwarten Experten einen weiteren
Rekord, den dritten in Folge.

Heuschrecken-Debatte die Zweite

Dieser Größenwahn trifft allerdings auf wachsende politische
Widerstände. Stand Müntefering mit seiner Hetze im Frühjahr 2005 in Deutschland noch recht alleine da, wird die
Heuschrecken-Debatte seit Mitte 2006 erneut geführt. Diesmal aber härter und weltweit. In Großbritannien werden Beteiligungsgesellschaften als „Räuber und Plünderer" gebrand-
markt, da Unternehmen mit hohen Schulden beladen und
Entlassungswellen angekündigt wurden. Der Londoner „Dai-
ly Mirror" wetterte gar, „die Kasino-Kapitalisten der uner-
sättlichen Private-Equity-Gruppen als Heuschrecken zu
bezeichnen ist eine Beleidigung für die Insekten". In den USA
nimmt selbst das Wirtschaftsblatt „Wall Street Journal" die
immer exzessiveren Verschuldungspraktiken und die um
sich greifende Gebührenabzocke aufs Korn.

Der „Fall Grohe", der Müntefering zum Heuschrecken-
Vergleich inspiriert hatte, ist plötzlich überall: In Großbritannien sorgte Permira-Chef Damon Buffini mit massivem
Arbeitsplatzabbau beim britischen Automobilclub Automo-
bile Association (AA) und dem Gefrierkostanbieter Birds Eye
für Entrüstung der Gewerkschafter.

Sind diese erst einmal aufgestachelt, kämpfen sie mit allen legalen Mitteln. Aus Protest gegen Buffinis Vorgehen bei
AA spürten sie den Manager gar sonntags beim Kirchgang auf

und stellten vor der Kirche in Südlondon, die er besuchte, ein
Kamel auf. Damit spielten sie an auf das Wort aus dem
Matthäusevangelium, dass eher ein Kamel durch ein Nadel-
öhr gehe, als dass ein Reicher ins Reich Gottes komme.
Eine Handvoll Mitglieder der britischen Gewerkschaft GMB
reisten im Februar 2007 extra nach Frankfurt zur weltgrößten Branchenkonferenz „Super Return" – zu Deutsch: Super-
rendite. Dort hielten sie den Private-Equity-Managern aus
aller Welt Schilder entgegen mit der Aufschrift „Plague of
locusts" (Heuschrecken-Plage) und „GMB Members atta-
cked by Private Equity at AA, Birds Eye and NCP" (GMB-
Mitglieder bei AA, Birds Eye und NCP von Private Equity
angegriffen). Bei NCP hatte die britische Beteiligungsfirma
3i massiv Stellen gekürzt und die Firma schon nach eineinhalb Jahren weiterverkauft, mit einem IRR von weit über
100 Prozent.

Dass Müntefering Heuschrecken-Debatte nach eineinhalb Jahren noch viel kräftiger wieder aufflammt, hat diesmal reale Gründe, keine politischen. Der Private-Equity-Markt
hat sich weltweit so stark aufgeheizt wie seit der legendären
„Raider"- und Plündererzeit in den USA Ende der 80er-Jah-
re nicht mehr.

Die Gier, die damals regierte, hat die Herrschaft zurück-
erobert. Die Geldschwemme der Fonds und die extreme Liquidität der Kreditmärkte haben Verschuldung und Kaufpreise auf immer neue Rekordstände getrieben. Von dieser
Megamanie profitieren vor allem die Manager der milliar-
denschweren Private-Equity-Fonds und ihre Helfer: die Banken und anderen Berater. Mit den exorbitant wachsenden
Fonds- und Dealvolumina streichen sie immer höhere Gebühren ein. Die Branche schaffe „starke Anreize für unmo-
ralisches Verhalten", konzediert Carlyle-Berater Arthur
Levitt. Levitt war früher Chef der amerikanischen Wertpa-
pieraufsicht SEC und warnte schon in den 90er-Jahren früh-
zeitig vor einer Börsenblase.

Dagegen werden die Bürden für die Unternehmen immer
schwerer. Zumal die Finanzinvestoren die Unternehmen nicht
einmal mehr verkaufen müssen, um von der Schuldenwelle

zu profitieren. Stattdessen werden über „Rekapitalisierungen" die Schulden deutlich erhöht und den Eigentümern Sonderdividenden ausgeschüttet. So geschehen ist das – zum Teil sogar mehrfach – beim größten deutschen Kabelnetzbetreiber Kabel Deutschland, beim Chemiehersteller Cognis, der Autobahn-Raststättenkette Tank & Rast und dem Bankautomatenhersteller Wincor Nixdorf.

Die Schulden-Party beunruhigt sogar die Private-Equity-Branche selber. Die hohe Verschuldung könne Unternehmen schaden, warnte Hans Albrecht, Gründer des Mittelstandsinvestors Nordwind Capital und ehemaliger Deutschlandchef von Carlyle: „Es ist gut, mit der Bleiweste zu trainieren, aber nicht, wenn die Weste so schwer ist, dass man sich nicht mehr bewegen kann." Carlyle-Mitgründer William Conway schrieb im Frühjahr 2007 an seine Investoren: „Offen gesagt, die Liquidität im Weltfinanzsystem ist so groß, dass die Kreditgeber sehr riskante Kreditentscheidungen treffen. Diese Kredite haben es uns ermöglicht, Transaktionen zu stemmen, die zuvor unvorstellbar waren. Und sie haben dazu geführt, dass die Ausstiegsmultiplikatoren generell höher waren als die Kaufmultiplikatoren." So wurden Unternehmen im Jahr 2002 im Schnitt zum Siebenfachen ihres operativen Gewinns vor Zinsen, Steuern und Abschreibungen (Ebitda) erworben. Vier Jahre später zahlten Private-Equity-Gesellschaften Preise in Höhe des 8,8-fachen Ebitda.

Eine solche Steigerung des Kaufpreismultiplikators ist für Finanzinvestoren das sprichwörtliche „free lunch": Sie verdienen daran völlig ohne eigenes Zutun. Nur so war es möglich, dass die Topfonds ihren Investoren für die Jahre 2004 bis 2006 jährliche Renditen von 50 Prozent und mehr liefern konnten.

Schuldenexzesse beunruhigen die Aufsichtsbehörden

Die Schuldenexzesse rufen die Aufsichtsbehörden weltweit auf den Plan. Bereits im April 2006 warnte der Internationale Währungsfonds erstmals vor dem „aggressiven Übernahmestil" und dem steigenden Risiko für die Stabilität der

Finanzmärkte. Ein Jahr später legte der IWF nach: Man be-
fürchte eine „nachlassende Kreditdisziplin". Die übernommenen Firmen würden durch die hohen Schulden „anfälliger für ökonomische Schocks". Die britische Finanzaufsicht
FSA bezeichnete es als „unvermeidbar", dass auch ein großes
Unternehmen im Besitz von Private Equity einmal zahlungs-
unfähig werde. Der Präsident der deutschen Finanzaufsicht
BaFin, Jochen Sanio, befürchtete gar ein „Blutbad": Durch
die hohe Verschuldung gerieten die Unternehmen in „Gefahr,
spätestens vom nächsten konjunkturellen Abschwung dahin-
gerafft zu werden".

So kämpft auch die Bundesregierung um eine mögliche
neue Bestimmung für das für 2008 geplante Private-Equity-
Gesetz. Dieses könnte nun dazu dienen, die Branche erstmals
speziell zu regulieren. Eigentlich sollte es die Branche fördern
– doch dass die das gar nicht nötig hat, scheint die Realität
fast täglich vorzuführen.

Dieser Schein trügt. Die weltweit agierenden Megafonds,
die ihren Sitz in Steuerparadiesen wie den Kanalinseln Guern-
sey oder Jersey haben, bilden nur die Spitze einer weit ver-
zweigten Branche. Im deutschen Branchenverband BVK sind
rund 180 Beteiligungsgesellschaften organisiert, von Wag-
niskapitalfinanziers über Mittelstandsinvestoren bis hin zu
staatlichen oder halbstaatlichen Beteiligungsfirmen der einzelnen Bundesländer. Ihre Beteiligungen finden sich nur sehr
selten in der Presse wieder. Sie investieren ein- oder niedrige zweistellige Millionenbeträge in junge Gründerunternehmen, helfen Mittelständlern bei der Finanzierung größerer
Expansionsschritte oder der Regelung ihrer Nachfolge oder
kaufen Großkonzernen kleine Randgeschäfte ab.

Unternehmensgründer sitzen auf dem Trockenen

Das Geschäft mit Wagniskapitalfinanzierungen für junge
Gründerunternehmen ist in Deutschland von der Erfolgswel-
le der Megafonds Lichtjahre entfernt. Wagniskapital – oder
Venture Capital (VC) – hat sich vom Zusammenbruch des
Neuen Marktes im Jahr 2000 nicht wieder erholt. 2006 gin-

gen die Investitionen abermals um fast ein Fünftel zurück, auf
magere 1,04 Milliarden Euro. Im Boomjahr 2000 waren sie
fast viermal so hoch. Dagegen läuft das VC-Geschäft außerhalb Deutschlands spätestens seit dem erfolgreichen Börsengang der Suchmaschine Google im Jahr 2006 wieder glänzend.

Ein Grund für den deutschen Rückstand ist, dass der hierzulande noch jungen VC-Branche die Erfolgsgeschichte fehlt.
Die meisten deutschen Fonds wurden in den Jahren 1998 bis
2000 erst gegründet und verbuchten infolge des Börsencrashs
große Verluste. Darüber hinaus lassen in Deutschland aber
auch die rechtlichen und steuerlichen Rahmenbedingungen
für VC und das Mittelstandsgeschäft zu wünschen übrig, wie
ein Standortvergleich des europäischen Beteiligungsverbands
European Private Equity and Venture Capital Association
(EVCA) alle zwei Jahre wieder herausstellt. In der Erhebung
des Jahres 2006 fiel Deutschland gegenüber den anderen
Ländern Europas im Vergleich zu früheren Analysen sogar
weiter zurück und belegte nur noch Rang 20 unter 25 unter-
suchten Ländern. Nur einige Staaten in Osteuropa schnitten
noch schlechter ab.

Vor allem zu hohe Unternehmenssteuern und fehlende
steuerliche Vorteile für Forschung sowie junge, innovative Unternehmen sorgten für die schlechte Platzierung. „In Deutschland fehlt jeglicher Anreiz, um ein Unternehmen zu kreieren
und aufzubauen", kritisierte EVCA-Generalsekretär Javier
Echarri. Nachbar Frankreich dagegen hat in den vergangenen Jahren Vorteile für Forschung und Entwicklung eingeführt und sich in der EVCA-Rangliste von Platz zehn auf zwei
vorgeschoben. In Europa bietet nur Irland noch bessere Rahmenbedingungen als Frankreich.

Dieser Diskrepanz – dem enormen Erfolg der Megafonds
versus die darbende Venture-Capital-Branche – will die Bundesregierung im Private-Equity-Gesetz Rechnung tragen.
Die großen Beteiligungsgesellschaften mit ihren Schulden-
exzessen, Münteferings Heuschrecken, sollen strenger reguliert werden. Die nützlichen Grashüpfer dagegen, die VC-Fir-
men, will die Bundesregierung fördern.

Die Heuschrecken selber haben sich wohl oder übel abge-

funden mit ihrer unschönen Berufsbezeichnung – und so
mancher macht sich gar einen Scherz daraus. Carlyle-Mitgründer David Rubenstein erklärt gerne bei passenden Gelegenheiten: „Ich habe nichts dagegen, als Insekt bezeichnet zu
werden. Ich sehe mich aber eher als Arbeitsbiene." Dieser
Interpretation schloss sich 3i flugs an. Das Titelblatt des Kari-
katurenkalenders, den der Investor für das Jahr 2007 ver-
schickte, zierte eine Zeichnung diverser Bienenarten, von der
Arbeitsbiene bis zur Bienenkönigin. So konzediert selbst
Reidel von BC Partners: „Unter dem Strich ist die Diskussion
positiv. Heuschrecke ist eine Marke geworden."

Und Müntefering? Der brach Anfang 2007, bestärkt
durch die hitzige internationale Debatte, sein fast zwei Jahre währendes Schweigen zur Heuschrecken-Frage. „Ich be-
daure die Äußerungen zu Heuschrecken überhaupt nicht",
sagte er in der „Financial Times Deutschland". Manches müsse im Gegenteil plastisch dargestellt werden. „Ich finde die
biblischen Heuschrecken-Schwärme, die alles fressen und
weiterziehen, ein schönes, passendes Bild. Da muss sich niemand persönlich beleidigt fühlen."

Mein erstes Heuschrecken-Erlebnis

Es war ein trüber Tag im Februar 1997, im Großraumbüro
der FAZ-Wirtschaftsredaktion. Ein Fax flatterte herein:
Doughty Hanson habe Winkler + Dünnebier (W+D) gekauft
stand darauf. Auf den ersten Blick eine eher langweilige
Meldung. Schließlich war der Name Doughty Hanson in
Deutschland ebenso wenig bekannt wie der des Spezialma-
schinenbauers aus Neuwied, im Norden von Rheinland-Pfalz.
Doch der Zusatz klang interessant. „Einer der großen Leveraged Buy-outs deutscher Familienunternehmen", stand da
zu lesen. Leveraged Buy-out, LBO, was war das noch mal?
Ich lief über den weiten Flur, fragte alle FAZ-Kollegen, die
ich antraf. So ganz genau konnte das aber keiner beantworten. Google gab es damals noch nicht. Erst am Abend half
der Blick in einen Ordner aus dem BWL-Studium.

Bei einem LBO finanziert die Übernehmergesellschaft den Kaufpreis in hohem Maße durch Fremdkapital. Dadurch wachsen die zu erwartende Eigenkapitalrendite, aber auch das Risiko für die Investoren, so war in den Unterlagen der inzwischen allseits bekannte „Leverage-Effekt" erklärt. Durch den LBO würden die Eigenständigkeit des Unternehmens und damit das Lebenswerk der Unternehmensgründer Alfred Winkler und Max Dünnebier gesichert, erläuterte der damals zuständige Deutschlandgeschäftsführer von Doughty Hanson Alexander Hanke.

Die nächsten Jahre zeigten allerdings, dass Hanke damit ziemlich dick aufgetragen hatte. Gesichert wurde durch diesen LBO allenfalls die Rendite von Doughty Hanson. Nur 15 Monate nach dem Kauf, im Mai 1998, brachten die Briten den Weltmarktführer bei Maschinen für Hygieneprodukte wie Windeln und Damenbinden sowie Briefumschläge und Versandtaschen an die Börse. „Wir wandeln uns von einem im Verborgenen blühenden Mittelständler zu einem kapitalmarktorientierten Unternehmen", freute sich der neue Vorstandschef Paul Junk, den Doughty Hanson geholt hatte.

Ein Besuch in der Fabrik in Neuwied kurz vor dem Börsenlisting fiel indes ernüchternd aus: In den Fabrikhallen, alten Backsteingebäuden, stand keine einzige Werkzeugmaschine neueren Datums. Eine Zeitbombe, denn modernere Maschinen arbeiten schneller und oft auch präziser als ältere. Wer jahrelang nicht investiert, fällt im Wettbewerb zurück. „Uns ist klar, dass wir im Bereich der Produktionstechnik eine ganze Menge tun müssen", kommentierte Junk den teilweise veralteten Werkzeugmaschinenbestand. Die Eigentümerfamilie habe sich in den letzten Jahren vor dem Verkauf mit Investitionen zurückgehalten, sagte er.

Doch Doughty Hanson war in dieser Hinsicht keinesfalls der bessere Eigentümer für das 1913 gegründete Familienunternehmen. Statt zu investieren, musste W+D 1997, im besten Jahr der Unternehmensgeschichte, 60 Millionen DM für die Tilgung der Schulden aufwenden. Insgesamt 210 Millionen DM hatten die Briten zur Finanzierung des Kaufpreises aufgenommen und dem Maschinenbauer auf die Bilanz geladen.

Trotz dieser außerordentlich hohen Tilgung sah Winkler + Dünnebiers Bilanz vor dem Börsengang erschreckend aus. Denn der Preis, den die Briten an die Gründerfamilien bezahlt hatten, übertraf die Bilanzsumme des Unternehmens deutlich. Deswegen wurde die Aktivseite der Bilanz, in der die Vermögenswerte aufgelistet sind, durch einen riesigen Goodwill aufgebläht. Dieser Posten wird für die Differenz zwischen Kaufpreis und Buchwert eingebucht. Er kann auch eine Luftnummer sein, wenn sich der Kaufpreis später als zu hoch herausstellt. Die Passivseite bestand zum großen Teil aus Schulden. Kein Maschinenbauer außerhalb der Private-Equity-Branche hätte mit solch einer Bilanz nachts ruhig schlafen können.

Doughty Hanson schon. Die Briten haben die neue Aktienbegeisterung der Deutschen im Zuge des Telekom-Börsengangs genutzt und sich bei W+D schnellstmöglich wieder verabschiedet. Zum eigenen Besten: Ihren Kapitaleinsatz von 90 Millionen DM haben sie binnen kürzester Zeit mehr als verfünffacht.

Die Zeichner der Aktien allerdings sahen ihren Einstandspreis von 88 DM nie mehr wieder. Seit 1998, als ein Umsatz von 210 Millionen Euro erwirtschaftet wurde, ging es mit den Erlösen stetig bergab. 2005 verkaufte W+D nur noch Maschinen im Wert von 101 Millionen Euro. Den drastischen Verfall des Aktienkurses nutzte 2000 der Hamburger Maschinenbauer Körber, um mit elf Prozent bei W+D einzusteigen. 2004 übernahm Körber die Mehrheit und baute diese 2006 auf 89 Prozent aus. Damit war es mit der – von Doughty Hanson so gepriesenen – Eigenständigkeit des Unternehmens endgültig vorbei.

Doch auch die britische Beteiligungsgesellschaft hat sich mit ihrem Vorgehen auf lange Frist geschadet, zumal sie nach W+D mit dem Maschinenbaukonglomerat Elexis und dem Werkzeugmaschinenbauer Tornos ähnliche Börsenflops produzierte. Dies unterstrich ihren zweifelhaften Ruf, ein reiner Finanzingenieur zu sein. Ein Investor also, der kaum etwas

zur Verbesserung des operativen Geschäfts beiträgt. Als
Doughty Hanson 2004 die Werkstättenkette Auto-Teile-Unger an den Aktienmarkt bringen wollte, forderten die Fondsmanager exzessive Risikoabschläge von 20 bis 30 Prozent
von dem als fair errechneten Unternehmenswert, was allerdings auch am damals pessimistischen Börsenumfeld lag. Seit
2005 arbeitet das Frankfurter Büro von Doughty Hanson
unter neuer Führung daran, die Scharte auszuwetzen.

Fallstudie: Grohe – Hurra, sie leben noch

David Haines kann es nicht mehr hören, das böse H-Wort.
„Ihre Vorurteile werden sich nicht bestätigen", sagt der Grohe-Chef im März 2007 in einem Interview, noch bevor die
erste Frage überhaupt gestellt ist. „Wir können als Beispiel
für den Mittelstand vorangehen." Er setzt nach – wie um die
letzten Zweifel auszuräumen: „Das glaube ich zutiefst."

Der 46-jährige Brite ist seit September 2004 bei Europas
größtem Hersteller von Badarmaturen. Damals haben TPG
und Credit Suisse ihn beim britischen Mobilfunker Vodafone abgeworben. Seitdem lebt Haines, zuvor Chef von Voda-
fones weltweitem Marketing, die Geschichte des strauchelnden deutschen Mittelständlers, den er zu einer modernen Firma mit „gesundem Wachstum" umbaut.

In der Öffentlichkeit kursiert ein anderes Bild – und das
ist selbst durch Grohes beträchtliche Umsatz- und Gewinn-
zuwächse ab dem Jahr 2006 nur schwer auszulöschen. Dass
Grohe überhaupt in die Heuschrecken-Diskussion geriet, war
trotz Münteferings Wahlkampfmotiven nicht ohne Haines
eigenes Zutun. Nach seinem Start im Sauerland schritt er in
echter Finanzinvestorenmanier in Rekordtempo zur Tat. „Wir
fahren unsere Strategie ab. Zu wenig, zu spät, das passiert
mit mir nicht", sagt der mit einer Deutschen verheiratete
Manager über seinen Stil. So gingen auch seine Berater zu
Werke. Nach neun Monaten gelangte ein McKinsey-Gutach-
ten an die Öffentlichkeit, das die Verlagerung erheblicher
Teile der Produktion nach China und die Kündigung von

3 000 der 4 500 Mitarbeiter an deutschen Standorten emp-
fahl.

Baute Haines damit absichtlich eine Drohkulisse auf, um
überhaupt ein paar Einschnitte durchsetzen zu können?
Schließlich schien Grohe mit einem operativen Gewinn (Ebitda) von 186 Millionen Euro bei 911 Millionen Euro Umsatz
alles andere als ein Sanierungsfall zu sein. Haines versichert:
„Der Vorschlag von McKinsey war ein Szenario, das wir im
Vorstand zu keiner Zeit geteilt haben." Letztlich blieb es bei
einem Werk im brandenburgischen Herzberg und 830 Kün-
digungen. Die Schritte seien ihm nicht leicht gefallen, sagt der
Firmenchef, der sich an Grohe auch mit privatem Geld beteiligt hat. „Das sind keine guten Tage im Büro."

Zumal der öffentliche Aufschrei riesig war. Pessimistische-
re Charaktere wie den lebensfrohen Briten hätte dies vielleicht
zum Einlenken bewegt. Tausende Mitarbeiter der Werke in
Herzberg, Lahr, Porta Westfalica und Hemer demonstrierten,
Zeitungen berichteten und Fernsehteams drehten Reporta-
gen über das unmenschliche Gebaren der Heuschrecken.
Der „Spiegel" zitierte gar Gründersohn Charles Grohe,
TPGs Vorgehen gleiche einem „Termiteneinfall".

Selbst die Kollegen anderer großer Private-Equity-Häuser waren erzürnt, dass TPG mit dieser harschen Vorgehensweise das Image der gesamten Branche beschädigte. „Sie
können hier nicht mit texanischen Cowboystiefeln herum-
laufen", sagte ein Private-Equity-Experte. „Bonderman
kennt einfach die deutsche Kultur nicht", konstatiert ein
Grohe-Manager. „Aber die TPG-Leute haben gelernt, dass
sie hier mehr reden müssen." Jetzt holt das Grohe-Manage-
ment am Stammsitz in Hemer alle drei Monate die 700 Mitarbeiter des Werkes zusammen, um über neue Entwicklun-
gen zu berichten. „Unsere Mitarbeiter wissen, wo's langgeht.
Die haben eine klare Vision", sagt Werksleiter Joachim Meyer. Selbst Betriebsratschef Peter Paulokat findet anerkennen-
de Worte: „Das Management geht mit Informationen sehr
offen um."

Haines hat auch im Nachhinein keinen Zweifel, dass er
so tief schneiden musste. „Bei Grohe waren damals 90 Pro-

zent der Kosten fix. Wenn Sie da ein Problem bekommen, haben Sie ein Riesenproblem." Das Werk Herzberg mit 300 Mitarbeitern hatte schon der Vorbesitzer BC Partners auf dem
Zettel. Doch der scheute den Konflikt und verzichtete auf die
Schließung, aus politischen Motiven.

Mittlerweile stellen auch Wissenschaftler den Finanzinvestoren ein gutes Zeugnis aus. In einem 2007 veröffentlichten
Gutachten der Technischen Universität München, der Anwaltssozietät White & Case und der European Business School
in Oestrich-Winkel im Auftrag des Bundesfinanzministeriums
heißt es: Sowohl BC Partners als auch TPG/CS hätten Grohes Profitabilität „nachhaltig" verbessert. Durch Restrukturierungen hätten sie „nachhaltig Wert geschaffen und das
Unternehmen insbesondere international stabil positioniert".

Der erste Einfall der Heuschrecken

Grohe interessiert auch Wissenschaftler besonders, ist der
Badarmaturenhersteller doch in Bezug auf Heuschrecken
quasi Wiederholungsopfer. BC Partners hatte 1999 die Mehrheit von den Gründerfamilien Grohe und Rost gekauft und
die im MDax notierte Gesellschaft von der Börse genommen.
Das ließen sich die Briten 1,1 Milliarden Euro kosten, das
Siebenfache von Grohes operativem Jahresgewinn (Ebitda).
Wie üblich finanzierten sie den größten Teil des Preises über
Bankschulden, die sie auf Grohe übertrugen: 721 Millionen
Euro. An reinem Eigenkapital setzte BC nur 128 Millionen
Euro ein. Weitere 259 Millionen Euro gab man in Form eines
nachrangigen Darlehens. Solche Gesellschafterdarlehen sind
bei Private-Equity-Übernahmen üblich, aus steuerlichen
Gründen: Die Zinsen dafür können die Unternehmen zumindest zum Teil von der Steuer absetzen. Gewinne dagegen
müssen voll versteuert werden.

Letztere waren bei Grohe allerdings in den folgenden Jahren Mangelware. So wurde auch die Eigenkapitalquote über
die Zeit kaum besser. Im Gegenteil: 2003, ein Jahr vor dem
Verkauf an TPG und CS, sattelte BC Partners noch Schulden
obendrauf, um sich 200 Millionen Euro auszuschütten.

Dass in der letzten Zeile der Ergebnisrechnung ein Verlust steht, ist Teil des Private-Equity-Geschäftsmodells. Dieses kalkuliert so, dass Zinsen und Abschreibungen möglichst etwas höher sind als der rein operative Gewinn – und so ein Verlust ausgewiesen wird. Unter der Ägide von BC Partners musste Grohe 70 bis 80 Millionen Euro jährlich für Zinsen aufwenden. Mit TPG/CS nahm diese Last noch etwas zu. Dafür zahlte Grohe keinerlei Ertragssteuern, sondern erhielt per saldo sogar gezahlte Steuern zurück: für die Jahre 1999 bis 2003 insgesamt 56 Millionen Euro. Andersherum ausgedrückt: Der Staat respektive die Steuerbürger finanzieren die Private-Equity-Renditen mit.

So weit zur Finanzierungsseite. Im eigentlichen Geschäft arbeitete BC Partners vor allem daran, Grohes Umsätze im Ausland zu steigern, die Produktivität zu erhöhen und die Entwicklungszeiten für neue Produkte zu senken. Der Auslandsanteil wuchs von 64 auf 76 Prozent. Damit kompensierte der Badarmaturenhersteller immerhin, dass die Erlöse im Inland wegen der schweren Krise in der Bauwirtschaft immer weiter zurückgingen.

Nach dem Jahr 2000 wuchs Grohes Umsatz bis 2005 kaum mehr. Dennoch ließ der damalige Vorstandschef Peter Körfer-Schün auf seine Heuschrecke nichts kommen. „Wir sind freier, als wir es jemals waren", erklärte er im Jahr 2001. Auch Betriebsräte schwärmten von BC Partners als sehr kooperativem Eigner. Nicht ohne Grund: Die Briten verkniffen sich größere Produktionsverlagerungen, obwohl sie bereits eine „internationale Manufacturing-Strategie" in der Schublade hatten. Mit einer jährlichen Rendite von 22 Prozent blieb das Grohe-Investment für die Beteiligungsfirma leicht unter ihrem damaligen Schnitt von 25 Prozent zurück. Zumindest der Kapitalmultiplikator kann sich sehen lassen: Insgesamt erhielten BC Partners' Geldgeber etwa das 2,8-Fache ihres eingesetzten Kapitals zurück.

Beim zweiten Mal tut's besonders weh

Die neuen Eigentümer aus Amerika jedoch sind es gewohnt, nicht lange zu fackeln. TPG-Partner Stephen Peel schickte „Mister Grohe" Körfer-Schün in den Ruhestand und holte Marketing-Mann Haines. Haines flog nach China, sah, wie schnell die Chinesen Wasserhähne herstellen. Grohe fertigte noch 80 Prozent seiner Produktion an deutschen Standorten – während bereits 80 Prozent des Umsatzes im Ausland realisiert wurden. Da war für Haines klar: Die Kosten müssen runter, um 150 Millionen Euro. Dass Teile der Produktion in die Grohe-Werke in Portugal und Thailand verlagert wurden, brachte ein Drittel dieses Einsparvolumens. Die Reorganisation umfasste viele weitere Schritte. Haines reduzierte die Zahl der Lieferanten von 7 000 auf 1 000 bis 1 500 und konzentrierte Grohes Angebot von 17 000 auf 6 000 Produkte und Einzelteile. Die kleinere Zahl an Produkten sollte dafür umso schneller erneuert werden: jedes Jahr ein Viertel der gesamten Palette.

Auch die Produktion wurde umgestellt. In den deutschen Fabriken arbeiten jetzt weniger Menschen und mehr Roboter. Diese maschinellen Helfer stecken Gussteile in Zerspanungsmaschinen, holen sie wieder heraus, um sie zum Waschen in einen Schrank und dann wieder in Reih und Glied in die Transportbehälter zu legen. Oder sie sägen Armaturen in einem bestimmten Winkel schräg ab. Das kostet Arbeitsplätze, sichert die verbliebenen aber auch. Denn an der Säge den richtigen Schnitt zu finden ist per Hand schon schwer. Den Roboter richtig einzustellen, dafür braucht es einen ausgebildeten Fachmann. Ein Trost für die verbliebenen Mitarbeiter: Machen einmal Roboter die Arbeit, lohnt sich Verlagern kaum mehr.

Dabei ging es TPG und CS nicht allein ums Kostensenken. Sie wollten auch erreichen, dass die wichtigsten 1 000 Produkte täglich zu 95 Prozent verfügbar sind. Damit jeder, der Grohe kaufen will, auch sofort Grohe kaufen kann. „2003 war die Verfügbarkeit nur bei 50 Prozent", sagt Haines. Um bei der Umstellung zu beraten, flog Produktionsfachmann

Kevin Burns aus TPGs Spezialistenteam „Operations" regelmäßig aus New York ein. Für Werksleiter Meyer eine positive Erfahrung: „Unsere Strategie World Class Grohe wird
unter TPG perfektioniert." BC Partners habe das Unternehmen nicht so eng operativ begleitet.

Alles ist jetzt schlank bei Grohe. Lean Production, Lean
Management hat Haines Grohe auf die Fahnen geschrieben.
Trifft sich Meyer mit seinem Team im Atrium des kleinen
Verwaltungsgebäudes, nur durch eine Glaswand getrennt von
den Fabrikhallen, kommen die Manager an einem großen
Stehtisch in Form einer Grohe-Welle zusammen. Stehen statt
sitzen. Es soll sich bloß keiner zu gemütlich machen.

Grohes neue Wachstumsgeschichte

Zugleich, so verkauft es Marketing-Mann Haines, hat die
neue Wachstumsgeschichte des seit 1948 existierenden Traditionsunternehmens begonnen. Eine emotional ansprechen-
de Marke soll aus dem eher technisch geprägten Unternehmen werden, mit Topdesign. Dafür hat Haines den jungen
Industriedesigner Paul Flowers von Electrolux angeheuert.
Zugleich wurden die Entwicklungszeiten von knapp zwei
Jahren mehr als halbiert. „Das war ein Riesenschritt. Früher
hat die Entwicklung wesentlich länger gedauert, und es gab
nicht so eine Fülle neuer Produkte", sagt Betriebsratschef
Paulokat.

Schon Anfang 2006 brachte Grohe 40 Prozent des Pro-
duktportfolios neu auf den Markt. Ein Jahr später wurde die
Designerlinie „Ondus" mit extrem reduzierten Formen und
Fernsteuerung für die Dusche vorgestellt. Damit errang das
westfälische Unternehmen zum ersten Mal in seiner Geschichte die begehrte Designauszeichnung „Red dot award
best of the best". „Mit Ondus wollen wir die Kunden von
Bang & Olufsen ansprechen", sagt Haines.

Erste Früchte konnte der Grohe-Chef schon ernten. Im
Jahr 2006 ist Grohe zum ersten Mal seit 2001 wieder ordentlich gewachsen: Der Umsatz sprang, bereinigt um den Verkauf
einer kleineren Tochter, um zwölf Prozent auf 939 Millionen

Euro. Das Ebitda legte um elf Prozent auf 171 Millionen Euro zu. Und das, obwohl sich die Preise für Grohes wichtigstes Material Messing fast verdreifachten.

„Nur weil wir die Restrukturierung so schnell gestartet haben, konnten wir die Explosion der Rohstoffpreise so gut managen", glaubt Haines. Dagegen verliert Konkurrent American Standard bei jeder verkauften Armatur Geld – und hat die darbende Sparte Bath & Kitchen, zu der auch Spülbecken und Toiletten gehören, deshalb Anfang 2007 zum Verkauf gestellt.

Grohe fährt hohes Risiko

Die Finanzmärkte glauben Grohes neue Wachstumsgeschichte. Anfang 2007 konnte das Unternehmen fast alle Bankdarlehen durch eine vorrangig besicherte Anleihe über 800 Millionen Euro ablösen, die erst 2014 getilgt werden muss – ein großer Vertrauensbeweis. Noch im Herbst 2005 hatten einzelne Banken ihre Kredite zu Preisen unterhalb des vergebenen Volumens veräußert, da sie mittelfristig größere Ausfälle fürchteten, und Grohes nachrangige, hoch verzinste Anleihe über 335 Millionen Euro wurde an der Börse mit Abschlägen von mehr als zehn Prozent gehandelt.

Trotzdem ist Grohes finanzielles Risiko im Jahr 2007 noch beträchtlich. Die Schulden von 1,15 Milliarden Euro, die 2004 TPG und CS zur Kaufpreisfinanzierung aufnahmen, sind angesichts millionenschwerer Investitionen in Restrukturierung und neue Produkte in den ersten beiden Jahren nicht kleiner geworden. Mehr als das achtfache Ebitda betrug die Verschuldung laut der Ratingagentur Standard & Poor's (S&P) Ende September 2006. Die Agentur führt Grohe nur mit der Bonitätsnote „B" – fünf Stufen unter dem recht ausfallsicheren „Investment-Grade". „B" ist die schlechteste Stufe, die bei Leveraged Buy-outs für vorrangige Kredite üblich ist. Doch selbst mit diesem Rating hat S&P Grohe einen Vertrauensvorschuss erteilt und einen Rückgang des Verschuldungsgrads auf sechsmal Ebitda Ende 2007 bereits vorausgesetzt. Das heißt: Grohe muss die Gewinne kräftig steigern, sonst droht eine schlechtere Note.

Dabei stehen auch TPG und CS unter Druck ihrer Investoren, haben sie doch mit knapp 1,6 Milliarden Euro, dem 8,5-fachen Ebitda, für einen Restrukturierungsfall einen hohen Kaufpreis bezahlt. Mit gut 400 Millionen Euro haben sie auch eine substanzielle Portion Eigenkapital aufs Spiel gesetzt. Eine gute Investition, ist sich TPG-Partner Matthias Calice sicher. „Grohe ist ein Marktführer, der wächst. Wir haben keinen Zweifel, dass wir irgendwann mit einem ordentlichen Gewinn wieder aussteigen werden", sagt der Österreicher.

Die Mitarbeiter sind auch zwei Jahre nach dem großen Knall noch verunsichert. „Die Stimmung ist gedrückt", sagt Betriebsratschef Paulokat im Frühjahr 2007. „Nach der Aktion vor zwei Jahren haben viele den Glauben verloren, dass es auch nach dem Auslaufen des Sozialplans Ende 2008 noch weitergeht mit den deutschen Werken." Hatten 2005 noch Hunderte Mitarbeiter gegen TPG und CS protestiert, schlägt ihr oberster Vertreter jetzt moderatere Töne an. „Wir haben massiv Personal in Deutschland abgebaut, und ich bedauere jeden einzelnen Mitarbeiter", sagt Paulokat. „Aber auf der anderen Seite ziehen unsere Finanzinvestoren nichts raus, sondern investieren in unser Unternehmen. Ich finde nicht, dass Münteferings Heuschrecken-Bild bei uns passt."

Für wen können Heuschrecken gefährlich werden?

Von der Frankfurter Private-Equity-Konferenz „Super Return" 2006 erzählen sich Teilnehmer folgende Anekdote: Blackstone-Chef Stephen Schwarzman und KKR-Mitgründer Henry Kravis vereinbarten in New York eine Wette. Wer zuerst in Frankfurt ankommt, muss den anderen zum Abendessen einladen. Beide starteten gleichzeitig in New York, doch wer als Erster landete, ist nicht überliefert. Die Gerüchte besagen nur, der Verlierer habe sich sofort einen größeren, schnelleren Privatjet bestellt.

Wer hat den Größten? Manchmal scheint es, als bliebe den weltweit erfolgreichsten Private-Equity-Managern, allesamt Multimillionäre oder -milliardäre, diese schlichte Herausforderung übrig. In der letzten Fundraising-Welle der Jahre 2005 bis 2007 lieferten sich die Grandseigneurs der Branche ein Kopf-an-Kopf-Rennen um den weltgrößten Fonds, in dem jeder noch einen neuen Trumpf aus dem Ärmel zog, als das Spiel eigentlich schon vorbei war.

Im Jahr 2005 schienen Goldman Sachs, Warburg Pincus und Carlyle bereits übermäßig gierig, als sie ihre neuen Fonds mit acht Milliarden Dollar oder noch etwas darüber schlossen. Daraufhin kursierten für die neuen Fonds von KKR und Blackstone zunächst Größenordnungen von zehn Milliarden Dollar. Mitte 2006 ließ Henry Kravis als Erster die Katze aus dem Sack: Man werde mit 15,5 Milliarden Dollar für den neuen globalen Fonds einen Weltrekord aufstellen. Daraufhin gab Schwarzman beruhigt für seinen Fonds eine finale Summe von 15,6 Milliarden Dollar bekannt. „Das kreiert der Welt größten Private-Equity-Fonds", tönte der Blackstone-Chef in seiner Pressemitteilung.

Doch damit hatte Schwarzman seinen drei Jahre älteren Freund Henry erst richtig angestachelt. Der teilte nun seinen Investoren mit, man habe den „hard cap", die nun wirklich

maximal akzeptable Summe, bei 16,5 Milliarden Dollar fest-
gelegt. Kein Problem für Schwarzman. Der schrieb seinen
Geldgebern, auch sie dürften gerne noch einmal nachlegen
– und setzte sich mit 20 Milliarden Dollar an der Spitze. Bis
auch diese Marke fällt, scheint nur eine Frage der Zeit.

Der Wettlauf der Amerikaner setzt die europäischen Beteiligungsgesellschaften stärker unter Zugzwang, als denen
lieb ist. So hatten die Manager des europäischen Marktfüh-
rers Permira Anfang 2006 noch monatelang diskutiert, ob es
ihrer Firma und ihren Renditen wirklich gut täte, über acht
Milliarden Euro hinauszugehen. Denn ein allzu sprunghaf-
tes Wachstum ist auch für eine Private-Equity-Gesellschaft
eine große Herausforderung. Mit dem Fonds von 5,1 Milliarden Euro aus dem Jahr 2003 war Permira nicht darauf an-
gewiesen, bei Milliardenübernahmen zum Zuge zu kommen.
Die Briten konnten auch noch größere Mittelständler kaufen, wie den Mobilfunkdienstleister Debitel oder den Brillenhersteller Rodenstock. Mit dem 2006er-Fonds, der letztlich
mit elf Milliarden Euro geschlossen wurde, können sie sich
so kleine Deals kaum mehr leisten.

Die Geldschwemme setzt die Branchengesetze außer Kraft

Die enorme Geldschwemme scheint der Branche die letzten
Fesseln abzustreifen. „Wir glauben wieder, dass wir alles in
Gold verwandeln können", sagt Carlyle-Berater Arthur Levitt selbstkritisch. Jahre- und jahrzehntelang galten für Private-Equity-Gesellschaften drei eherne Gesetze: nichts stark
Zyklisches, nicht feindlich, keine Minderheiten. Positiv ausgedrückt: Kaufe stabile und möglichst wachsende Unternehmen, damit die Bedienung der Schulden gesichert ist. Versuche keine Übernahme gegen den Willen des Managements –
denn wenn du Manager und Belegschaft gegen dich hast,
kannst du im Unternehmen wenig ausrichten. Kaufe nur
Mehrheiten, damit du auch über die Macht verfügst, deine
Vorstellungen durchzusetzen.

Seit 2006 sind alle diese Gesetze außer Kraft und durch

eine einzige Regel ersetzt: Alles ist möglich. Es gibt keinen
Wirtschaftsbereich mehr, in den Private Equity nicht eindrin-
gen würde: egal ob mit Mehrheitsübernahmen oder Minderheitsbeteiligungen, ob freundlich oder feindlich.

Große Private-Equity-Deals weltweit

Käufer	Unternehmen	Jahr	Kaufpreis*
Ontario Teachers Private Capital, Providence, Madison Dearborn	BCE	2007	48 Milliarden Dollar
KKR, TPG, GS Capital Partners	TXU	2007	45 Milliarden Dollar
Blackstone	Equity Office	2007	39 Milliarden Dollar
Bain Capital, KKR, Merrill Lynch	HCA	2006	33 Milliarden Dollar
KKR	RJR Nabisco	1989	31 Milliarden Dollar
KKR	First Data	2007	29 Milliarden Dollar
Bain Capital, Thomas H. Lee	Clear Channel	2007	28 Milliarden Dollar
TPG, GS Capital Partners	Alltel	2007	27 Milliarden Dollar
TPG, Apollo	Harrah's Entertainment	2006	27 Milliarden Dollar
KKR	Hilton Hotels	2007	26 Milliarden Dollar
JC Flowers, Friedman Fleischer & Lowe, Bank of America, JP Morgan Chase	SLM Corp. (Sallie Mae)	2007	25 Milliarden Dollar
Carlyle, Riverstone, GS Capital Partners	Kinder Morgan	2006	22 Milliarden Dollar
KKR	Alliance Boots	2007	22 Milliarden Dollar

Käufer	Unternehmen	Jahr	Kaufpreis*
Blackstone, Carlyle, Permira, TPG	Freescale	2006	18 Milliarden Dollar
Cerberus	Albertson's	2006	17 Milliarden Dollar

*einschließlich übernommener Schulden
Quelle: Unternehmen

Und als wäre dies nicht genug, lässt sich Private Equity sogar selber an der Börse listen: Zunächst brachten KKR und US-Konkurrent Apollo zwei Investmentvehikel an den Aktienmarkt, mit denen sie weitere Milliarden einsammelten – buchstäblich nur mit ihrem guten Namen und dem Versprechen, das Geld schnell und renditeträchtig in Beteiligungen zu investieren. Dann ging die US-Investmentgesellschaft Fortress, einer der größten Wohnungsaufkäufer in Deutschland, an die New York Stock Exchange, und nahm mehr als 600 Dollar ein. Insgesamt wurde Fortress mit mehr als sieben Milliarden Dollar bewertet, und die fünf Gründer, die die Firma weiterhin kontrollieren, zu Aktienmilliardären.

Schließlich ließ sich mit Blackstone erstmals eine der weltgrößten Private-Equity-Gesellschaften selber an der Börse listen und kassierte für mehr als zehn Prozent der Anteile über vier Milliarden Dollar. Zugleich erwarb die Volksrepublik China für drei Milliarden Dollar knapp zehn Prozent an der erzkapitalistischen Beteiligungsfirma. In jenem Frühjahr 2007 war Blackstone-Chef Steve Schwarzman wieder einmal ein Coup gelungen, kurz nach seinem 60. Geburtstag. So mancher wertete dies jedoch als weiteres Warnsignal, dass die Branche ihren Höhepunkt überschritten hat. „Die Ratten verlassen das Schiff", kommentierte Charles Geisst, Finanzhistoriker am Manhattan College.

Der neue „Sweet Spot": Die Chipindustrie

Doch bevor es abwärtsgeht, läuft die Branche noch zur Hochform auf. So ist sogar der Halbleitermarkt zum „Sweet Spot" für die Investorenzunft mutiert. Dabei gibt es kaum eine In-

dustrie, deren Geschäft so zyklisch und unberechenbar ver-
läuft. Denn die Nachfrage nach Halbleitern schwankt sehr
stark mit der Konjunktur, vor allem im Bereich der Speicher-
chips. Bricht sie mal wieder ein, bekämpfen sich die Hersteller regelmäßig mit ruinösen Preisen. Dies setzt eine Teufels-
spirale in Gang, unter der dann alle leiden. Angesichts des
schnellen technologischen Wandels muss zudem ständig in
neue Ausrüstung investiert werden. So rutschten die Chiphersteller im Abschwungjahr 2001 reihenweise tief in die Verlustzone.

   Finanzinvestoren trauen sich nun sogar zu, diese langjährigen Gesetze außer Kraft zu setzen. Ihr Ziel ist eine Konso-
lidierung der fragmentierten Branche, die selber damit seit
Jahren kaum Fortschritte gemacht hat. So konnte der niederländische Elektronikkonzern Philips seine einstmals so pro-
blematische Chipsparte für attraktive 8,3 Milliarden Euro an
ein Konsortium um KKR verkaufen. Diese firmiert seither unter NXP. Was Kravis kann, kann Schwarzman schon lange.
In der Bieterschlacht um den börsennotierten US-Chipher-
steller Freescale errang Blackstone mit Partnern den Zuschlag.
Mit 17,6 Milliarden Dollar war dies die teuerste Übernahme
im Technologiesektor überhaupt. Diverse Finanzinvestoren,
von Silver Lake über KKR bis CVC, haben auch beim Münchner Halbleiterhersteller Infineon angeklopft – zum Teil mehrfach. Bis zum Redaktionsschluss dieses Buches wehrten
Infineon-Vorstand und -Aufsichtsrat aber alle Attacken ab.

   Der neue Run auf die Halbleiterindustrie versetzt selbst
Insider in Erstaunen. „Bis 2005 kannte ich nur zwei Private-Equity-Gesellschaften, die Chipunternehmen kauften: Silver Lake Partners und uns", sagt der frühere Infineon-Chef
Ulrich Schumacher. Der Manager, der bei Infineon 2004
nach einem Eklat gehen musste, hat sein gesamtes Berufsle-
ben in der Halbleiterbranche verbracht und arbeitet seit 2005
für den US-Technologieinvestor Francisco Partners.

   Ein wichtiger Grund für den geradezu halsbrecherischen
Mut der Finanzinvestoren ist, dass die Banken auch gegen-
über Halbleiter-Buy-outs jegliche Hemmung verloren haben.
Sie geben zur Finanzierung von Halbleiterdeals nicht nur ein

Vielfaches des Kreditvolumens, als es Ende der 90er-Jahre üblich war. Die Kredite sind auch deutlich billiger als damals und müssen nicht einmal mehr während der Laufzeit getilgt werden. Man wagt kaum, sich vorzustellen, was passiert, wenn Private-Equity-finanzierte Halbleiterfirmen wie Freescale oder NXP am Ende der Laufzeit ihrer Darlehen gerade in einem zyklischen Loch stecken. Ohne frische Eigenmittel von außen wäre in dieser Situation an eine Tilgung nicht zu denken.

Sanierungsfälle und Fluggesellschaften im Visier

Auch Sanierungsfälle waren bei den meisten Private-Equity-Gesellschaften stets unbeliebt. Je größer, komplizierter und politischer die Schieflagen waren, desto größer war der Bogen, den die etablierten Spieler der Private-Equity-Branche darum gemacht haben. Auch davon ist keine Rede mehr. Für chronische Krisenfirmen wie Chrysler interessierten sich nicht mehr nur Konkurrenten oder Hedgefonds wie Cerberus, der für seine gnadenlosen Radikalkuren bekannt ist und letztlich auch den Zuschlag errungen hat. Nein, auch Blackstone hatte sich in den Reigen der Bieter für Chrysler eingereiht. Dabei haben die Amerikaner bislang kaum Erfahrung mit Sanierungen dieser Größenordnung.

Die Private-Equity-Firmen Permira und Apollo verhandelten monatelang mit Siemens über den verlustträchtigen Bereich Enterprise Networks, der mit 16 000 Mitarbeitern Telefonanlagen für Unternehmen installiert. Letztlich schreckte Siemens aus politischen Gründen vor einem Verkauf zurück. Denn dafür hätte der Münchner Konzern abermals eine Mitgift in dreistelliger Millionenhöhe mitgeben müssen. Nach dem Debakel um die marode Mobilfunksparte, die unter ihrem neuen koreanischen Eigentümer BenQ Insolvenz anmelden musste, wollte Siemens dieses Risiko nicht mehr eingehen. Die Finanzinvestoren dagegen schon, obwohl sie mit diesem Deal absolutes Neuland betreten hätten. Ein Verkauf zu einem negativen Preis an eine Private-Equity-Gesellschaft hat in Deutschland in einer solchen Größenordnung noch nie stattgefunden. Die wenigen Finanzinvestoren, die hierzulande marode Firmen aufkaufen, haben sich meist auf Sanierungen spezialisiert und betreiben dieses Geschäft vor allem im Mittelstand.

Tabu waren bislang auch Fluggesellschaften außerhalb der USA. Denn hier gibt es für Private Equity nur Minderheitsbeteiligungen zu kaufen. Der Grund: Gemäß den internationalen Luftfahrtabkommen dürfen Fluggesellschaften nicht mehrheitlich im Besitz von ausländischen Investoren sein. Andernfalls verlören sie ihre Start- und Landrechte. Dennoch buhlte TPG 2007 zeitgleich um Qantas, Iberia und Alitalia und hatte dafür jeweils Konsortien mit lokalen Bietern gebildet. Im Luftfahrtbereich traut sich TPG-Chef David Bonderman auch mit weniger als 50 Prozent der Anteile zu, Firmen wieder auf gesunde Beine zu stellen. Seit Bonderman und seine TPG in der schweren Krise der amerikanischen Luftfahrtindustrie während der ersten Hälfte der 90er-Jahre mit Continental Airlines und America West gleich zwei Fluggesellschaften erfolgreich saniert haben, gelten sie als die Luftfahrtexperten par excellence.

Hedgefonds-Strategien als zweifelhafte Lösung für den Anlagenotstand

Noch mutiger als Bonderman ist nur Blackstone-Chef Schwarzman. Der glaubte gar, mit einem Anteil von nur 4,5 Prozent und einem Aufsichtsratssitz den ehemaligen Staatsmonopolisten Deutsche Telekom umbauen zu können. Eigentlich ist das keine Private-Equity-, sondern eine klassische Hedgefonds-Strategie. Zudem ging sie nicht auf: Im Frühjahr des Jahres 2006 hätte Schwarzman, vom US-Magazin „Fortune" drei Jahre zuvor noch als „Wall Street's hottest hand" gekürt, im Dax kaum schlechtere Aktien kaufen können. Während die meisten Werte des deutschen Börsenbarometers von da an stiegen und stiegen, blieb die Telekom-Aktie bis weit ins Jahr 2007 hinein unter Blackstones Einstiegspreis von 14 Euro zurück.

So blieb Schwarzmans Telekom-Modell bislang ohne

Nachahmer. Doch greifen auch andere Private-Equity-Gesellschaften zu unorthodoxen Methoden. KKRs Börsenvehi-
kel KKR Private Equity Investors (KKR PEI) stieg beim eins-
tigen Silicon-Valley-Überflieger Sun Microsystems ein – doch
nicht über Aktien. Vielmehr zeichnete KKR PEI Wandelanleihen in einem Volumen von 700 Millionen Euro. Wandelanleihen sind Anleihen, die am Ende ihrer Laufzeit in Aktien
gewandelt werden, sofern ein bestimmter Kurs überschritten
wird. KKR PEI erhielt – analog zu Blackstone – einen Platz
im Board des Herstellers von Netzwerkrechnern und kann
somit selber etwas für den Sun-Aktienkurs tun.

Infrastruktur ist in

Auf der verzweifelten Suche nach Anlagemöglichkeiten hat
die Branche noch ein neues Feld entdeckt: die Infrastruktur.
Jahrzehntelang galten Autobahnen, Häfen und Flughäfen,
Kliniken oder Gasleitungen als „langweilig". Ihr Wachstumspotenzial schien begrenzt, und damit auch die Verdienstmög-
lichkeiten. Heute jedoch stört es kaum mehr, dass diese
Investitionen „nur" Renditen von zehn bis 13 Prozent versprechen und in der Regel auch zehn bis 20 Jahre gehalten
werden müssen. Denn die Infrastrukturanbieter sind häufig
für ihr Gebiet Monopolisten und versprechen stabile, gut
planbare Cashflows. Auch das Angebot an neuen Deals
scheint angesichts klammer Staatskassen gesichert.

In der Hoffnung auf einen Strom an Privatisierungen
kam in den letzten Jahren eine Reihe von Infrastrukturfonds
neu auf den Markt, von der australischen Macquarie-Bank
über Babcock & Brown und Challenger Financial Services
bis hin zu Charterhouse. Seither können Unternehmen und
der Staat mit ihrer jahrelang kaum beachteten Infrastruktur
glänzende Deals machen. So überwies Macquarie für den
britischen Wasserversorger Thames Water acht Milliarden
Pfund, umgerechnet zwölf Milliarden Euro, an den Energiekonzern RWE. Ein Pensionsfonds aus Ontario zahlte 2,8 Milliarden Pfund für den britischen Hafenbetreiber AB Ports.
Ein Konsortium aus dem größten amerikanischen Versiche-

rungskonzern AIG und der Schweizer Credit Suisse legten sich den Londoner City Airport zu. Die britische Flughafengesellschaft BAA, die unter anderem die Londoner Flughäfen Heathrow, Gatwick und Stansted betreibt, war dem spanischen Baukonzern Ferrovial und einem Pensionsfonds 10,1 Milliarden Pfund wert.

Um den Rostocker Fährbetreiber Scandlines tobte über ein Jahr lang ein heftiger Bieterkampf zwischen dem britischen Investor 3i sowie einem Konsortium aus Allianz Capital Partners und der Deutschen Seereederei. Auch für einen Minderheitsanteil am Hamburger Hafenbetreiber HHLA formierten sich diverse Investoren. Wegen massiver Proteste der Belegschaft stoppte der Senat den Verkauf aber und entschied sich stattdessen für einen Börsengang des Hamburger Hafens.

Besonders im Visier ist neuerdings der Gesundheitssektor. Der verspricht Wachstumspotenzial, da die Menschen immer älter werden. Zudem scheinen in diesem staatlich dominierten Bereich die Möglichkeiten, die Prozesse zu verbessern und die Effizienz zu steigern, riesengroß. So investierte ACP in die britische Pflegeheimkette Four Seasons und BC Partners in den Londoner Klinikbetreiber General Healthcare. Nicht zuletzt setzte ein Dreierkonsortium um KKR auch hier eine Rekordmarke mit dem Erwerb der amerikanischen Klinikkette HCA für 33 Milliarden Dollar.

Für den Run auf Infrastruktur spielen wiederum die Banken eine treibende Rolle, haben sie doch ihr Kreditangebot für solche Deals extrem ausgeweitet. Infrastrukturübernahmen würden immer höher fremdfinanziert, klagte die Ratingagentur Standard & Poor's Ende 2006. „Wir glauben, dass dies eine Preisblase widerspiegelt." Dadurch ließen sich zuletzt sogar mit unspektakulären Unternehmen galaktische Gewinne erzielen. Zum Beispiel mit Tank & Rast: ACP, Apax und Lufthansa zahlten 1998 für die ehemals bundeseigene „Gesellschaft für Nebenbetriebe der Bundesautobahnen" mit 370 Autobahn-Tankstellen und -Raststätten an die Staatskasse rund 950 Millionen Euro. Die drei reichten die Firma Ende 2004 für 1,1 Milliarden Euro an den britischen Finanzinvestor Terra Firma weiter. Dieser Erlös ermöglichte dem Konsortium immerhin mehr als eine Verdopplung ihres Mitteleinsatzes.

Dennoch erwies sich der Preis eineinhalb Jahre später als nachgeworfen: als nämlich plötzlich die Banken ihre Vorliebe für dieses Geschäft entdeckten. Sie beliehen Tank & Rast mit 1,2 Milliarden Euro, ein Drittel mehr als bei Terra Firmas Einstieg. Damit konnte sich Terra Firma eine Sonderdividende von 400 Millionen Euro genehmigen und ihren Geldgebern deren eingesetztes Eigenkapital schon ungefähr eineinhalbmal zurückzahlen. Dabei bedienten sich die Banken eines Tricks: Angesichts der lang laufenden Konzessionen wurde Tank & Rast nicht mehr wie eine Private-Equity-Transaktion finanziert, sondern wie ein Infrastrukturprojekt. Das bedeutet günstigere Zinsen und niedrigere Tilgungsraten – und ermöglicht so eine höhere Verschuldung.

Zugleich führten die Terra-Firma-Manager vor, dass auch bei so „langweiligen" Geschäften wie dem Betrieb von Tankstellen und Raststätten an Autobahnen satte Gewinnsteigerungen drin sind. Sie modernisierten Rasthäuser, Toiletten und Restaurants, holten aber auch durch die Zusammenlegung von Tankstellen und Erhöhungen der Pachten deutlich mehr aus dem Pachtbetrieb heraus. So wurde der operative Gewinn (Ebitda) von 126 Millionen Euro im Jahr 2004 bis 2006 auf über 160 Millionen Euro gesteigert. 2007 verkaufte Terra Firma einen 50-Prozent-Anteil an Tank & Rast an die Deutsche Bank weiter, für sagenhafte 1,35 Milliarden Euro.

Im Bankensektor sind Geier auf Beutezug

Auf Schnäppchen sind die „Vulture Funds" oder Geierfonds aus, die seit 2004 den deutschen Markt nach faulen Krediten abgrasen. Ursprünglich kauften US-Investoren wie Lone Star oder Cerberus ausschließlich faule Kredite auf. Lone Star zum Beispiel erwarb milliardenschwere Pakete von der Hypo Real Estate, in der die Münchner HypoVereinsbank (HVB) in der schweren Bankenkrise des Jahres 2003 ihr teilweise problematisches Hypothekengeschäft abgespalten hatte. Die US-Investmentbank Goldman Sachs kaufte der HVB sogar

drei Pakete problematischer Häuslebauer- und Gewerbeim-
mobilienkredite ab.

Diese Investoren tragen den Namen der Geier nicht ohne
Grund: Sie fackeln nicht lange, wenn es um menschliche Exis-
tenzen geht. Das gilt selbst für private Immobilienbesitzer, die
ihren Kredit immer bedient haben. Kreditnehmer berichten,
dass ihnen am Ende der Zinsbindung eine Kreditverlänge-
rung zu exorbitant hohen Zinsen von elf Prozent und mehr
angeboten worden sei. Wer seinen Kredit nicht mithilfe einer
anderen Bank zu den gewünschten Bedingungen ablöst oder
mit dem Verkauf seiner Immobilie einverstanden ist, bei dem
wird die Zwangsversteigerung angeordnet.

Sogar ganze Banken haben die Geierfonds mittlerweile er-
worben. Die damit verbundenen Banklizenzen ermöglichen
es ihnen nun, auch mit „gesunden" Krediten Geschäfte zu
machen. So griff sich Cerberus die kleine Handelskreditbank
(HKB) aus dem Sauerland und erwarb von Österreichs
Gewerkschaften deren Skandalbank Bawag P.S.K., die durch
Fehlspekulationen in der Karibik in die Schieflage geraten war.
Lone Star nahm den deutschen Gewerkschaften ihre Pro-
blemtochter Allgemeine Hypothekenbank Rheinboden
(AHBR) ab. Die AHBR war durch fehlgeschlagene Zinsspe-
kulationen so tief in die Krise gestürzt, dass die Finanzauf-
sicht BaFin ihren Verkauf anordnete.

Eigentlich muss in Deutschland, wer eine Bank führen will,
seine Eignung dafür nachweisen. Dennoch hat auch die
Finanzaufsicht BaFin dem Vormarsch der Heuschrecken im
deutschen Bankgewerbe wenig entgegenzusetzen. „Die kommen mit komplizierten Konstruktionen, teilweise im Ausland, und sind extrem professionell", klagt ein hochrangiger
BaFin-Mitarbeiter. „Denen kommen Sie nicht auf die Schli-
che." Gegen die Geierfonds agieren deutsche Banker wie Wai-
senknaben.

Und Cerberus, Lone Star & Co. haben längst nicht genug. Gaben sie sich lange mit kranken Teilen des Bankgewer-
bes zufrieden, wollen sie jetzt auch an die gesunden Teile ran.
Deshalb boten Cerberus und Lone Star für die Landesbank
Berlin. Die LBB ist eines der ganz wenigen größeren Institu-

te, die in Deutschland in den vergangenen Jahren auf den Markt kamen. Die beiden US-Fonds blieben jedoch ebenso erfolglos wie der auf Banken spezialisierte US-Finanzinvestor Christopher Flowers: Seine Beteiligungsgesellschaft JC Flowers hatte davor 27 Prozent an der in Hamburg und Kiel ansässigen Landesbank HSH Nordbank erworben und wollte sich mit der LBB zum Konsolidierer des Landesbankensektors aufschwingen.

Keine Angst vor feindlichen Übernahmen

Die klassischen Private-Equity-Gesellschaften wie KKR, Carlyle, Permira oder CVC indes haben bislang mit dem Kauf von Banken nichts am Hut. Doch vielleicht fällt irgendwann auch diese Regel.

Die guten Vorsätze der Branche, „feindliche Übernahmen" zu unterlassen, sind jedenfalls seit dem Jahr 2006 wieder einmal überholt. Der Ablesekonzern Techem, die britische Kaufhauskette Sainsbury's, der britische Pharmahändler Alliance Boots, der schwedische Klinikbetreiber Capio: Sie alle lehnten die Avancen der Finanzinvestoren zunächst ab. Das hinderte diese indes nicht daran, ihre Pläne weiterzuverfolgen – zum Teil mit Erfolg.

Die Fonds bereiten sich systematisch darauf vor, ihre Deals notfalls mit rüderen Methoden zu machen: Die britischen Investoren Apax und CVC haben in ihren Fondsstatuten den Passus entfernt, dass man keine „feindlichen Übernahmen" angehen werde. Diese Regel war lange Zeit branchenüblich, da Käufe gegen den Willen des Managements als schlecht für die Wertentwicklung des Unternehmens angesehen wurden.

Als warnendes Beispiel wirkte stets die Übernahmeschlacht um den US-Mischkonzern RJR Nabisco in den Jahren 1988 und 1989, in der sich KKR mit einer feindlichen Attacke durchsetzte. Wirtschaftlich wurde RJR für KKR und die gesamte Branche zum Desaster. Der Deal brachte nur eine Rendite von 0,2 Prozent, und der Private-Equity-Markt brach danach erst einmal zusammen.

Brennpunkt Dax

Um auch die ganz großen Fische jagen zu können, schließen sich die Finanzinvestoren immer häufiger zu Konsortien zusammen. Der Chiphersteller Freescale wurde von vier Private-Equity-Gesellschaften erworben, Konkurrent NXP und der größte dänische Telekomkonzern TDC haben fünf Eigentümer. Der niederländische Medien- und Marktforschungskonzern VNU hört gar auf sieben Herren. Von den größten Deals weltweit wurden fast alle von zwei oder mehr Finanzinvestoren gemeinsam getätigt. Der Vorteil: Auf diese Weise können sie leicht Übernahmen im Volumen von 40 Milliarden Euro und mehr stemmen und diversifizieren zudem ihr Risiko. Dem steht jedoch ein gravierender Nachteil gegenüber: Bei mehreren Eigentümern sind genaue Absprachen und ständige Abstimmungsprozesse erforderlich. Das geht auf Kosten der Schnelligkeit, eigentlich einer der ureigensten Vorzüge von Private Equity gegenüber Konzernen.

Auch in Deutschland scheint alles angerichtet für die Finanzinvestoren mit ihren Milliardentöpfen. Und doch tut sich noch relativ wenig, vor allem an den Aktienmärkten. „Im Vergleich zur Transaktionsdynamik in anderen europäischen Märkten ist Deutschland immer noch ein Schlusslicht", klagt Permira-Deutschlandchef Thomas Krenz. Denn die rechtlichen Rahmenbedingungen machen es hierzulande schwer, ein Unternehmen komplett von der Börse zu nehmen.

Was in den USA eine Sache von Wochen ist, kann sich in Deutschland über ein Jahr oder sogar länger hinziehen. Die ausgeprägten Regeln zum Minderheitenschutz provozieren langwierige Anfechtungsklagen und aktivistisches Eingreifen der Hedgefonds. Und das funktioniert so: Sobald eine Private-Equity-Gesellschaft ein Übernahmeangebot für ein Unternehmen vorlegt, kaufen Hedgefonds massiv Aktien der Firma auf. Ihr Ziel ist dabei, den Preis nach oben zu treiben. Vielfach steigen sie bis zuletzt nicht aus, weil sie auf die Extraprämie für die letzten fünf Prozent hoffen. Der Hintergrund: In Deutschland können Aktionäre erst ausgeschlossen werden, wenn der Großaktionär bereits 95 Prozent besitzt. In anderen Ländern ist dies schon bei 90 Prozent möglich. Für den sogenannten Squeeze-out des restlichen Streubesitzes muss nach deutschen Vorschriften zudem noch eine neue Unternehmensbewertung erstellt werden. Diese fiel aber in der Vergangenheit für die verbliebenen Aktionäre oft günstiger aus als das Übernahmeangebot. Dies führt dazu, dass viele Aktionäre – insbesondere die Hedgefonds – ihre Papiere zurückhalten und 95 Prozent für einen Finanzinvestor kaum zu schaffen sind.

Deswegen wird in den Büros der Private-Equity-Häuser, bei ihren Investmentbanken und Anwälten längst an kreativen Lösungen gebastelt. Die Frage ist, wie sich das Private-Equity-Geschäftsmodell auch mit Minderheitspositionen durchsetzen lässt – obwohl eine Minderheit keine vollständige Kontrolle ermöglicht und keine Schulden auf die Unternehmen übertragen werden können. Mini-Beteiligungen wie Blackstones Anteil an der Telekom werden aber kaum Schule machen. Blackstones Konkurrenten zielen auf Anteile bis zu 30 Prozent. Denn angesichts der niedrigen Präsenzzahlen auf Hauptversammlungen deutscher Aktiengesellschaften reicht dies meist schon, um Mehrheitsbeschlüsse zu fassen – und damit ein Unternehmen gehörig umzubauen.

Der Angriff auf Continental

Philipp Schoeller hat bislang noch jede Welle mitgenommen. Im Sommer 2000 beriet er Internetfirmen und bereitete sich auf den Admiral's Cup vor, die inoffizielle Teamweltmeisterschaft im Hochseesegeln. Allerdings fiel das Traditionsrennen damals mangels Teilnehmern aus. Anfang 2005 veröffentlichte der Vater von vier Kindern ein Buch über Kindererziehung. Titel: „Coaching Kids".

Sonst engagiert sich der Spross einer Unternehmerfamilie seit vielen Jahren in diversen Investorenaktivitäten – und hatte dabei schon immer Großes im Sinn. 1998 wollte Schoeller mit seinem langjährigen Partner Christoph Bulfon den österreichischen Autozulieferer Steyr-Daimler-Puch dem mächti-

gen Magna-Konzern aus Kanada vor der Nase wegschnap-
pen. Ohne Erfolg. Dabei wäre das für Schoellers Verhältnisse
ein recht bescheidener Deal gewesen. „Nach dem Abschluss
des Studiums bei Insead wollte er noch Siemens kaufen",
erinnert sich ein früherer Weggefährte. „Das hätte sich übri-
gens gut gerechnet."

Im Sommer 2006 war Schoeller endlich ganz nah dran.
Zwar reichte es immer noch nicht für Siemens. Aber auch
den Fisch, den er damals an der Angel hatte, hatte beträcht-
liches Gewicht: Es war Autozulieferer und Reifenhersteller
Continental aus Hannover, ein Dax-Konzern.

Mit einem Gesamtwert von 18 bis 20 Milliarden Euro wäre dies die erste Übernahme eines Dax-Konzerns durch Finanzinvestoren und der mit Abstand größte Private-Equity-Deal
in Deutschland gewesen. Und dahinter hätte Schoellers unscheinbare Anlagefirma General Capital Group (GCG) ge-
steckt – nicht zu verwechseln mit gleichnamigen Firmen in
London und dem amerikanischen Wisconsin. Die 2005 gegründete Münchner Firma rühmt sich, sie investiere ausschließlich in deutsche Unternehmen und habe dafür Milliardensummen zur Verfügung. Schoellers Kompagnons tragen
illustre Namen. Hubertus Hoffmann, vor Jahren als Chef des
Neue-Markt-Absteigers Internetmediahouse bekannt, ist ebenso mit dabei wie der langjährige Axa-Colonia-Chef Dieter
Wendelstadt.

Zu Continental hatten Schoeller und die Seinen beste Kontakte. Schließlich war Conti-Aufsichtsratschef Grünberg für
die GCG tätig. Dem bis dahin als untadelig geltenden Con-
ti-Aufseher brachte die gelegentliche Arbeit für GCG immerhin eine sechsstellige Summe ein – pro Quartal.

Leider braucht man für einen solchen Deal nicht nur Beziehungen, sondern auch viel Geld. Schon 2003 soll Schoeller bei den Conti-Verantwortlichen vorgefühlt haben und
hatte dafür Blackstone ins Schlepptau genommen. Drei Jahre
später versuchte er es erneut, diesmal mit der US-Beteiligungsfirma Bain Capital.

Den ersten Kontakt stellte der ehemalige israelische
Ministerpräsident Ehud Barak her, der damals ebenfalls auf

der Liste der teuren GCG-Berater stand. Barak sprach Bain-Manager Stephen Pagliuca auf ein gemeinsames Geschäft in Deutschland an, worauf der Amerikaner den Fall an Bains Deutschlandstatthalter Ulrich Biffar weiterleitete. Praktischerweise arbeiten Schoeller und Biffar im Edelkomplex „Maximilianshöfe" an der Münchner Maximilianstraße auf demselben Flur. Trotz dieser räumlichen Nähe verhandelten Schoeller und Biffar einen Monat lang über einen Phantom-Deal, dem Schoeller den Namen „Lighthouse" gab. Schoeller wollte erst raus mit der Sprache, wenn er einen Beratervertrag mit Bain in der Tasche hatte. Schließlich schlug Biffar ein – und sicherte Schoeller ein halbes Prozent des Transaktionswerts sowie eine Beteiligung an dem Deal zu.

Kaum hatte Bain zugestimmt, kontaktierte Schoeller im Juni 2006 mit dem Konzept seinen Berater und Conti-Chefaufseher Grünberg. Der fühlte sich durch den offensichtlichen Interessenkonflikt in die Enge getrieben – und kündigte seinen Beratervertrag umgehend. Zumindest ein Gespräch von Schoeller und den Bain-Managern mit dem Continental-Vorstand um Manfred Wennemer soll Grünberg noch organisiert haben. Wennemer zeigte sich nicht vollends abgeneigt, und Bain durfte in die Bücher schauen.

Kompliziert wurde es aber, als Bain Capital sich auf die Suche nach weiteren Finanziers machte. Die US-Gesellschaft gehört zu den größten 15 Private-Equity-Gesellschaften der Welt, doch alleine wäre Conti ein zu großer Brocken geworden. Ein Investorenkonsortium war schnell gebildet: Zu Coups dieser Größenordnung lassen sich Goldman-Sachs-Deutschlandchef Alexander Dibelius, KKR-Europachef Johannes Huth und Permira-Deutschlandchef Thomas Krenz nicht lange bitten. Doch als die Konsorten von den Vereinbarungen mit Schoeller erfuhren, herrschte blankes Entsetzen. Private-Equity-Gesellschaften kauften keine Deals, entrüsteten sich Bains Partner. Und verhandelten tagelang mit Schoeller, um zumindest die teuren Konditionen zu drücken. Auch Grünbergs Doppelrolle besorgte die Konsorten. Sie hatten Bedenken, beim ersten deutschen Dax-Deal eine solch offensichtliche Anrüchigkeit zu riskieren.

Den Garaus machte Schoellers Plänen schließlich der Conti-Aktienkurs. Im September kursierten an der Börse plötzlich Gerüchte über potenzielle Aufkäufer und trieben den Kurs über 90 Euro. Schließlich sah sich Conti genötigt, die Gespräche am 19. September 2006 per Pressemitteilung öffentlich zu machen: „Ein Private-Equity-Investor hatte die Continental AG, Hannover, kontaktiert, um eine Abgabe eines Übernahmeangebots zu prüfen. Dieser sich noch in einem frühen Stadium befindliche Prozess wurde einvernehmlich beendet. Der Continental-Vorstand hat beschlossen, diese Prozessbeendigung zu veröffentlichen, um aufkommenden Gerüchten auf dem Kapitalmarkt entgegenzuwirken. Die Continental AG ist im Zusammenhang mit diesem Prüfungsprozess keine materiellen Verpflichtungen eingegangen.“

Aus Kreisen der Investoren wird der Abbruch der Übernahme folgendermaßen begründet: „Conti ist schon relativ gut gelaufen, sowohl das Unternehmen als auch die Aktie. Da war nicht viel Luft für ein Übernahmeangebot drin. Als der Kurs dann so stark stieg, hat man's gelassen." Schoeller formulierte dies, wie es seine Art ist, martialischer: „Das Projekt Lighthouse ist tot." Für seine persönliche Beteiligung daran dürfte das zutreffen. Den selbst ernannten Überflieger wird nach dieser Vorgeschichte kaum mehr ein großes Private-Equity-Haus in sein Konsortium aufnehmen. Beteiligte klagten im Nachhinein über die „mangelnde Glaubwürdigkeit" von GCG in der Conti-Sache. „Die haben wenig beigetragen und dafür hohe Gebühren aufgerufen." So ist Schoeller seit jenem Conti-Lichtblick wieder in der Versenkung verschwunden.

Continental allerdings zählt weiter zu den heißesten Kandidaten im Dax für eine Private-Equity-Übernahme. Das Unternehmen gilt als gut geführt mit guter Stellung auf seinen Märkten, hohen Cashflows und niedriger Verschuldung. Das ist mittlerweile auch am Aktienmarkt bekannt. Der Höhenflug, den das Conti-Papier seit Bekanntwerden von Schoellers Angriff nahm, hat bis zum Redaktionsschluss dieses Buches eine erneute Attacke verhindert.

Woher kommen die Heuschrecken?

Schon einmal hat die Private-Equity-Branche einen ähnlichen Boom erlebt: Ende der 80er-Jahre in den USA. Doch einem steilen Aufstieg folgt in der Regel ein noch rapiderer Fall. Wenn es eine Lehre aus der legendären Entstehungsgeschichte des Leveraged Buy-out (LBO) gibt, ist es diese.

Aufstieg und Fall des Leveraged Buy-out in den USA

Im Amerika der 80er-Jahre entstand scheinbar aus dem Nichts eine Spekulantenindustrie, die immer abenteuerliche Deals ersann. Die Bewegung führten Jerome Kohlberg, Henry Kravis und George Roberts an. Ihre Finanzfirma Kohlberg Kravis Roberts, die seit 2007 unter KKR firmiert, attackierte Unternehmen quasi ohne Eigenkapital, um sie anschließend zu filettieren und zu zerschlagen. Von „Private Equity" war damals noch nicht die Rede, dafür wurden die Investoren als „Barbaren" und „Raider" (Räuber) beschimpft.

Ihre wichtigsten Assistenten waren Michael Milken und die Investmentbank Drexel Burnham Lambert, die durch Milkens Junkbonds einen kometenhaften Aufstieg hinlegte. Mit diesen Anleihen mit sehr niedriger Bonität, zu Deutsch Schrott- oder Ramschanleihen, finanzierte Milken die Übernahmeexzesse von KKR und anderen Investoren. Als jedoch KKR 1989 nach monatelangem Ringen die Übernahmeschlacht um den Mischkonzern RJR Nabisco für 31,3 Milliarden Dollar für sich entschied, markierte dies den Höhe- und Wendepunkt für die noch junge Abzockerindustrie. Der Markt für Ramschanleihen wie auch für LBOs brach völlig zusammen.

Wie alles begann

Die Zeiten waren schlecht im Mutterland des Kapitalismus, als Kohlberg, Kravis und Roberts 1976 ihre gemeinsame Firma aus der Taufe hoben. Die zwei Schlüsselbranchen der USA, die Auto- und die Stahlindustrie, gerieten zum ersten Mal unter das, was man heute Globalisierungsdruck nennen würde. Anderswo in der Welt wurden Autos, Elektronik und Stahl plötzlich besser und billiger hergestellt. Die Gewinne der US-Konzerne schienen unaufhörlich zu sinken. LBOs gab es damals noch nicht, nur allerlei Finanzspekulanten, die hinter den Kulissen an sogenannten „Bootstrap"-Transaktionen werkelten. So hießen damals – dem späteren LBO sehr ähnliche – Unternehmensaufkäufe: Infrage kamen dafür nur Unternehmen, bei denen die Erwerber Potenzial für erhebliche Wertsteigerungen sahen. Die Akquisitionen wurden mit hohen Schulden finanziert, für die die Vermögenswerte des gekauften Unternehmens oder seine Cashflows als Sicherheit dienten. So blieb der Eigenkapitaleinsatz niedrig, dadurch konnte sich auch das Management des gekauften Unternehmens eine Beteiligung leisten.

Jerome Kohlberg hatte diese Technik während seiner Zeit bei der New Yorker Investmentbank Bear Stearns verfeinert und eine strikte Kontrolle des Managements durch den Finanzkäufer eingeführt. Kohlberg betrieb das Bootstrap-Geschäft für Bear Stearns schon lange: Sein erster Deal war der Erwerb der Goldveredelungs- und Zahnmaterialfirma Stern Metals aus Westchester im Jahr 1965. Für 9,5 Millionen Dollar kaufte Kohlberg dem damals 71-jährigen H. J. Stern seine Anteile ab, mit nur 1,5 Millionen Dollar Eigenkapital.

Kurz darauf stieß George Roberts zu Kohlbergs Abteilung bei Bear Stearns, die damals nicht einmal einen speziellen Namen hatte. Roberts überzeugte 1970 auch seinen Cousin und Freund Henry Kravis, sich anzuschließen. Obwohl Bear Stearns damals für Wall-Street-Verhältnisse als rückständig galt und Kohlbergs Geschäft auch keinen guten Stand in der Investmentbank hatte, die von Händlern geprägt war. „Deren Vorstellung von langfristigen Investments war, eine Position über Nacht zu halten", beschrieb Kohlberg in einem Interview. Doch die zwei jungen Cousins lernten schnell und viel – auch durch einige schlechte Deals. Zum Beispiel brach der Schuhhersteller Cobblers nach dem Selbstmord seines Vorstandschefs zusammen. Cobblers war ein Totalverlust für Bear Stearns.

Durch solche Fälle, aber auch durch die Rezession der Jahre 1973 bis 1975 verlor Bear Stearns den Spaß an dem riskanten und vor allem illiquiden Geschäft. Als Kohlberg 1975 seinen 50. Geburtstag feierte, bekam er einen jungen Banker als „Administrative Head of Investment Banking" vor die Nase gesetzt, und Bear Stearns' andere Partner bereiteten eine Kürzung von Kohlbergs Gewinnbeteiligung vor. Diesen Affront konnte Kohlberg nicht hinnehmen – und überzeugte seine beiden 20 Jahre jüngeren Kompagnons Roberts und Kravis, mit ihm zu gehen.

So eröffneten die drei am 1. Mai 1976 eigene Büros: Kohlberg und Kravis in New York, Roberts in San Francisco. Ohne den Namen Bear Stearns im Rücken und mit nur 120 000 Dollar Startkapital verlief der Start mühsam, doch immerhin gelang im April 1977 mit dem Kauf des kleinen Maschinenbaukonglomerats A.J. Industries für 94 Millionen Dollar der erste Deal. Zwei Jahre nach dem Start legte das Trio seinen ersten Fonds auf, mit 30 Millionen Dollar von Banken und Privatleuten.

Der Fonds wurde schon damals so strukturiert, wie es noch heute üblich ist: Die Investoren, sogenannte Limited Partners (LPs), sagen dem Managementteam, den „General Partners" (GPs) eine bestimmte Menge Geld zu. Die General Partners wählen die Transaktionen aus und verpflichten sich, den Fonds in einem bestimmten Zeitraum zu investieren – normalerweise vier Jahre. Die GPs legen selbst einen kleinen Prozentsatz privates Geld in den Fonds ein und erhalten eine Beteiligung am gesamten Fondsgewinn („Carried Interest") von 20 Prozent.

Der große Vorteil der LBOs war damals, dass die Investoren selbst dann hohe Gewinne erzielen konnten, wenn ein Unternehmen nicht wuchs. Harvardprofessor George Baker

und sein Kollege George David Smith von der New Yorker
Stern School of Business kalkulieren dazu folgendes Rechenbeispiel: Man kaufe ein Unternehmen für 100 Millionen
Dollar. Vom Preis werden 90 Millionen Dollar mit Schulden
finanziert, zehn Millionen Dollar mit Eigenkapital. Nach der
Übernahme lässt sich der bisherige jährliche Nettomittelzu-
fluss (Cashflow) von zehn auf 20 Millionen Dollar verdoppeln, indem die Prozesse verbessert und Investitionen nur
sehr vorsichtig getätigt werden. Bei einem Zinssatz von zehn
Prozent erlaubt der Cashflow die vollständige Tilgung des
90-Millionen-Darlehens binnen sechs Jahren. Am Ende dieser Periode ist das Unternehmen immer noch 100 Millionen
Dollar wert – und die Eigenkapitalinvestoren haben ihren
Einsatz verzehnfacht und eine durchschnittliche jährliche
Rendite von 47 Prozent erzielt.

Die Rechnung ist zwar idealtypisch, denn den Cashflow
bereits im ersten Jahr nach der Übernahme zu verdoppeln
und dieses hohe Niveau sechs Jahre lang beizubehalten ist bei
heutigen Buy-outs kaum vorstellbar. Damals allerdings war
diese Finanzierungsmethode generell kaum verbreitet, und
KKR konnte eine Menge Pioniergewinne einheimsen. Zumal
sich die drei Finanzjongleure bevorzugt ineffizienten und deshalb an der Börse unterbewerteten Konglomeraten zuwand-
ten.

Schwieriger Durchbruch

Trotz ihrer Geschäftskontakte aus der Bear-Stearns-Zeit hatten die drei KKR-Gründer bei ihren ersten Deals noch Probleme, die Darlehen in ausreichender Menge zu gewünschten Konditionen zu bekommen. Banken weigerten sich
zunächst, Kredite ohne Sicherheiten zu vergeben. Doch versuchten Roberts und Kravis von Anfang an, möglichst keine
Unternehmensteile zu verpfänden. Denn die Freiheit, diese
bei Liquiditätsengpässen zu verkaufen, wollten sich die Cousins nicht nehmen lassen.

Schon 1978/79 gelang der Durchbruch mit dem Maschi-
nenbau- und Autozuliefererkonglomerat Houdaille Indus-

tries, dem ersten modernen LBO einer mittelgroßen börsennotierten Gesellschaft. Houdaille war ein geradezu perfektes
Übernahmeobjekt für Finanzinvestoren: schuldenfrei und
an der Börse völlig unterbewertet. Dennoch sorgte KKR damals an der Wall Street für einen großen Paukenschlag.
Schließlich schien Houdaille für das kleine Team mit einem
Fonds von gerade einmal 30 Millionen Dollar Eigenkapital
ein viel zu großer Brocken. „Alle riefen an und sagten: Wie
wollt ihr das hinkriegen?", erinnerte sich Roberts später.

Auch die Börse reagierte skeptisch: Als KKR im Oktober
1978 das Übernahmeangebot zu 40 Dollar je Aktien ankün-
digte, sprang der Kurs der Houdaille-Aktie gerade einmal auf
32 Dollar. Doch KKR stemmte den Deal und finanzierte den
Kaufpreis von 380 Millionen Dollar zu sagenhaften 86 Prozent mit Fremdkapital. Houdaille war der erste Deal weltweit, für den eine sehr komplexe Finanzstruktur angewandt
wurde. Henry Kravis schaffte es, für die Fremdkapitalseite
17 verschiedene Institutionen unter einen Hut zu bekommen.
Diese vergaben die Kredite in vier verschiedenen Bonitäts-
klassen, vom revolvierenden Bankkredit, der im Insolvenz-
fall an erster Stelle bedient wird, über den klassischen vor-
rangigen Kredit bis zu zwei verschiedenen nachrangigen
Schuldtiteln. In Deutschland tauchten solche Finanzstruk-
turen erst 20 Jahre später auf. Allerdings musste damals auch
Kravis dafür lange Klinken putzen. Es dauerte bis Mai 1979,
bis die gesamte Transaktion unter Dach und Fach war.

Die hohe Verschuldung hatte aber zur Folge, dass Houdaille von da an exorbitante Zinsen zahlen musste: Der Großteil des Kredits kostete 10,75 Prozent beziehungsweise zwölf
Prozent jährlich. Um die Fremdkapitalgeber bedienen zu
können, kürzte das Management die Kosten und verkaufte
ertragsschwache Unternehmensteile. Als aber aufgrund einer
Billigattacke der japanischen Werkzeugmaschinenbauer von
1982 an die gesamte US-Branche in die Knie ging, brachten
die hohen Schulden Houdaille an den Rand der Insolvenz.
Mit der Akquisition eines Pumpenherstellers zwei Jahre später wurde das Unternehmen schließlich saniert – und 1987
an die britische Holding TI Industries weiterverkauft. Ob-

wohl KKR Houdaille mit achteinhalb Jahren außerordentlich lang behielt, brachte die Firma KKRs Fondsinvestoren
eine jährliche Eigenkapitalrendite (Internal Rate of Return,
IRR) von durchschnittlich 33,9 Prozent.

Bereits der erfolgreiche Abschluss dieser Übernahme hatte Horden neuer Investoren in Fremdkapital für LBOs und
Möchtegern-Buy-out-Spezialisten angezogen. Trotz zweistel-
liger Inflationsraten zu Beginn der 80er-Jahre und einer
handfesten Rezession stieg die Zahl der LBOs stetig. Wegen
der wachsenden Konkurrenz steuerte KKR immer größere
Deals an – und versuchte an mehr Geld von Fremdkapital-
und Eigenkapitalinvestoren zu gelangen. Ein Meilenstein war,
als George Roberts mit dem Pensionsfonds des Bundesstaa-
tes Oregon erstmals eine staatliche Pensionskasse als Fonds-
investor gewann. Trotz harscher Politikerschelte sagte Ore-
gons Pensionsfonds für KKRs 82er-Fonds von 316 Millionen
Dollar in einem Schwung 178 Millionen Dollar zu, rund acht
Prozent seines Portfolios. Die Manager aus dem beschauli-
chen Städtchen Salem fuhren hohes Risiko, doch bald schlossen sich ihnen immer mehr Pensionskassen an. Auch die Banken gaben ihre Zurückhaltung auf und entwickelten ihr Angebot an diversen Kredit-Layern unterschiedlicher Bonität
weiter. Den ganz großen Kick bekam der Markt aber erst, als
KKR begann, mit Bond-Spezialist Michael Milken von Drexel Burnham Lambert Geschäfte zu machen.

Der Markt läuft heiß

Die KKR-Leute hatten Milken schon 1981 zum ersten Mal
getroffen, aber damals noch bezweifelt, ob Drexel zur Platzierung größerer Tranchen nachrangiger Kredite wirklich in
der Lage sei. 1984 wollte KKR für 330 Millionen Dollar den
Einzelhändler Cole National Corporation kaufen – und startete einen Test. Der zuständige KKR-Partner Paul Raether
bereitete Firmenchef Jeffrey Cole auf die üblichen rigorosen
Fragen vor und schickte ihn zu Milkens Büro nach Beverley
Hills in Kalifornien. Als Erster stand Fred Carr vom Lebensversicherer Executive Life auf dem Programm, einer von Mil-

kens verlässlichsten Junkbond-Investoren. Carr unterbrach
Coles Präsentation nach nur fünf Minuten und diskutierte
noch eine Viertelstunde mit dem Cole-Chef. Das war ihm genug, um zu investieren. Mit nur einem Meeting hatte KKR
die gewünschten 100 Millionen Dollar zusammen, die für
den Cole-Kauf noch fehlten. Für KKR war das der Eintritt
in Milkens unbürokratisches Universum der Schuldenfinan-
zierung.

Milkens Junkbonds waren schneller und flexibler zu
kriegen als alles sonst auf dem Kreditmarkt. Wenn auch nicht
billig: Die 100-Millionen-Tranche für Cole kostete 14,5 Prozent Zinsen. KKR musste drei Millionen Dollar Gebühr an
Drexel überweisen und sollte zudem elf Prozent der Eigenkapitalanteile für die Anleihegläubiger treuhänderisch an
Drexel abtreten.

Junkbonds gab es schon, bevor Milken dieses Geschäft
zur Blüte brachte. So wurden in den 60er- und 70er-Jahren
Anleihen von Unternehmen genannt, deren Geschäftslage sich
extrem verschlechterte und deren Bonität von den Ratingagenturen deshalb auf Schrottstatus herabgesetzt wurde. Im
Branchenjargon heißen solche Unternehmen „Fallen Angels"
(gefallene Engel). Da die Börse bei solchen Papieren eine gewisse Ausfallwahrscheinlichkeit kalkulierte, rutschte der
Preis für diese Anleihen stets weit unter ihren Nennwert.

Milken untersuchte diese Ramschanleihen bereits als Student in Berkeley und der Wharton School in Pennsylvania –
und kam zu dem Ergebnis, dass ihre Ausfallquoten vom
Markt weit überschätzt werden. Einige Jahre, nachdem er
1970 bei der damals unbedeutenden Investmentbank Drexel
Burnham Lambert angefangen hatte, entwickelte er seine Erkenntnisse zu einem neuen Geschäft weiter: Einerseits überzeugte er institutionelle Investoren, in die Schrottanleihen zu
investieren. Andererseits erhöhte er aber auch das Angebot,
indem er Anleihen für Unternehmen auflegte, die anderweitig allenfalls kurzfristige Kredite mit hohen Aufschlägen bekamen. Ein gigantischer Markt: Denn die Ratingagenturen
legten damals so enge Kriterien an, dass nur fünf Prozent der
Unternehmen als sichere Investments eingestuft wurden.

Alle anderen fielen durch das Raster, da die Agenturen die
Unternehmen nur anhand ihrer Historie, nicht aber anhand
ihrer Werte oder künftigen Zahlungsströme einschätzten. Eine
unsinnige Betrachtung, befand Milken. Von 1977 an finanzierte er deutlich mehr als 1 000 Unternehmen mit seinen Anleihen, die er den Investoren mit zweistelligen Zinsen schmackhaft machte. Manche späteren Großkonzerne wie MCI oder
CNN, hätten ihren Aufstieg ohne Milkens Junkbonds wohl
kaum so schnell geschafft.

Doch nach den kleinen und mittelgroßen Unternehmen
peilte der geschäftstüchtige Milken bald eine neue Kundengruppe an: die Raider und Beteiligungsgesellschaften. Nach
dem gelungenen Cole-Deal im Jahr 1984 wurde der Bond-
Junkie auch bei KKR zum Standardlieferanten und war bei
jedem der Deals mit von der Partie – die ihrerseits in immer
neue Dimensionen wuchsen.

Attacke auf die Amerika AG

Längst hatte KKR die Milliardengrenze geknackt und nahm
immer größere Unternehmen ins Visier: Mit dem Angriff auf
Beatrice Companies, damals die Nummer 26 der „Fortune
500"-Liste der größten US-Unternehmen, kündigte KKR 1985
den damals mit Abstand größten LBO der Geschichte an: mit
einem Transaktionsvolumen von 8,7 Milliarden Dollar. Das
Chicagoer Unternehmen steckte in schweren Management-
turbulenzen. Es war über die vorausgegangene Dekade durch
ungezügelte Akquisitionen zu einem ungeordneten Konglomerat herangewachsen, dem so unterschiedliche Unternehmen wie Avis, Tropicana, Playtex und eine Coca-Cola-Pro-
duktion gehörten. KKR benötigte für die Übernahme gerade
einmal 417 Millionen Dollar Eigenkapital. Dafür steuerte
Milken 2,5 Milliarden Dollar Junkbonds bei. Um die extrem
hohe Verschuldung schnell zu reduzieren, verlangten die Banken, dass KKR binnen 18 Monaten Firmenteile im Wert von
1,5 Milliarden Dollar veräußert. Auch darüber hinaus räum-
ten die Amerikaner gründlich auf. Der Erste, der seinen Job
verlor, war der Vorstandschef.

Spätestens die Beatrice-Übernahme machte Amerikas Konzern-Establishment klar, dass die Raider um KKR jetzt zum Angriff auf „Corporate America" bliesen. Wie in Deutschland noch bis ins neue Jahrtausend hinein hatten es sich in Amerika in den 80er-Jahren viele Konzernvorstände bequem eingerichtet. Mangels Drucks von ihren institutionellen Investoren dachten viele Manager gar nicht daran, ihr Handeln an den Aktionärsinteressen auszurichten. Stattdessen wurde wild akquiriert und diversifiziert, man leistete sich riesige Konzernverwaltungen und auch jeden denkbaren Luxus. Legendär wurden zum Beispiel die Waffenschränke, die sich der Chef des Kosmetikkonzerns Revlon, Michel Bergerac, für seine Safariflüge in seine Boeing 747 einbauen ließ.

„In den 80er-Jahren haben die Aufsichtsräte (Boards) ihren Job überhaupt nicht gemacht", erklärt dies Henry Kravis später in einem Interview. „Es war wie eine Familie: Ich spiele mit dir Golf, ich gehe in dein Board und du in meines, und keiner stellt zu viele Fragen. Dann trat Private Equity als Aktionär auf den Plan. Indem wir die Aufsichtsräte der Unternehmen mit aktiven Mitgliedern besetzten, haben wir dem Management gezeigt, dass sie das Unternehmen voranbringen, den Gewinn steigern und für das, was sie tun, geradestehen müssen."

Doch immer häufiger zeigte sich, dass Kravis und Roberts keinesfalls nur aktive Aktionäre bleiben wollten. Wo Vorstandschefs nicht freiwillig mit ihnen gemeinsame Sache machen wollten, sannen die beiden Cousins auf feindliche Attacken. Schon Beatrice hatten Kravis und Roberts eigentlich gegen den Willen des Managements angreifen wollen. Auf Drängen Kohlbergs, des Ältesten und Besonnensten der drei, beließen sie es jedoch dabei, nur Druck auf das Management auszuüben und ihm eine Offerte quasi aufzudrängen. In der Community heißt dieses Vorgehen seither „Bear Hug", Bärenumarmung.

Beim Kauf von Safeway Ende 1986 für 4,8 Milliarden Dollar wurde KKR noch zur Hilfe gerufen, um die Offerte eines anderen Raiders abzuwehren. Wieder stachen Milkens Junkbonds die Konkurrenz aus. KKR musste gerade einmal

132 Millionen Dollar Eigenkapital einsetzen. Doch beim
nächsten Deal war es mit der Zurückhaltung der Cousins –
vor allem des ungestümen Kravis – vorbei. Für den Glashersteller Owens-Illinois veröffentlichte KKR 1987 eine Offerte, obwohl sich einige Aufsichtsräte vehement dagegen wehrten. Sechs Wochen nach Abschluss dieser 3,7 Milliarden Dollar teueren Übernahme gab Kohlberg seinen Rücktritt bekannt, um eine neue LBO-Firma zu gründen: Kohlberg &
Co. Seine Begründung: „philosophical differences".

Seit ihrem Start hatten die drei Amerikaner damals mehr
als 25 Unternehmen im Wert von mehr als 29 Milliarden Euro erworben, mehr als der damalige Marktwert des größten
US-Autobauers General Motors. Derweil mehrten sich die
Anzeichen für eine Blase: Die Gier nach immer noch höheren
Profiten griff um sich. Die Gehälter der Protagonisten stiegen exorbitant, und manche, darunter auch Junkbond-König
Milken, verstiegen sich zu illegalen Geschäften. Dabei verdiente Milken bereits 1985 astronomische 296 Millionen
Dollar. Im Jahr 1987, als Drexel begann, Kunden aggressiv
zu Deals zu überreden, die sie später bereuen würden, sackte Milken sogar 550 Millionen Dollar ein. Selbst dies jedoch
hielt Kravis und Roberts, die normalerweise bei der Auswahl
ihrer Geschäftspartner heikel sind, nicht von Deals mit Drexel ab. „Sie liefern", entgegnete Kravis Skeptikern. „Keiner
kann eine solche Menge Geld einwerben wie sie."

Doch auch KKR entwickelte sich für seine Partner zu
einer regelrechten „Cash-Machine": Nachdem der Fonds
von 1,9 Milliarden Dollar aus dem Jahr 1985 in Windesei-
le investiert war, legten sie 1987 einen weiteren Fonds von
5,6 Milliarden Dollar auf. Damit setzte sich KKR einsam an
die Spitze der amerikanischen LBO-Bewegung. Die größte
Beteiligungsfirma der Welt brauchte selber von da an 13 Jahre, um wieder einen so riesigen Fonds zusammenzubekom-
men.

Die Gigantomanie spülte auch in die privaten Kassen von
Kravis, Roberts und die anderer Partner hohe Millionenbeträge. Die KKR-Manager schöpften für sich jährlich 1,5 Prozent des Fondsvolumens als Managementgebühr ab, also

84 Millionen Dollar. Dazu ließ sich KKR für jeden einzelnen Kauf eine Dealgebühr überweisen, die ungefähr ein Prozent des Transaktionsvolumens betrug. Von 1985 bis 1987 sackten die KKR-Leute allein durch ihre drei Megadeals Beatrice, Safeway und Owens-Illinois 165 Millionen Dollar ein. Darüber hinaus kassierten die Partner von ihren Portfoliounternehmen Saläre für ihre Aufsichtsratstätigkeit sowie jährlich 150 000 bis 300 000 Dollar Beratungsgebühren. Wurden die Unternehmen nach einigen Jahren mit Profit wieder verkauft, kassierte KKR auch noch einen „Carried Interest" von 20 Prozent dieses Gewinns. Und zwar „Deal by Deal": Statt wie in der Branche üblich für den Erfolg des gesamten Fonds, ließ sich KKR für jede einzelne Transaktion belohnen. Damit partizipierten die KKR-Manager nur an den Gewinnen, nicht an den Verlusten. Kein Wunder also, dass KKRs Risikofreude von da an keine Grenzen mehr zu kennen schien.

Invasion der Barbaren

Jetzt spielte KKR auch noch der Aktiencrash im Oktober 1987 in die Hände, in dem viele Großkonzerne erheblich an Wert verloren. Doch entging diese Entwicklung auch der Konkurrenz nicht: Die Investmentbanken Merrill Lynch und Morgan Stanley lancierten zum ersten Mal eigene LBO-Fonds. Die Beteiligungsfirma Forstmann Little & Co. sammelte 2,7 Milliarden Dollar ein und war für wenige Monate die Nummer eins weltweit, bis KKR seinen 5,6-Milliarden-Fonds schloss. Auch die heutigen Megafonds Blackstone und Carlyle wurden in jenen Jahren gegründet. Um in das ganz große Geschäft einsteigen zu können, waren die beiden damals aber noch viel zu klein.

So schien der nächste Megadeal nur eine Frage der Zeit. Im Oktober 1988 nahm die Investmentbank Shearson Lehman Hutton mit dem Mischkonzern RJR Nabisco den mit Abstand größten LBO der Welt in Angriff. Das aber konnte „King Henry", wie die „BusinessWeek" in einer Coverstory titelte, nicht auf sich sitzen lassen. Eine Woche nach dem

Gebot der Investmentbank zu 75 Dollar je Aktie deklassier-
te KKR dieses mit einer 90-Dollar-Offerte. Es folgte der wohl
berühmteste Übernahmekampf der Geschichte, den die
„Wall Street Journal"-Reporter Bryan Burrough und John
Helyar in ihrem Bestseller „Barbarians at the Gate" (Barbaren vor den Toren) beschreiben. Das Buch wurde mehrfach
verfilmt und ist noch heute Pflichtlektüre für die Private-
Equity-Branche überall in der Welt.

RJR Nabisco war ein in Atlanta ansässiger Mischkonzern
mit 140 000 Mitarbeitern, die Nummer 19 der amerikanischen Industrieunternehmen. Seine Produktpalette reichte
von Ritz Cracker über Oreos bis hin zu den Tabakmarken
der früheren Reynolds Tobacco, Winston und Salem. Wie so
viele US-Konzerne damals war auch RJR Nabisco durch eine
ganze Serie von Akquisitionen entstanden. Über alle Veränderungen hinweg hatte es Vorstandschef Ross Johnson immer wieder geschafft, den Kopf ganz oben zu behalten. Seine Aufsichtsräte köderte Johnson mit großzügigen Berater-
verträgen und beliebiger Nutzung der Firmenjets. Er selbst
gönnte sich ein Apartment in Manhattan und eine Villa in
Castle Pines – selbstverständlich auf Firmenkosten. Auch seine zwei Haushälterinnen setzte Johnson seinem Konzern
auf die Rechnung. Und jedes Wochenende lud er Prominen-
te ein, mit der „RJR Air Force", der firmeneigenen Flotte mit
zehn Flugzeugen und 36 angestellten Piloten, zu RJR-Events
zu reisen. Dass die Promis regelmäßig mit RJR-Kunden di-
nierten oder Golf spielten, war Johnson bis zu eine Million
Dollar wert – pro Jahr und pro Mann.

Kravis hatte Vorstandschef Johnson schon 1986 auf einen
LBO angesprochen, war aber abgeblitzt. Mit dem Aktiencrash im Oktober 1987 jedoch ging RJRs Aktienkurs auf
Talfahrt, die selbst durch massive Aktienrückkäufe nicht
gestoppt werden konnte. Die einzige Möglichkeit, die Aktionäre zu befriedigen, schien Johnson ein LBO, von dem frei-
lich auch er persönlich kräftig profitieren wollte.

Das Wettbieten jedoch, das Johnson durch seine erste Offerte mit den Investmentbanken Shearson Lehman Hutton
und Salomon Brothers in Gang setzte, ließ am Ende nur Ver-

lierer zurück. KKR gewann zwar knapp in der fünften Bie-
terrunde mit einem Gebot von 109 Dollar je Aktie, entsprechend 25 Milliarden Dollar für alle RJR-Nabisco-Aktien.
Doch schon eineinhalb Jahre nach dem Kauf geriet RJR
Nabisco in schwere Turbulenzen und wurde schließlich zerschlagen. Bis zum Jahr 2006 blieb RJR Nabisco der größte
LBO weltweit, doch wurde er mit einer Rendite von 0,2 Prozent jährlich für KKRs Investoren zum Desaster. Johnson
wurde geschasst. Sorgen um den Vorstandschef wären aber
fehl am Platz: Er hatte in seinem Vertrag eine Abfindung von
53 Millionen Dollar vereinbart.

Die Blase platzt

KKR kontrollierte nun, gemessen am Umsatz, das fünftgrößte
Firmenimperium der USA. Nur General Motors, Ford, Ex-
xon und IBM waren noch größer. Dennoch verdarb die feindliche Übernahme von RJR Nabisco vieles, was sich die Cousins über die Jahre aufgebaut hatten. Das amerikanische Konzern-Establishment war schockiert von der Aggressivität, mit
der KKR vorging. Kaum ein Vorstandschef wollte unter diesen Voraussetzungen noch mit Kravis oder Roberts über einen
LBO sprechen. Politiker beklagten die unermessliche Gier der
„Kasino-Gesellschaft".
    Bei RJR Nabisco fielen nun Schwärme von McKinsey-
Beratern ein, Tausende Mitarbeiter wurden entlassen. Allein
in den ersten eineinhalb Jahren verkaufte RJR Nabisco
Geschäftsfelder für fünf Milliarden Dollar, um einen Teil der
Schulden schnell tilgen zu können. Noch vor dem RJR-
Nabisco-Deal hatte KKR zudem angefangen, die Einzelhandelskette Safeway zu zerschlagen. Allein 1987 und 1988
verkaufte Safeway 1 000 Läden in elf Regionen oder Städten und entließ 300 Angestellte in der Verwaltung, jeden
fünften Mitarbeiter. Zugleich wurden die Arbeitsverträge mit
den Gewerkschaften aggressiv nachverhandelt, was jede
Menge öffentlichen Ärger hervorrief. Von 1986 bis 1996
sank die Zahl von Safeways Beschäftigten von 185 000 auf
82 800.

Auch KKRs Investoren waren verärgert: Die staatlichen
Pensionsfonds wollten nicht, dass ihr Geld für feindliche
Attacken missbraucht wurde. Darüber hinaus blieb die Rendite des 87er-Fonds mit 13,8 Prozent deutlich hinter der der
fünf Vorgänger zurück, die alle zwischen 25 und 40 Prozent
jährlich rentiert hatten. In der Folge musste der angriffslus-
tige Kravis kleinere Brötchen backen. KKR konnte erst 1993
wieder einen Fonds auflegen, der nicht mal mehr ganz zwei
Milliarden Dollar erreichte.

Noch 1989 war zudem der mehr als 200 Milliarden Dollar schwere Markt für Schrottanleihen ins Trudeln geraten.
Die nach US-Präsident Ronald Reagan „Reaganomics" ge-
nannten Aufschwungjahre waren zu Ende, und umso schwerer drückten viele LBO-Unternehmen ihre exorbitanten
Schulden. Bis Anfang 1990 konnten 26 der 83 größten von
Private-Equity-Fonds akquirierten Unternehmen ihren Kapi-
taldienst nicht mehr leisten, und 18 mussten sogar Insolvenz
anmelden. In den Jahren 1990 und 1991 fielen jeweils mehr
als zehn Prozent aller Junkbonds komplett aus. Auch drei
von KKR gehaltene Firmen mussten ihren Schuldendienst
stoppen oder strecken, darunter die feindlich übernommene
Owens-Illinois. Die Folge: Der Markt trocknete komplett
aus, und Drexel musste im Februar 1990 Insolvenz anmelden. Genau zwölf Monate zuvor hatte die Investmentbank
noch Junkbonds im Rekordvolumen von fünf Milliarden
Dollar zur Finanzierung des RJR-Nabisco-Deals abgeliefert.

Milken hatte Drexels Aufstieg getrieben – und zog das
Institut ins Aus. Ende 1988 wurde die Bank, die schon seit
1986 keinen Gewinn mehr gemacht hatte, wegen illegaler
Praktiken ihres Chefhändlers zu 650 Millionen Dollar Stra-
fe verurteilt. Milken war von dem amerikanischen Chefan-
kläger Rudolph Giuliani, dem späteren Bürgermeister von
New York, diverser Delikte überführt worden, darunter Wert-
papierbetrug. Er wurde zu zehn Jahren Haft verurteilt, von
denen er aber nur gut zwei Jahre absitzen musste. Insgesamt
berappte er Straf- und Vergleichsgelder von 1,1 Milliarden
Dollar und darf sich nie wieder in der Wertpapierindustrie
betätigen. Einer aus seiner Truppe indes – Leon Black – grün-

dete die Private-Equity-Firma Apollo Management, die bald zu den größten LBO-Firmen der Welt aufstieg.

Zunächst allerdings versiegte der Strom der LBOs in den USA abrupt. 1990 und 1991 lag das Geschäft mit Transaktionsvolumina mit fünf Milliarden und neun Milliarden Dollar faktisch brach. Davor waren die Volumina von 1983 bis 1988 von zehn auf 100 Milliarden Dollar angeschwollen. Es dauerte bis Mitte der 90er-Jahre, bis sich die US-Finanzwirtschaft vom „Jahrzehnt der Gier" wieder erholt hatte. Von da an nahm die Private-Equity-Industrie ihren nächsten Aufschwung – diesmal aber weltweit.

Deutsche Heuschrecken-Historie

In Deutschlands noch junger Private-Equity-Branche begann das neue Jahrtausend mit einem rauschenden Fest. Geladen war nur die Hautevolee aus der Finanz- und Wirtschaftswelt, als die US-Beteiligungsgesellschaft Warburg Pincus im März 2000 in München ihre Büroeröffnung feierte. Zu feinen Speisen sprach mit Lionel Pincus einer der Grandseigneurs der amerikanischen Branche. Pincus, Jahrgang 1931, hatte Warburg Pincus im Jahr 1966 aus der Taufe gehoben. Mehr als 30 Jahre, bevor Private Equity in Deutschland überhaupt zum Thema wurde.

Teure Partys waren um die Jahrtausendwende en vogue in München. Nur wenige Monate vorher hatte Carlyle Konzernmanager, Banker und Berater zu einer Feier in die eigens angemietete Flugzeugwerft Schleißheim gebeten. Zwischen den historischen Flugzeugen, die das Deutsche Museum in Oberschleißheim nördlich von München ausstellt, gab BMW-Patriarch Eberhard von Kuenheim den einleitenden Vortrag. Die obligatorische „Dinner Speech" hielt der frühere US-Präsident George Bush. Der „41. Präsident der Vereinigten Staaten von Amerika", wie Carlyle in der Einladung präzise vermerkte, war eigens mit Gattin Barbara in die bayerische Metropole gereist. Galt es doch, die Landsleute bei ihren großen Plänen in Deutschland zu unterstützen.

Ende der 90er-Jahre herrschte Goldgräberstimmung auf dem deutschen Beteiligungsmarkt. Die Bundesregierung hatte deutschen Konzernen zugestanden, dass sie ab 2002 beim Verkauf von Töchtern oder Beteiligungen die dabei verdienten Gewinne nicht mehr versteuern müssen. Das nährte die Hoffnung ausländischer Investoren auf ein Aufbrechen des rheinischen Konsensmodells, das die deutsche Unternehmenswelt seit den Zeiten des Wirtschaftswunders dominiert hatte. Jahrzehntelang waren Banken, Versicherer und Unternehmen durch gegenseitige Beteiligungen eng verflochten. Man schob sich die Aufsichtsratsposten zu und tat sich auch sonst nicht weh. Das ließ sich auch nur schwer ändern: Hätten die Finanzinstitute ihre Beteiligungen verkauft, wären milliardenschwere Steuern angefallen. Denn die Beteiligungswerte waren über die Jahrzehnte beträchtlich gestiegen, und diese Wertzuwächse mussten bis 2002 voll versteuert werden.

Ausgerechnet die rot-grüne Bundesregierung setzte diesem Treiben mit der neuen Steuerbefreiung ein Ende. Zugleich verschärften die fortschreitende Globalisierung und die Internetrevolution den Druck auf die Unternehmen – das erhöhte ihre Bereitschaft, über die Trennung von Geschäftsfeldern nachzudenken. Außerdem überschlugen sich Experten und Studien mit der Erkenntnis, dass Tausende Unternehmensgründer aus den „Wirtschaftswunder"-Zeiten nach dem Zweiten Weltkrieg für ihre Firma keinen Nachfolger in den eigenen Reihen hätten und deshalb verkaufen müssten. „Die Branche steht vor einer enormen Boomphase", prognostizierte im August 2000 der Chef der Allianz-Tochter ACP Thomas Pütter. Seine Kollegen von BC Partners und CD&R spekulierten gar damals schon, dass die Übernahme eines Dax-Konzerns durch Finanzinvestoren in den nächsten Jahren bevorstehe.

Diese Aussichten lockten die Beteiligungsmanager aus den USA und Großbritannien in Scharen an. Carlyle-Mitgründer David Rubenstein hatte sich schon 1997 auf die Suche nach einem Manager gemacht, der für ihn ein deutsches Büro aufbauen sollte. Hans Albrecht ließ sich überzeugen, vom selbst gewählten Altenteil zurückzukehren in das Private-Equity-

Geschäft, und machte sein Privatbüro an der Residenzstraße in München mit Blick auf die Staatsoper zu Carlyles Deutschlanddomizil. Der studierte Jurist und approbierte Arzt hatte sich bereits mit 38 Jahren zur Ruhe gesetzt, nach – im Wesentlichen – einem einzigen gelungenen Private-Equity-Deal: Albrecht hatte direkt nach dem Fall der Berliner Mauer für die Münchner Mittelstandsholding IMM eine Kopiererkette in Ostdeutschland aufgebaut und 1994 mit hohem Gewinn weiterverkauft.

Rubensteins Schritt war nur der Anfang der ersten großen Private-Equity-Welle in Deutschland. 1999 heuerte der schwedische Finanzinvestor EQT die zwei früheren Bertelsmann-Manager Udo Philipp und Hans Moock an, um ein Büro ebenfalls in München zu eröffnen. Moock hatte EQT dafür aus dem gerade erst gegründeten Carlyle-Büro abgeworben. Im Jahr 2000 folgte die britische Beteiligungsgesellschaft Cinven mit den beiden früheren Investmentbankern Oliver Frey und Christian Dosch mit ein paar Räumen im Frankfurter Messeturm. Ein Jahr später holte Cinven noch den früheren Unilever-Manager Peter Gangsted aus der ACP-Geschäftsführung. JP Morgan Partners, der Private-Equity-Arm der US-Bank JP Morgan Chase, startete 2001 ebenfalls in München. Der britische Finanzinvestor Candover schließlich engagierte 2002 Ex-Mannesmann-Vorstand Kurt Kinzius mit dem Auftrag, ein Büro in Düsseldorf aufzubauen.

Aller Anfang ist zäh

Schon bevor dieser Zustrom so anschwoll, hatten Beteiligungsgesellschaften in Deutschland Unternehmen mit Zehntausenden Arbeitsplätzen aufgekauft. Doch lange Jahre blieben die Deals relativ klein, und die Branche tat von sich aus wenig, sich in der Öffentlichkeit bekannt zu machen. Angespornt durch den Buy-out-Boom in Großbritannien, startete ab Mitte der 80er-Jahre zuerst das britische Establishment auf dem deutschen Festland: 1984 eröffnete 3i ein Büro in Deutschland, 1986 auch die CVC-Vorgängerin Citicorp Venture Capital und Schroder Ventures, die heutige Permira.

In den Jahren bis 1992 folgten unter anderem die heutige BC
Partners, Doughty Hanson und Apax Partners. Doch die Geschäfte kamen nur mühsam voran, und so blieben auch die
meisten Fonds für heutige Verhältnisse winzig. Der erste deutsche Schroder-Fonds aus dem Jahr 1986 umfasste 136 Millionen DM, der erste deutsche Apax-Fonds aus dem Jahr
1992 knapp 100 Millionen DM.

Und selbst die waren schwer auszugeben. „Anfang der
90er-Jahre gab es in Deutschland kaum Übernahmen oder Fusionen", erinnert sich CVC-Deutschlandchef Steve Koltes.
Als der Amerikaner 1991 die Leitung des CVC-Büros im
Frankfurter Messeturm antrat, beschäftigte CVC dort gerade einmal drei Mitarbeiter. Mit Goldman-Sachs-Partner Paul
Achleitner, der mit seinen Investmentbankern ein paar Stock-
werke höher residierte, teilte Koltes ein einsames Schicksal:
Es gab nicht viel zu tun. „Damals wurden Unternehmen
nicht verkauft, weil das als ein Zeichen von Schwäche galt",
sagt Koltes. „Achleitner machte eine seiner ersten Transaktionen in Deutschland mit uns." Die war nach heutigen Maß-
stäben nicht gerade aufsehenerregend: Achleitner, heutzutage Allianz-Finanzvorstand, organisierte damals für CVC den
Erwerb des Kieler Rollstuhlherstellers Ortopedia.

Wenige Monate später bezog BC-Partner Jens Reidel das
drei Jahre lang verwaiste Büro von Baring Capital Investors
am Münchner Prinzregentenplatz. Dort traf er regelmäßig
die Gründer des Apax-Büros um die Ecke: Martin Halusa,
Max Burger-Calderon und deren jungen Assistenten Michael
Phillips. „Damals haben wir immer mal wieder zusammen-
gesessen und uns gefragt: Was machen wir hier eigentlich?",
erzählt Reidel später. Baring Capital war nicht ganz unschuldig am Misstrauen der Deutschen gegenüber dem Phänomen
LBO. Reidels Vorgänger hatten sich 1989, im Jahr des RJR-
Nabisco-Deals, mit dem Autozulieferer Lignotock verzockt.
Der Preis von 540 Millionen DM markierte die mit Abstand
größte Private-Equity-Übernahme in Deutschland zur damaligen Zeit. „Die Übernahme zeigt, dass größere Manage-
ment-Buy-outs in Deutschland möglich sind", tönten die
Baring-Capital-Partner in der „Financial Times". Finanziert

wurde dies zum größten Teil mit Schulden, darunter auch
eine in Deutschland damals unbekannte Mezzanine-Tranche.
Ein Jahr später war Lignotock mit 2 000 Mitarbeitern so gut
wie pleite. Und der Aufschwung des LBO in Deutschland ließ
weiter auf sich warten.

„Rund um uns haben viele Private-Equity-Gesellschaften
angefangen, vor allem aus Großbritannien", erinnert sich
Thomas Krenz, der 1988 zur britischen Schroder Ventures
stieß. Doch einige holten sich eine blutige Nase damit, das
in Großbritannien gerade boomende Buy-out-Geschäftsmo-
dell eins zu eins auf Deutschland übertragen zu wollen. „In
Deutschland wollten die Unternehmer nicht über Finanz-
modelle, sondern über ihre Unternehmen reden", sagt Krenz.
Und in den Vorstandsetagen deutscher Konzerne wurden die
Finanzinvestoren schlicht nicht zugelassen. „Corporate Germany hat uns komplett ignoriert." Mancher Zeitgenosse
argwöhnte damals gar, das Geld der Private-Equity-Gesellschaften könne nur von der Mafia stammen, sagt Krenz.
„Damals mussten wir dauernd erklären: Wir machen keine
Geldwäsche, wir sind keine Kredithaie, sondern seriöse Investoren."

Krenz gehört wie Koltes, Halusa, Burger-Calderon und
Reidel zu den Pionieren des deutschen LBO. Nach einem Betriebswirtschaftslehrestudium in Hamburg und einem MBA
in Indiana startete er 1987 als Trainee im Frankfurter Büro
des amerikanischen Bankers Trust (BT), des damals weltweit
führenden Spezialisten für LBO-Kredite. Nur wenige Monate später ging er nach London, um schließlich ins BT-Büro
in Los Angeles zu wechseln. An der amerikanischen West-
küste arbeitete BT vorzugsweise an Krediten für das dort
ebenfalls ansässige Büro von KKR.

Doch während Krenz noch in Los Angeles an milliarden-
schweren Kreditpaketen für die nimmersatten Amerikaner
bastelte, liebäugelte er bereits damit, dieses Geschäft selbst
zu betreiben. Während seiner Wochen in London hatte er
Thomas Matzen kennengelernt, der gerade ein deutsches Büro für die damals J. Henry Schroder firmierende Permira aufbauen sollte. „Schon da hatte ich das Gefühl, dass die Eigen-

kapitalseite viel spannender ist." Matzen, ein ehemaliger
Mars-Manager, ließ nicht mehr locker, und so fing Krenz am
8. August 1988 bei ihm in Hamburg an. 29 Jahre war er
damals alt. „Für uns alle war der Leveraged Buy-out damals
Learning by Doing", erzählt Krenz.

Matzens erster Deal war damals der Karnevalskosmetik-
hersteller Jofrika. 1,8 Millionen DM investierte Schroder und
verkaufte Jofrika schon 1990 weiter. Aus Sicht von Schroders
Investoren hätte man das Timing kaum besser hinbekommen
können. Ein Jahr später fiel der Karneval wegen des Golf-
kriegs aus, und Jofrika ging pleite. Wenig später kaufte der
Fonds für 153 Millionen DM dem amerikanischen Werkzeugmaschinenbauer Textron seine europäischen Aktivitäten
unter dem Namen Ex-Cell-O ab. Ex-Cell-O durchlief ein
schnelles Sparprogramm und ging schon 1988 an die Frankfurter Börse, als einer der ersten deutschen Buy-outs überhaupt.

Ein glänzender Deal für Schroder, wie praktisch alle Deals
damals. Keinem gelangen zu jener Zeit so viele Transaktionen wie Matzen. Der Hamburger, Jahrgang 1949, schwang
sich in der kleinen deutschen Private-Equity-Welt zum großen Matador auf: Von 1987 bis 1990 erwarb er insgesamt
sieben Unternehmen, Zusatzakquisitionen nicht eingerechnet. Industrieunternehmen waren darunter ebenso wie Händler. „Wir schwammen damals auf einer unglaublichen Er-
folgswelle. Fast alles, was wir starteten, funktionierte auch",
erinnert sich Krenz. Den Schroder-Leuten kam auch zugute,
dass die deutsche Wirtschaft damals boomte. Dennoch verabschiedete sich Matzen 1991 von Schroder, weil er sein eigenes Geschäft aufziehen und nicht mehr in den festen Fonds-
strukturen der britischen Bank eingebunden bleiben wollte.
Seine eigene Beteiligungsgesellschaft aber blieb auf mittelständische Engagements konzentriert. Mittlerweile ist Matzen bei der Pricap Beteiligungs AG und der BioAgency AG
in Hamburg beteiligt und lehrt als Professor an der Technischen Universität Hamburg-Harburg.

Verschlossene Türen in Deutschlands Chefetagen

Trotz aller Erfolge der deutschen Pioniere blieb der Zugang zu Deals schwierig. Investmentbanker wie heute, die den Beteiligungshäusern mit Listen voller Vorschläge die Türen einrennen, gab es damals nicht. So freuten sich die ehrgeizigen Jungmanager über jeden kleinen Erfolg. BC-Mann Reidel zum Beispiel wurde trotz des Lignotock-Desasters seiner Vorgänger im Jahr 1993 zum Siemens-Vorstand gebeten, als Siemens die Tochter Heimann Systems, Weltmarktführer für das Röntgen von Fluggepäck, loswerden wollte. „Der damals zuständige Siemens-Vorstand Dr. Braun hatte die Größe, mich vorsprechen zu lassen", formuliert es Reidel, nicht ganz ohne Ironie. „Seine erste Frage war: Können Sie mir belegen, dass Ihr Geld kein Drogengeld ist?" Reidel berichtete von Pensionsfonds in den USA und Großbritannien, erntete aber nur ungläubige Blicke. Denn Pensionskassen waren damals selbst in Dax-Chefetagen gänzlich unbekannt. So ging Heimann an den Düsseldorfer Traditionskonzern Rheinmetall. „Aber Braun bestätigte mir zumindest, dass ich etwas von Betriebswirtschaft verstehe", erzählt Reidel schmunzelnd.

„Deutsche Konzerne haben damals nur das an Finanzinvestoren verkauft, was sie woanders nicht losbekamen", ergänzt Krenz. Daimler-Benz zum Beispiel gab 1995 eine Gruppe ehemaliger AEG-Töchter, die hoch defizitär war und vor dem Aus stand, an Doughty Hanson ab. Unter der Ägide der Briten schafften es die Firmen unter dem Namen „Elexis" sogar 1999 an die Börse.

Banken sind schlechte Geburtshelfer

Dabei gibt es Beteiligungsgesellschaften in Deutschland schon seit Mitte der 60er-Jahre. Damals gründeten einige Banken solche Firmen, zum Teil auch unter Beteiligung privater Investoren: Deutsche und Dresdner Bank, die Frankfurter Bankhäuser Warburg und Bethmann, die Münchner Hypo-Bank und einige Landesbanken. Jetzt, mehr als 40 Jahre später, haben aus dieser Zeit nur wenige überlebt. Aus dem Startjahr 1965 blieb sogar nur die Deutsche Beteiligungs AG

(DBAG) übrig, die die Deutsche Bank mit einer Private-Equity-Gesellschaft aus Schweden und sechs deutschen Privatbanken aus der Taufe gehoben hatte.

Die Abhängigkeit von Banken war der größte Geburts-
fehler der deutschen Gesellschaften. Pensionsfonds wie in den
USA gab es in Deutschland nicht, und Versicherer durften
aufgrund ihrer gesetzlichen Anlagevorschriften damals nicht
in so riskante Geschäfte wie Private Equity investieren. Doch
sind Banken alles andere als optimale Private-Equity-Investoren. Risikofreude und unternehmerisches Engagement
scheinen mit dem sicherheitsorientierten Gläubigerdenken
deutscher Institute kaum vereinbar zu sein. Zudem blieben
die Unternehmer skeptisch und expandierten lieber weiter
auf Kredit. Das mussten die britischen Investmentgruppen In-
dustrial & Commercial Finance Corporation (ICFC, später
3i), Charterhouse und Slater Walker schnell einsehen, die
schon in den 70er-Jahren den Eintritt auf den deutschen
Markt versuchten. Nach nur wenigen Beteiligungen ver-
schwanden die drei wieder, weil mit der Mentalität deutscher
Mittelständler „einfach nicht zurande zu kommen" sei.

So verspekulierten sich viele Gesellschaften der „ersten
Stunde" und gingen pleite, oder ihre Bankmütter konnten
ihnen nicht das zum Wachstum nötige Eigenkapital zur
Verfügung stellen. Während die Branche in den USA ihrem
ersten Boom entgegenlief, entwickelte sich in Deutschland
das Geschäft bis Mitte der 80er-Jahre kaum. Die deutschen
Private-Equity-Gesellschaften benötigten 20 Jahre, von 1965
bis 1985/86, um die Zahl von 400 Beteiligungsfällen zu
überschreiten. Dafür investierten sie insgesamt gerade einmal 750 Millionen DM Eigenkapital. So viel fließt heutzutage in ein einziges Unternehmen, oft auch noch deutlich
mehr.

Erst als im konjunkturellen Aufschwung der 80er-Jahre
die britischen Investoren wie 3i, CVC, Schroder oder Baring
Capital nach Deutschland kamen, begann sich die heimische
Finanzwelt zu regen. Erstmals gründeten Versicherer Priva-
te-Equity-Gesellschaften: Zum Beispiel entstand unter dem
Dach des HDI (heute: Talanx) die Hannover Finanz, die noch

heute zu den wichtigsten mittelständischen Beteiligungsgesellschaften in Deutschland zählt.

Auch private Versuche gab es. Diese konzentrierten sich
aber vor allem auf Venture Capital für junge, innovative
Gründerunternehmen, ein riskantes und bis dahin in Deutschland deswegen wenig verbreitetes Unterfangen: So starteten
Albrecht Graf Matuschka und Rolf Christof Dienst 1983 die
heutige TVM Capital. Vier Jahre später etablierten Falk Stra-
scheg und Gert Böhm die Münchner Technologieholding VC.
Beide Neugründungen verliefen sehr erfolgreich, auch wenn
die Gründer längst andere Wege gegangen sind.

Matuschka, damals einer der feinsten deutschen Vermö-
gensberater, ging in der zweiten Hälfte der 80er-Jahre auch
mit einem ersten Buy-out-Fonds auf den Markt. Mit hohem
PR-Aufwand und ehrgeizigen Zielen trommelte er so viele
Geldgeber zusammen wie sonst niemand in Deutschland.
Diese stellten dem in München ansässigen Grafen für Beteiligungen an innovativen Unternehmen 400 Millionen DM
zur Verfügung, für damalige Verhältnisse Rekord.

Doch im Beteiligungsgeschäft reicht Geld alleine nicht.
Viele junge Unternehmen, in die der Graf mit seiner Mannschaft von Ex-Bankern investierte, entpuppten sich schon gut
zwei Jahre später als Flop. „Die haben alles falsch gemacht
– falsche Verträge, Minderheitsbeteiligungen – und sie haben
nur Müll gekauft", erinnert sich ein damaliger Wegbegleiter.
Nachdem 250 Millionen DM investiert waren, hatten die Investoren genug und warfen Matuschka raus. 1991 brach das
Finanzkonglomerat des Grafen zusammen.

Der Fall der Mauer im Jahr 1989 brachte angesichts des
maroden Zustands vieler Mittelständler aus den neuen Bun-
desländern kein großes Zusatzgeschäft, und auch im West-
en verlangsamte sich das Wachstum Mitte der 90er-Jahre. So
pendelte das neu vereinbarte Beteiligungsvolumen zwischen
1990 und 1995 zwischen ein und eineinhalb Milliarden DM
jährlich.

Der Aufschwung

Mit dem Aufschwung der Private-Equity-Branche in ganz
Europa ab 1997 ging es auch in Deutschland bergauf, und
zwar schubartig. Die Neuinvestitionen schnellten auf 2,4 Milliarden DM hoch und wurden bis 2001 auf 8,6 Milliarden
DM fast vervierfacht. Hauptgrund war, dass das Interesse
institutioneller Investoren an Venture-Capital-Investitionen
im Zuge der aufkeimenden Internet-, Technologie- und Tele-
kombegeisterung stark stieg. Die Deutsche Telekom ging 1996
an die Börse und machte mit einer erfolgreichen Werbekam-
pagne ein Volk von Sparbuch- zu Aktienbesitzern.

Zum maßgeblichen Förderer von Venture Capital in
Deutschland wurde auch die Deutsche Börse, indem sie
1997 mit dem „Neuen Markt" zum ersten Mal ein Segment
speziell für junge Wachstumsunternehmen einrichtete. Denn
während in den USA ehemals Venture-Capital-finanzierte
Technologieunternehmen wie Apple, Cisco, Intel und Micro-
soft an der Computerbörse Nasdaq zu Höhenflügen an-
setzten, herrschten in Deutschland damals große Zweifel, ob
die Anleger in Frankfurt überhaupt riskante und womöglich
defizitäre Technologieunternehmen akzeptieren würden.

Der Boom der Börsen ermöglichte Fabelrenditen – und so
zog die Beteiligungsbranche weitere Gelder an. Einen Mus-
terfall, der sogar von Studenten der Harvard Business School
als Fallstudie diskutiert wurde, lieferte Schroder Ventures mit
Singulus Technologies ab. Den Hersteller von Anlagen für die
Produktion von Compact Discs (CDs) aus dem unterfrän-
kischen Alzenau kauften die Briten 1995 aus dem Techno-
logiekonzern Leybold heraus und brachten ihn zwei Jahre
später an den Neuen Markt. Damit erlösten sie das 130-
Fache dessen, was sie beim Einstieg bezahlt hatten.

„Die 90er-Jahre waren für Private Equity in Deutschland
die goldenen Jahre", sagt Peter Wallner, für das Geschäft mit
Finanzinvestoren bei der französischen Großbank BNP Paribas in Deutschland zuständig. „Damals gab es ja kaum Konkurrenz." Kein Wunder also, dass die Private-Equity-Branche aus dem Land der unbegrenzten Möglichkeiten auf die

deutschen Goldgräber aufmerksam wurde. Carlyle, KKR, Clayton, Dubilier & Rice (CD&R) – sie alle zog es zum Ende der Dekade nach Deutschland.

Konzerne entdecken Private Equity

Trotzdem wurde Private Equity nur ganz allmählich salon-fähig in den Vorstandsetagen deutscher Konzerne. Beispiel CD&R: Vier Jahre lang hatte die renommierte US-Beteiligungsgesellschaft erfolglos Klinken geputzt. Der Durchbruch gelang den Amerikanern erst, als sie Kontakt zum früheren Kaufhof-Chef Jens Odewald und zu Ex-Thyssen-Chef Dieter Vogel bekamen – und damit Zutritt zu den inneren Zirkeln an Rhein und Ruhr. 1998 veräußerte der Stahlkonzern Thyssen, mittlerweile zu ThyssenKrupp fusioniert, seinen Baugroßhändler Thyssen Schulte Bautechnik für gut 400 Millionen DM an CD&R.

Auch im Süden tat sich langsam etwas. Der damalige Siemens-Chef Heinrich von Pierer verkaufte 1997 gleich zweimal an Finanzinvestoren. Zuerst veräußerte er die Dentaltechnik, die spätere Sirona, an Schroder Ventures – mit 700 Millionen DM neuer deutscher LBO-Rekord. Danach gab er den als I-Center firmierenden Elektrogroßhandel in Nürnberg an die schwedische Industri Kapital ab. Zwei Jahre später ging auch noch die Bankautomatentochter Siemens Nixdorf – heute als Wincor Nixdorf börsennotiert – an KKR und Goldman Sachs Capital Partners. 2002 schließlich veräußerte Pierer ein Paket aus sieben Töchtern um den Maschinenbauer Mannesmann Plastics Machinery und den Kranhersteller Demag Cranes ebenfalls an KKR.

Für den bayerisch-nordrhein-westfälischen E.on-Konzern, im Jahr 2000 aus dem Düsseldorfer Mischkonzern Veba und der Münchner Viag fusioniert, wurde Private Equity zum wichtigsten Abladeplatz für Konzernrandgeschäfte. Schon im ersten Jahr nach dem Zusammenschluss verkaufte E.on vier Unternehmen an Finanzinvestoren: darunter den Glashersteller Gerresheimer Glas und den Verpackungsproduzenten Schmalbach-Lubeca. 2001 übertrug

E.on den hoch defizitären amerikanischen Siliziumwafer-
Produzenten MEMC für einen symbolischen Euro an TPG.
Zwei Jahre später wurde die Ablesefirma Viterra Energy Ser-
vices – heute Ista International – an CVC Capital Partners
veräußert. 2005 schließlich kehrte E.on auch die übrigen
Töchter aus, die nichts mit Energieversorgung zu tun haben:
Die Wohnungsgesellschaft Viterra ging an die von Terra Firma
kontrollierte Deutsche Annington, der Messgerätehersteller
Ruhrgas Industries (heute: Elster Group) ebenfalls an CVC.

Familien starten erste Verkäufe

Doch zurück in die 90er: Auch Unternehmer ließen sich gelegentlich überzeugen, ihre Firma Private Equity anzuver-
trauen. Beim Münchner Traditionskaufhaus Ludwig Beck
holten die Eigentümer in der schweren Unternehmenskrise des
Jahres 1995 BC Partners herein. Die Briten schossen frisches
Kapital zu und erlangten dafür die Mehrheit vom Eigentü-
merpool, der aus der Familie Feldmeier, leitenden Mitarbeitern sowie Escada-Gründer Wolfgang Ley, einem früheren
Beck-Prokuristen, bestand. Letztlich zahlte BC gerade einmal
30 Millionen DM für 88 Prozent. Schon drei Jahre später
konnte Beck an die Börse geführt werden, und BC Partners
strich mehr als das Dreifache ihres Einsatzes ein.

Ein Jahr nach der Investition bei Ludwig Beck wurden
BC-Manager Reidel und sein damaliger Partner Hanns Ostmeier, der seit 2003 für Blackstone arbeitet, bei Techem fündig, einer der größten deutschen Ablesefirmen von Heizungs-
und Wasserzählern. Auch hier gab die Gründerfamilie die
Mehrheit ab, um Techem mithilfe von BC Partners auf den
Börsengang vorzubereiten.

Andersherum verlief der Weg für den Motorblockherstel-
ler Honsel aus dem sauerländischen Meschede und den Sani-
tärarmaturenhersteller Grohe, nur 50 Kilometer entfernt in
Hemer ansässig. Mit dem Erwerb der Honsel-Gruppe, die an
der Börse ein Mauerblümchendasein fristete, gab die US-Firma Carlyle 1999 ihr Debüt in Deutschland und nahm Honsel
wenig später von der Börse. Bei Grohe erwarb BC Partners

im selben Jahr die Mehrheit und startete ebenfalls ein Delisting der im MDax notierten Firma. Mit geschätzt 1,3 Milliarden DM war dies damals die erste Milliardentransaktion in Deutschland und das größte „Public-to-Private" eines Unternehmens an einer deutschen Börse.

Auch der Staat trug sein Scherflein dazu bei, dass die Investoren nicht mehr auf dem Trockenen saßen. Nach Tank & Rast ging im Jahr 2000 mit der Bundesdruckerei abermals eine Staatsfirma an Apax und ACP. Zwei Milliarden DM ließen sich die Investoren den Banknotendrucker und Kartenanbieter kosten, den sie wenig später in Authentos umbenannten. Der Preis übertraf damals selbst die optimistischsten Vorstellungen. 800 Millionen bis eine Milliarde DM waren unter Beteiligten als Schätzung kursiert.

Mit dem astronomisch hohen Preis überbot Apax die größten Hersteller von Banknoten und elektronischen Karten in ganz Europa.

Demonstrationszüge und Mahnwachen

Schon die erste große Kaufwelle Ende der 90er-Jahre ging nicht ohne Widerstände ab. Arbeitnehmervertreter fürchteten, die Private-Equity-Gesellschaften würden rücksichtslos Arbeitsplätze abbauen. Als Siemens die spätere Sirona verkaufte, war dort der Teufel los. Menschen ketteten sich an Werkstore, der Betriebsrat schickte einen Brief an Ex-Bundeskanzler Helmut Kohl, sogar der Mainzer Kardinal Karl Lehmann besuchte den Betrieb an der Bergstraße. „Der zu diesem Zeitpunkt größte deutsche Leveraged Buy-out löste zuerst große Ängste aus", erinnert sich später Sirona-Chef Jost Fischer.

Bei der Bundesdruckerei protestierten Betriebsräte und Berliner Lokalpolitiker monatelang gegen den mehrheitlichen Verkauf. Schließlich hatte die Regierung aus CDU/CSU und FDP Jahre zuvor beschlossen, nur maximal 49 Prozent zu veräußern, um die Hoheit des Bundes zu bewahren. Die Sozialdemokraten seien „die besseren Kapitalisten" als die CDU, schimpfte der Betriebsrat. Und startete mit mehreren Demon-

strationszügen durch die Hauptstadt, zu denen sich jeweils
mehr als 1 000 Beschäftigte der Bundesdruckerei versammel-
ten. Weder die Demonstrationen, noch wochenlange Mahn-
wachen mit mittäglichen Trompeten-Ständchen vor dem
Finanzministerium konnten Eichel jedoch von seinem Vorhaben abhalten.

Auftrieb an den Kreditmärkten

Nicht nur die Fabelrenditen und die zunehmende Akzeptanz
in der deutschen Konzern- und Unternehmerelite zogen Ende
der 90er-Jahre immer mehr Finanzinvestoren nach Deutschland. Eine Triebfeder war auch die Einführung des Euro im
Jahr 1999. Damit war über Nacht ein einheitlicher Wäh-
rungsraum entstanden, der für institutionelle Investoren die
Anlagemöglichkeiten exponentiell vergrößerte. Durften zum
Beispiel deutsche Lebensversicherungskonzerne die Prämien
ihrer deutschen Versicherten nur in DM-Aktien und -Anlei-
hen anlegen, können sie seither alle auf Euro denominierten
Papiere zeichnen. Diese verbesserten Möglichkeiten zur Risi-
kostreuung brachten den Aktien-, vor allem aber den Anlei-
hemärkten Europas einen Schub. Zudem wurden die europäischen Papiere durch die Einheitswährung auch für Anleger
aus den USA und Asien interessanter, sodass zunehmend auch
Geld aus den USA und Fernost nach Europa floss.

Für die Private-Equity-Firmen bedeutete dieser Aufschwung an Europas Kapitalmärkten, dass sie an mehr und
günstigeres Fremdkapital für ihre Unternehmenskäufe gelangen konnten. Statt bloßer Bankkredite mit entsprechend strengen Vorgaben der Kreditinstitute eröffnete sich schon für
kleinere Deals die Möglichkeit, Anleihen auszugeben. Zudem
entstand auch in Europa ein Markt für „Junkbonds" und
setzte zu kräftigem Wachstum an. Diese Anleihen sind hoch
riskant, da sie in der Insolvenz erst nachrangig zu den anderen Krediten bedient werden, werden dafür aber auch besser verzinst. 2001 begab die ehemalige Hoechst-Tochter
Messer Griesheim nach ihrem 2,3 Milliarden Euro schweren
Verkauf an ACP und Goldman Sachs Capital Partners da-

mals eine der größten deutschen Hochzinsanleihen. Für die
550 Millionen Euro musste der hoch verschuldete Gashersteller jährlich 10,4 Prozent Zinsen berappen.

Der Boom bricht zusammen

Als im Herbst 2001 die Konjunktur rapide an Kraft verlor,
häuften sich auch im Private-Equity-Geschäft ganz plötzlich
die Alarmsignale. Es folgte eine ganze Serie von Rückschlä-
gen, die sich immer weiter verstärkten.

Den Anfang machte die in Authentos umbenannte Bundesdruckerei: Am 7. September 2001 organisierte die Landesbank
Hessen-Thüringen (Helaba) eine Sitzung von Vertretern von
etwa 30 Banken mit dem Authentos-Management. Ziel der
Helaba war, Abnehmer für den Milliardenkredit zu finden,
den sie Apax zur Finanzierung des Authentos-Kaufs gewährt
hatte. Obwohl der Verkaufsabschluss erst wenige Monate her
war, mussten die Authentos-Manager eingestehen: Das Um-
satzziel wird nicht erreicht, die Bedienung der Schulden ist
beeinträchtigt. Die Folge: Die fest geplante Syndizierung an
weitere Institute scheiterte, die Helaba blieb auf dem gesamten Schuldenpaket sitzen. Neun Monate zuvor hatte die zuständige Apax-Direktorin Renate Krümmer noch verkündet,
binnen drei Jahren solle Authentos Umsatz und Gewinn
verdoppeln und spätestens in drei bis fünf Jahren an die Börse gehen.

Nur einen Monat später, am 6. Oktober 2001, wurde be-
kannt, dass der Verkauf des Kunststoffmaschinenbauers Man-
nesmann Plastics Machinery (MPM) an Apax geplatzt war.
Der Siemens-Konzern hatte sich im Juli nach monatelangen
Verhandlungen mit den Briten auf den Verkauf geeinigt.
Der Preis für das Unternehmen mit damals 1,4 Milliarden
Euro Umsatz und 7 000 Mitarbeitern sollte 800 Millionen
Euro betragen. Doch im Juli und August brachen mpms Um-
sätze ein, die Aussichten waren kaum besser. Am 11. Sep-
tember startete das islamische Terrornetzwerk al-Qaida seine
Terroranschläge auf die USA und versetzte die Aktienmärk-
te und die gesamte Weltwirtschaft in Panik. Da bekamen

Apax' Banken kalte Füße. Sie zogen ihre entsprechende Vertragsklausel – die Material Adverse Change Clause (MAC-Klausel) – und kürzten den Akquisitionskredit. Damit ließ sich auch der Kaufpreis nicht mehr halten.

Apax' beide zerborstene Deals waren nur der Anfang – und wohl nur die Spitze eines Eisbergs. Denn über solche Probleme breiten Finanzinvestoren gerne den Mantel des Schweigens. Währenddessen spitzten sich die Turbulenzen weiter zu. Am 16. Oktober 2001 eröffnete der Nürnberger Elektrogroßhändler I-Center mit 1 250 Mitarbeitern den Reigen der kippenden Buy-outs und meldete Insolvenz an.

Ein paar Monate Atempause, dann war es auch beim Flugzeugbauer Fairchild Dornier so weit. Am 2. April 2002 stellte die Münchner Traditionsfirma, gegründet 1922 vom legendären Flugzeugpionier Claude Dornier, Insolvenzantrag. Die Finanzinvestoren CD&R und ACP mussten eine halbe Milliarde Euro Eigenkapital auf null abschreiben. Die Kredit gebenden Banken und der bayerische Staat, der sich für einen Teil der Darlehen verbürgt hatte, bluteten ebenfalls. Von den einst 3 600 Arbeitsplätzen im bayerischen Oberpfaffenhofen überlebten nur ein paar Hundert. Mit dem zweiten deutschen Investment Thyssen Schulte Bautechnik hatte CD&R auch kein Glück: Der Großhändler rutschte immer tiefer in die Verlustzone und wurde Anfang 2004 für einen Euro weitergereicht.

Die Spirale dreht sich rapide abwärts

Doch nicht nur Flugzeuge verkauften sich nach dem 11. September schlecht. Auch die Technologieblase löste sich vollends in Luft auf. Bei der Authentos-Tochter Orga Kartensysteme brach der Umsatz ein, hohe zweistellige Millionenverluste waren die Folge. Bereits ein Jahr nach dem Kauf von Authentos war klar, dass die Gesellschaft ihre Schulden auf Dauer nicht tragen kann. Monatelang verhandelte Apax mit der Helaba über eine Umstrukturierung der Authentos-Bilanz. Apax sollte Eigenkapital einschießen und die Helaba dafür auf einen Teil ihrer Forderung von einer Milliarde DM verzichten, so der Plan des Finanzinvestors. Doch man konnte sich nicht einigen. Nur dadurch, dass der Bund und Apax ihre Darlehen an Authentos für nachrangig erklärten und auf Zinsen verzichteten und die Helaba dies für einen Teil ihres Kredits tat, blieb dem Unternehmen zumindest ein Insolvenzantrag erspart. Im August 2002 übergab Apax Authentos für einen Euro an einen Treuhänder von der Anwaltskanzlei Clifford Chance.

Der heftige konjunkturelle Abschwung und der Crash der Aktienmärkte waren auch für neue Deals Gift. Der Düsseldorfer Konsumgüterkonzern Henkel schaffte es im November 2001 beim Verkauf seiner Chemietochter Cognis gerade noch über die Ziellinie, musste aber Zugeständnisse machen. Permira und Goldman Sachs setzten am 12. September, einen Tag nach den Terroranschlägen, in dramatischen Verhandlungen ein zweimonatiges Rücktrittsrecht durch. Zwei Monate später musste Henkel 100 Millionen Euro nachlassen, damit der bis dahin größte deutsche LBO für 2,5 Milliarden Euro über die Bühne gehen konnte.

In den Jahren 2002 und 2003 wurde der Strom neuer Übernahmen noch dünner: 2002 brachen die Private-Equity-Investitionen in deutsche Unternehmen um 43 Prozent auf 2,5 Milliarden Euro ein und sanken 2003 nochmals leicht. Auch wenn diese Zahlen des deutschen Beteiligungsverbands BVK einige der größten US-Fonds nicht berücksichtigen, zeigen sie doch den Trend auf.

Damals konnten nur ganz wenige Unternehmen überhaupt noch verkauft werden. Denn angesichts der drastischen Einbrüche von Unternehmensgewinnen und Aktienkursen wurde ihre Bewertung zum Lotteriespiel. In dieser großen Unsicherheit drehten die Banken den Geldhahn zu, zumal sich ohnehin schon viel zu viele ihrer Kredite als faul entpuppten. Zusätzlich wurden die Deals dadurch erschwert, dass die Verkäufer noch die hohen Bewertungen der Boomjahre im Kopf hatten und nicht akzeptieren wollten, wie stark der Markt sich gedreht hatte.

Zugleich avancierte Deutschland zum Wachstumsschlusslicht auf dem alten Kontinent, zum „kranken Mann Euro-

pas". Der Dax erreichte im März 2003 mit 2 188 Punkten
den tiefsten Stand seit 1995. Die Goldgräberstimmung der
Jahre 1999 und 2000 schlug um in schweren Kater. Einige
Fonds machten sogar ihre Büros in Deutschland wieder zu,
zum Beispiel die britische Alchemy und der US-Fonds Warburg Pincus. Ein verfrühter Entschluss? Schon 2004 begann
weltweit eine noch viel größere Private-Equity-Welle, die die
deutsche Wirtschaft wie nie zuvor beeinflussen sollte.

Wer steckt hinter den Heuschrecken?

KKR & Co. –
Pionier des Private Equity

Es wäre zu jener Zeit der größte Buy-out in Deutschland gewesen. Stattdessen wurde daraus ein klassischer Fehlstart. Im August 1998 verkündete Kohlberg Kravis Roberts den Kauf des Wuppertaler Lackherstellers Herberts für 1,5 Milliarden Euro vom Frankfurter Chemiekonzern Hoechst. Zwei Monate später war der Deal geplatzt. Nicht nur Hoechst-Chef Jürgen Dormann, das gesamte Konzern-Establishment war empört. Die Amerikaner hatten versucht, nach Unterzeichnung der Grundsatzvereinbarung den Preis noch ganz erheblich zu drücken. Dormann jedoch ließ sich nicht erpressen und verkaufte Herberts zwei Wochen später an den US-Chemiekonzern DuPont – für 1,6 Milliarden Euro.

Für den Herberts-Deal kam KKR-Partner Clifton Robbins noch aus New York eingeflogen. Doch die Firmengründer Henry Kravis und George Roberts machten schnell klar, dass es ihnen ernst war mit der Expansion nach Europa: 1999 eröffneten sie ein Büro in London. Und sie heuerten deutsches Personal, darunter einen gewissen Johannes Huth. Der war mit seinen damals 39 Jahren bereits ein alter Hase in dem Geschäft – für deutsche Verhältnisse. Huth hatte von 1991 bis 1999 in London für Investcorp aus Bahrain gearbeitet, in den 90er-Jahren eine der erfolgreichsten Private-Equity-Gesellschaften der Welt. Investcorps Portfolioliste zierten Namen wie Gucci, Fendi, Tiffany, Mondi und Helly Hansen.

Der ehrgeizige Huth machte das Herberts-Debakel schnell vergessen. Kaum war er an Bord, ging es für KKR in Deutschland Schlag auf Schlag. Ende 1999 akquirierte KKR zusammen mit Goldman Sachs Siemens' Bankautomatentochter Wincor Nixdorf, wenige Wochen später folgte Boschs Sparte „Private Netze", die spätere Tenovis. 2002 erwarb Huth

sieben Siemens-Töchter im Paket, eine der komplexesten
Transaktionen überhaupt. In den Folgejahren kaufte er MTU
Aero Engines, Auto-Teile-Unger, die Spezialchemiefirma Dynamit Nobel und das Duale System Deutschland. 2006
errangen die Amerikaner jeweils mit Partnern den Zuschlag
für Lindes Staplertochter Kion und die Mehrheit an
ProSiebenSat.1.

Denn Huth hat sich zu einem der besten Netzwerker in
der deutschen Konzernwelt emporgearbeitet. Von London
aus, wo er mit seiner Frau iranischer Abstammung fünf Kinder hat, ist das zwar nicht ganz so einfach. Doch Huth
akquirierte Verstärkung aus dem Herzen der alten „Deutschland AG": Er holte den langjährigen Siemens-Finanzvorstand
Heinz-Joachim Neubürger in KKRs Londoner Deal-Team.
Von 2002 bis 2005 war auch Gerhard Cromme als Berater
für KKR tätig. Der Aufsichtsratsvorsitzende von Thyssen-
Krupp und Siemens ist unter Deutschlands Konzerngranden
vernetzt wie kaum ein zweiter.

Der in Frankfurt und Gießen aufgewachsene Huth lebt
schon seit Beginn seines Studiums nicht mehr in Deutschland.
Er hat an der Pariser Sorbonne, der London School of Eco-
nomics und der University of Chicago studiert und ging dann
zur US-Investmentbank Salomon Brothers, bevor er fünf Jahre später zu Investcorp stieß.

Für den hageren Mann, der stets kühl und distanziert auftritt, passen nur Superlative. „Hochprofessionell" „hoch
analytisch", aber auch „hochaggressiv" beschreibt ihn die
Konkurrenz stets mit dem allergrößten Respekt. Diesem hoch-
intelligenten Arbeitstier zuzuarbeiten ist dagegen nicht ver-
gnügungssteuerpflichtig. Einer seiner Helfer hält ihn gar für
„dealsüchtig". Wenn Huth bei alledem noch Zeit bleibt, lernt
er Sprachen. Zuletzt war als Nummer sechs Russisch dran.

Zu Huths Professionalität gehört ein stark ausgeprägter
Opportunismus. Nicht anders ist es zu erklären, dass er keine Gelegenheit auslässt, das Recht deutscher Arbeitnehmer
zur Mitbestimmung zu loben. Für das Gros der internationalen Investoren – auch außerhalb der Private-Equity-
Branche – ist die Mitbestimmung Teufelszeug. „Dass Arbeit-

nehmervertreter in deutschen Aufsichtsräten sitzen, führt nur dazu, dass im Aufsichtsrat nicht mehr über wichtige Geschäftsthemen diskutiert wird", schimpft etwa Texas-Pacific-Gründer David Bonderman. Bonderman formuliert damit die Mehrheitsmeinung in der angelsächsischen Welt.

Gegenüber den Managern seiner Portfoliounternehmen indes ist Huth aufrichtiger. Ihnen sagt er hart und klar, was er von ihnen erwartet: Rendite, und dazu gehören fast immer auch Kostensenkungen. Öffentliche Bekenntnisse zu Arbeitsplätzen dagegen sind eher mit Vorsicht zu genießen. Mit allen Wassern gewaschen, so nennt man das wohl.

Kein Wunder, dass ihn die wahrscheinlich berühmteste Private-Equity-Firma der Welt zu ihrem Europachef machte. Die beiden Gründer Henry Kravis und George Roberts sowie ihre 23 Partner herrschen über ein Imperium aus 35 Unternehmen mit 540 000 Mitarbeitern. Von der Gründung 1976 bis 2007 hat KKR rund 150 Firmen im Wert von mehr als 280 Milliarden Dollar übernommen. Bei keiner der großen amerikanischen Private-Equity-Gesellschaften mit ihren dominanten Gründerfiguren schaffte es ein Deutscher die Karriereleiter so hoch hinauf.

„Gier ist gesund." Ein solcher Satz wie von Gordon Gekko im legendären Film „Wall Street" würde Huth nie entschlüpfen. Dabei ist die Figur dieses Finanzhais Kravis nachempfunden. Gekko, gespielt von Michael Douglas, will in dem Hollywoodfilm Aktionäre überzeugen, ihm ihr Unternehmen Teldar Paper zu verkaufen, und er tritt auf als Advokat des Teufels. Gier nach Geld, nach Liebe und nach Wissen sei doch die wichtigste Triebkraft für den menschlichen Fortschritt – und die Rettung für Teldar Paper.

Kravis gibt sich weit extrovertierter als Huth – und diente „Wall Street"-Regisseur Oliver Stone bei diesem Film 1987 nicht umsonst als Inspiration. Der 1944 geborene Sohn eines Ölingenieurs aus Oklahoma ist der jüngste der drei Gründer und war von KKRs Start im Jahr 1976 an der aggressivste Antreiber des Geschäfts. Investmentbanker nennen den nur 1,65 Meter großen Mann mit dem Jack-Nicholson-Gesicht den „Panther".

In der zweiten Hälfte der 80er-Jahre versetzte KKR die
Amerika AG mit feindlichen Übernahmen in Angst und
Schrecken. Die Jagd gipfelte 1989 in der Übernahmeschlacht
um RJR Nabisco, die Kravis und Roberts nur ganz knapp für
sich entschieden. Der Kaufpreis von 31,3 Milliarden Dollar
blieb Weltrekord bis zum Jahr 2006. Die US-Presse betitel-
te Kravis damals als „König des Leveraged Buy-out".

So gut sich die beiden Cousins Kravis und Roberts verstehen, so unterschiedlich sind sie. Der gesellige, eloquente
Kravis liebte es in seiner Studentenzeit, sich in das New Yorker Nachtleben zu stürzen. Auf dem College war er gar Ka-
pitän des Ringerteams und spielte trotz seiner geringen Kör-
pergröße Football. Der kaum ältere Roberts dagegen, Sohn
eines Ölhändlers im texanischen Houston, liebt es zurückgezogen und arbeitet bis heute in Kalifornien: zunächst in
San Francisco, später von einem Büro in Menlo Park aus.
Glamour ist ihm fremd, obwohl er ebenso wie Kravis in der
„Forbes"-Liste der reichsten Menschen der Welt mit einem
Privatvermögen von stattlichen 2,6 Milliarden Dollar auf
Platz 349 geführt wird. Jerome Kohlberg, der älteste der drei
Gründer, hatte sich schon 1987 zurückgezogen, da er die
feindlichen Attacken der beiden Cousins nicht mehr mitma-
chen wollte.

Kravis war Ende der 80er-Jahre an der Seite seiner zweiten Ehefrau Carolyne Roehm, einer berühmten Modedesig-
nerin, stets zu gesellschaftlichen Anlässen der New Yorker
Modewelt und in „Celebrity"-Magazinen anzutreffen. Sein
Hang zum Luxus wurde legendär: Das Paar ließ sich sein New
Yorker Doppel-Apartment in der Park Avenue mit Antiqui-
täten aus dem 18. und 19. Jahrhundert und von den Innen-
designern Robert Denning und Vincent Fourcade im vikto-
rianischen Stil dekorieren. Dies wurde 1990 sogar parodiert
im Film „Bonfire of the Vanities" (Fegefeuer der Eitelkeiten)
nach Tom Wolfes gleichnamigem Roman.

Seit 1994 ist Kravis zum dritten Mal verheiratet: mit der
kanadischen Ökonomin Marie-Josee Drouin, einer im kanadischen Fernsehen bekannten Kolumnistin, die ihn deutlich
überragt. Das Paar spendet regelmäßig für medizinische For-

schung und unterhält einen Stiftungslehrstuhl für Krebsfor-
schung. Es hat einen Flügel des New Yorker Metropolitan
Museum und zwei Galerien im Museum of Modern Art
finanziert und zählt in New York zu den Förderern des Phil-
harmonischen Orchesters und der Metropolitan Opera.

Seine Firmenjagd steuert Kravis von seinem Büro im 42.
Stockwerk eines gläsernen Wolkenkratzers unweit der Fifth
Avenue aus. Mit Roberts in Menlo Park und Huth in Lon-
don steht er ständig in telefonischem Kontakt. In den 90er-
Jahren mussten die Cousins einige Fehlschläge einstecken: Bei
der Investition in den Kinobetreiber Regal Cinema mit Hicks
Muse wurden 500 Millionen Dollar verloren. Auch der
Kauf von RJR Nabisco war wirtschaftlich ein Fehlschlag, so-
dass Kravis und Roberts von da an feindlichen Übernahmen
abschworen.

Die vergangenen Jahre jedoch brachten auch KKR so große Mittelzuflüsse und Deals wie nie zuvor. Schließlich haben
die Amerikaner seit ihrer Gründung bei ihren Investoren jährlich eine Rendite von 27 Prozent abgeliefert. So konnte KKR
2006 und 2007 einen neuen globalen Fonds von fast 17 Milliarden Dollar und einen Europafonds von acht Milliarden
Euro einsammeln. Darüber hinaus hat KKR ein Investmentvehikel namens KKR Private Equity Investors an der Amster-
damer Börse gelistet und damit fünf Milliarden Dollar ein-
kassiert. Mit diesen drei Töpfen verfügen die Amerikaner
über eine Feuerkraft wie kein anderer Private-Equity-Fonds
der Welt. Damit können sie Übernahmen für mehr als 100
Milliarden Euro stemmen.

Deals wie der 45 Milliarden Dollar teure texanische Energiekonzern TXU, der US-Klinikkonzern HCA mit einem
Preis von 33 Milliarden Dollar oder der Kreditkartenab-
rechner First Data für 29 Milliarden Euro werden deshalb
keine Eintagsfliegen bleiben. Bereits 2006 attackierte KKR-
Europachef Huth mit dem französischen Medienkonzern
Vivendi eines der größten Unternehmen Europas im Wert
von etwa 40 Milliarden Euro. Im Dax soll sich KKR bislang
unter anderem bei Infineon umgeschaut haben.

Blackstone – Finanzhai in Nadelstreifen

Der Fahrstuhl hält im 31. Stock. Park Avenue, Manhattan.
Der Gang führt zum Büro von Stephen Schwarzman. Eher
teuer denn geschmackvoll eingerichtet, alles eine Spur zu üppig barock. Von hier aus steuert der Vorstandschef und Mit-
begründer der Blackstone Group ein Imperium von mehr als
45 Großunternehmen in den USA und Europa mit 83 Milliarden Dollar Umsatz und 375 000 Mitarbeitern. Sein Portfolio reicht von Halbleiterherstellern und Hotels über die
Legoland-Freizeitparks bis hin zum Londoner Wachsfigu-
renkabinett Madame Tussauds – und einem Mini-Anteil an
der Deutschen Telekom.

Schwarzman mit seinen dezenten Nadelstreifen, goldenen
Manschettenknöpfen und der babyblau gemusterten Seiden-
krawatte wirkt nicht wie ein knallhart zupackender Manager, der einen der 20 größten amerikanischen Konzerne
führt. Doch dieser Schein trügt: „Ich will Krieg, kein Geplän-
kel", beschrieb er einmal seine Philosophie. „Ich denke ständig darüber nach, was die andere Person fertigmachen könnte."

In deren Haut möchte man nicht stecken. Schwarzman
gehört zu den einflussreichsten Finanziers der Welt. 88 Milliarden Dollar hatte Blackstone unter Verwaltung, als die Firma im Juni 2007 an die New Yorker Börse ging. Seit der
Gründung im Jahr 1985 hat sie weltweit mehr als 100 Unternehmen im Wert von über 190 Milliarden Dollar aufgekauft.

Über die Zeit ist Blackstone weit über eine reine Private-
Equity-Gesellschaft hinausgewachsen: Außerbörsliches Beteiligungskapital macht nur noch zwei Fünftel der gesamten
verwalteten Mittel aus. Blackstone ist längst einer der größten unabhängigen Manager alternativer Investments der
Welt. 17,7 Milliarden Dollar hat die Firma in Immobilien angelegt, 30 Milliarden Dollar stecken in Hedgefonds und diversen Fonds für Kredite. Damit hat sie stets hohe Renditen
erzielt: Mit Private Equity wurden seit 1987 im Schnitt 22,8
Prozent verdient, mit Immobilien 29,2 Prozent (seit 1991)

und mit Hedgefonds immerhin noch 11,9 Prozent (seit 1990).

Doch mit dem Gang aufs Parkett strafte Schwarzman seine eigenen Worte Lügen. Jahrelang spottete er, die Börse mit ihren Quartalsberichten und Aktienanalysten verleite zu kurzsichtigem Handeln. Drei Wochen vor dem Börsenantrag im März 2007 lästerte Schwarzman auf der „Super Return"-Konferenz: „Die Aktienmärkte werden überschätzt." Die Kosten seien zu groß, die Unsicherheit sei zu hoch, dass sich der Aufwand lohne. „Es klingt vielleicht arrogant – aber wer braucht schon eine Milliarde mehr."

In der Tat braucht Blackstone die Milliarden von der Börse nicht. Die Amerikaner sammelten mit 20 Milliarden Dollar den weltweit größten Private-Equity-Fonds ein und mit 5,2 Milliarden Dollar einen der größten Immobilienfonds der Welt. Blackstone hat mit dem Management der Beteiligungen, Immobilien und Hedgefonds 2006 rund 2,3 Milliarden Dollar verdient, 71 Prozent mehr als im Vorjahr. Bislang stand dieses Geld vollständig Schwarzman und den anderen Partnern zu. Nun teilt er seine Gewinne mit seinen Aktionären – und China. Die Volksrepublik gab im Zuge des Börsengangs rund drei Milliarden Dollar für Anteile an Blackstone aus. Ausgerechnet China spielt damit im globalen Kasino-Kapitalismus vorne mit.

Schwarzman hat guten Grund abzukassieren. Er weiß, dass die Zeiten im Private-Equity-Geschäft nicht immer so golden bleiben werden. Und jünger wird er auch nicht. Sein Mitgründer und Chairman Peter Peterson, 81 Jahre alt, hatte schon angekündigt, dass er sich spätestens Ende 2008 ganz zurückzieht.

Schwarzman hatte in jenen Tagen gerade seinen 60. Geburtstag gefeiert – so pompös, dass die Party in New York und darüber hinaus Tagesgespräch war. 1 500 Persönlichkeiten aus Politik, Wirtschaft und Kultur hatte Schwarzman dafür in das alte Zeughaus „Armory" an der Park Avenue geladen. Das „Who's who" der Wall Street gab dem so erfolgreichen Sohn eines Bettwäschehändlers aus Philadelphia die Ehre: Goldman-Sachs-Boss Lloyd Blankfein, Stan O'Neal,

Vorstandschef von Merrill Lynch, sowie Jimmy Cayne, Vorstandschef von Bear Stearns, und Jamie Dimon, der Shoo-
tingstar der Bankenbranche, der derzeit den Finanzkonzern
JP Morgan Chase anführt. Selbst der New Yorker Kardinal
Edward Egan war erschienen, um das Jubiläum des Finanz-
moguls zu zelebrieren. Ex-Außenminister Colin Powell grüß-
te per Videobotschaft. Der Top Act des Abends war der britische Rockstar Rod Stewart. Für seinen einstündigen Auftritt kassierte er eine Million Dollar.

Um solche glamourösen Feste amerikanischer Private-
Equity-Magnaten ranken sich viele Geschichten – doch in der
Historie ging es danach meist recht schnell bergab. Falls das
noch einmal passieren sollte, hat zumindest Schwarzman mit
dem Börsengang von Blackstone ein Stück weit vorgesorgt.

Der Name Blackstone ist aus den Namen der beiden Gründer entstanden – die dafür allerdings mächtig durch den Wolf
gedreht wurden. Das „Black" steht für „Schwarz"man und
aus Kogründer Peter Peterson wurde über einen Umweg über
das Griechische – „petra" heißt Fels, Stein – eben „stone".
„Black" und „Stone" lernten sich beim Wall-Street-Broker-
haus Lehman Brothers kennen. Der junge ehrgeizige Investmentbanker Schwarzman und der 20 Jahre ältere Vorstandschef Peterson ergänzten sich. Peterson verfügte als ehemaliger
Handelsminister unter Präsident Richard Nixon über exzel-
lente Beziehungen.

Mit einem Startkapital von 400 000 Dollar und vier Mit-
arbeitern eröffneten sie 1985 ein kleines Büro. Ursprünglich
wollten die beiden Ex-Banker bei Fusionen und Übernahmen
beraten, wandten sich aber schnell dem Private-Equity-
Geschäft zu. Jahrelang waren sie nur in den USA tätig. Erst
Ende der 90er-Jahre entschlossen sie sich, auch den alten
Kontinent zu erobern. Im Jahr 2000 schickten sie den jungen
Investmentmanager David Blitzer nach London, um dort ein
Europageschäft aufzubauen, zunächst Immobilien, später
auch Beteiligungen. Der Amerikaner war zu jener Zeit gera-
de einmal 31 Jahre alt.

Einer der ersten beiden Coups in Deutschland ging prompt
schief. Das Kabelnetz in Nordrhein-Westfalen, das Blacksto-

ne 2000 mit Callahan gekauft hat, schlitterte zwei Jahre später in die Insolvenz. „Wir haben eine Menge falsch gemacht", konzedierte Blitzer später. Den falschen Chef an die Spitze gesetzt, den falschen Preis bezahlt und die Firma mit zu viel Schulden belastet.

So entschloss sich Schwarzman, in Deutschland ein Büro zu starten. Dafür heuerte er Hanns Ostmeier als Deutschlandchef an, einen ehemaligen BC-Partner. An einem warmen Sommerabend 2004 wurde ein schickes Domizil am Hamburger Hafen eröffnet, im Beisein von Hamburgs Bürgermeister Ole von Beust und dem ehemaligen Bundesaußenminister Hans-Dietrich Genscher. Auch Schwarzman war angereist – und rief danach seine über 80-jährige Mutter an: „Das hat mich schon sehr berührt, dort am Hafen zu stehen und mir vorzustellen, wie mein Urgroßvater vor 100 Jahren ins unbekannte Philadelphia aufgebrochen ist." Die Schwarzmans kommen ursprünglich aus Österreich.

Schwarzmans Sentimentalität war nicht groß genug, um zu verhindern, dass das Büro weniger als drei Jahre später wieder geschlossen wurde. Zunächst wanderte die Zuständigkeit für das Transaktionsmanagement deutscher Deals nach London, und Ostmeier gab die entsprechenden Kompetenzen ab. Danach half Blackstones Deutschlandstatthalter nur noch bei der Dealsuche mit und trat auf allerlei Konferenzen auf. Mitte 2007 verließ Ostmeier Blackstone ganz und vertritt seither im Branchenverband BVK alle Mega-Fonds gegenüber der deutschen Politik und Öffentlichkeit.

Die deutsche Büroadresse braucht Schwarzman auch nicht mehr. Zu deutschen Politikern pflegt er auch so beste Kontakte. Bundeskanzlerin Angela Merkel (CDU) und Finanzminister Peer Steinbrück (SPD) schauen gerne bei ihm in New York vorbei, wenn sie jenseits des Atlantiks weilen. Seine Aura des Erfolges, so scheint es, lässt selbst die mächtigsten Vertreter der Bundesrepublik nicht unbeeindruckt. Dass die Hansestadt als Standort auf Blackstones Landkarte schnell wieder verschwand, ist nicht untypisch für die Geschäftemacher aus Manhattan. „Blackstone kommt mit dem Vietnamansatz: Rein mit dem Helikopter, Staub aufwirbeln und dann wieder weg", sagt ein Manager einer deutschen Private-Equity-Gesellschaft über die Amerikaner.

Staub hat Schwarzman hierzulande schon ordentlich aufgewirbelt in den paar Jahren, in denen er sich in Deutschland engagiert. Schon am ersten großen Deal, der Übernahme des Kronberger Chemieunternehmens Celanese, entzündete sich massive Kritik. Blackstone übernahm das MDax-Unternehmen 2004 für 3,1 Milliarden Euro – um sofort dessen Sitz in die USA zu verlegen und es neun Monate später dort an die Börse zu bringen. Mit dieser geschickten Arbitrage nutzten die Amerikaner aus, dass Chemieunternehmen in Amerika deutlich höher bewertet wurden als in Deutschland. Selten wurden Aktionäre von ihren Vorständen schlimmer abgezockt.

Obwohl sich Blackstones Gebot schnell als Spottpreis herausstellte, wehrte sich der Celanese-Vorstand nicht und versuchte auch gar nicht erst, höhere Gegenangebote für die Aktionäre einzuholen. Die Übernahme war auch nicht zu seinem Schaden: Vorstandschef Claudio Sonder verabschiedete sich bald mit Aktienoptionen und Sonderzahlungen von 12,7 Millionen Dollar in den Ruhestand. Sein Nachfolger, Andreas Pohlmann, hatte ebenfalls recht schnell genug verdient: Schon Ende 2006 verließ er das Unternehmen – nicht ohne auch noch das Gehalt für 2007 zu kassieren. Allein für 2004 sackten Pohlmann und die beiden anderen Vorstände im Durchschnitt zehn Millionen Dollar ein – pro Kopf. Ein Jahr später sank ihre Vergütung zwar auf 5,5 Millionen Dollar, doch das war immer noch höher als das Gehalt der meisten Dax-Vorstände. Alle drei hatten sogenannte „Bonus-Agreements" abgeschlossen, wonach sie für einen Börsengang in den USA Extraprämien erhielten.

Lediglich ein Hedgefonds sorgte dafür, dass Schwarzman nicht ganz so billig davonkam. Blackstone hatte in Amerika eine neue Holding namens Celanese Corp. an die Börse gebracht, die die Mutter der im MDax notierten Kronberger Celanese AG war. Nach mehreren Klagen und Gerichtsverfahren musste Blackstone die Abfindung für die Aktionäre mehrfach aufstocken. Wer in diesem Poker bis zum Schluss durchhielt, konnte ordentlich profitieren: Für die letzten

Celanese-Aktien musste Blackstone gerichtlich festgesetzte
66,99 Euro bezahlen. Gut das Doppelte des ursprünglichen
Gebots von 32,50 Euro, das der Celanese-Vorstand als „Meilenstein" empfohlen hatte.

Für Schwarzman und die Seinen blieb trotz der unangenehmen Preisaufschläge mehr als genug übrig. Die 641 Millionen Dollar, die Blackstone an Eigenkapital eingesetzt hatte, waren ein Dreivierteljahr später bereits zweifach wieder
hereingeholt. Zunächst brummte Blackstone Celanese neue
Schulden auf, um sich eine Sonderdividende von 500 Millionen Dollar zu genehmigen. Weitere 760 Millionen Dollar
spielte der schnelle Börsengang in Amerika ein. Darüber hinaus stellte Blackstone Celanese für die Umstrukturierung rekordverdächtige 110 Millionen Euro in Rechnung. Insgesamt
hatte Blackstone sein Kapital mit Celanese zum Zeitpunkt
des Börsengangs der Celanese Corp. im Januar 2005 beinahe
verfünffacht. Nichtsdestotrotz vertraute die Bundesregierung
im April 2006 Blackstone einen 4,5-Prozent-Anteil an der
Telekom an. Der Finanzinvestor solle helfen, das Potenzial
des ehemaligen Staatsunternehmens zu heben, sekundierte Finanzminister Peer Steinbrück. Zu den weiteren deutschen Investments von Blackstone gehörten der Kabelnetzbetreiber
Kabel Baden-Württemberg, die Entsorgungsfirma Sulo und
der Spezialverpackungshersteller Gerresheimer Glas. Die
zwei erstgenannten wurden veräußert, und Gerresheimer
ging 2007 an die Frankfurter Börse. Im selben Jahr kaufte
Blackstone dem Konkurrenten Cinven den Folienhersteller
Klöckner Pentaplast ab, für 1,3 Milliarden Euro.

Auch wenn Schwarzman mittlerweile Hamilton James als
zweiten Mann und Chef der Private-Equity-Gruppe installiert hat: Die Fäden laufen immer noch bei ihm zusammen.
Letztlich fällt alle Entscheidungen immer er. „Er sitzt bei jedem Bereich im Investmentkomitee, hat bei jedem Deal die
200 Seiten immer gelesen und stellt dann die richtigen Fragen", berichtet ein Insider.

So viel arbeiten müsste Schwarzman längst nicht mehr.
Mit einem geschätzten Vermögen von 3,5 Milliarden Dollar
schaffte er es in der „Forbes"-Rangliste der reichsten Men-

schen der Welt schon vor Blackstones Börsengang auf Platz
249. Mit diesem Geld kann sich der Liebhaber moderner
Kunst einiges leisten. Der Vorsitzende des John F. Kennedy
Center for the Performing Arts in Washington besitzt eine
Villa in Saint-Tropez und ein knapp 4 000 Quadratmeter
großes Anwesen in Palm Beach. Sein für 37 Millionen Dollar gekauftes 35-Zimmer-Penthouse an der Park Avenue
740 gilt als teuerstes Apartmenthaus der Welt.

Schwarzman erwarb die mit Sauna, Fitnessraum, Dampf-
bad und einem Billardzimmer ausgestattete „Wohnung", die
ehemals dem Ölunternehmer John D. Rockefeller junior gehörte, vor einigen Jahren von dem bankrotten Rivalen Saul
Steinberg. Er besitzt zudem einen eigenen Jet sowie einen
Hubschrauber, den er sich mit Peterson teilt. Den Jet dürfen
auch andere Blackstone-Manager benutzen, aber das kostet:
2006 stellte Schwarzman seiner Firma dafür 1,5 Millionen
Dollar in Rechnung.

Doch selbst ein Schwarzman hat einmal klein angefangen. Als junger Student in Harvard schenkte ihm sein Vater
einen VW Käfer. „Er war blau mit beiger Innenausstattung",
erinnert sich der Finanzmogul und lobt noch Jahrzehnte später den guten Deal: „Für den Preis hatte er eine sehr gute Mo-
torleistung."

Carlyle – Vom Politbüro zum Fondssupermarkt

Die US-Beteiligungsgesellschaft Carlyle glänzt mit ihrem
politischen Netzwerk, und das nutzt sie auch. So staunte die
greise Irmgard Schmid-Maybach nicht schlecht, als mit
George Bush senior ein leibhaftiger ehemaliger US-Präsident
um Audienz bat. An einem Frühsommertag im Jahr 2005
stand Bush tatsächlich vor der Tür ihres Hauses in San Francisco. Der Grund: Carlyle wollte unbedingt MTU Friedrichshafen kaufen, und für diesen Deal war die über 80-jährige
Dame eine Schlüsselfigur. Schmid-Maybachs Vater hatte die

Vorgängerfirma von MTU Friedrichshafen einst gemeinsam mit Graf Zeppelin gegründet. Schmid-Maybach saß im Aufsichtsrat und hielt Anteile an dem Dieselmotorenbauer vom Bodensee.

Bushs Vorstoß war zunächst sogar erfolgreich. MTUs Familiengesellschafter, wie Schmid-Maybach allesamt mit Vetorechten ausgestattet, einigten sich mit Carlyle auf den Verkauf ihrer Anteile von insgesamt zwölf Prozent – zu einem weit höheren Preis, als Carlyle an MTUs Haupteigner Daimler für dessen 88 Prozent zahlen wollte. Doch da hatten sie nicht mit dem Autokonzern gerechnet. Auf diese Weise wie ein Juniorpartner vorgeführt zu werden, das konnte sich der stolze Konzern nicht bieten lassen. Der Deal mit Carlyle platzte, letztlich ging MTU an die schwedische EQT.

Zumindest bei Daimler hat Carlyle damit auf längere Zeit verspielt. Denn schon im Bietgefecht um die Daimler-Tochter MTU Aero Engines zwei Jahre zuvor hatte Carlyle-Deutschlandchef Heiner Rutt eine schlechte Figur gemacht, als er sich öffentlich zu weit aus dem Fenster lehnte. Nach dem erneuten Debakel um MTU Friedrichshafen nebst einer Reihe weiterer Lapsus hatten die Carlyle-Herren genug: Ende 2005 war Rutt abgesetzt.

Anders als fast alle anderen großen US-Fonds sitzt Carlyle nicht in New York, sondern in Washington, wenige Gehminuten vom Weißen Haus und vom Kapitol entfernt. Das weist schon auf die ungewöhnlich große Verquickung mit der Politik hin. Die war Carlyle in die Wiege gelegt: Mitgründer David Rubenstein hatte viele Jahre in der Politik gearbeitet, bevor er sich dem Private-Equity-Geschäft zuwandte: Nach Abschluss seines Jurastudiums an der University of Chicago Law School half er bei Jimmy Carters Präsidentschaftskandidatur mit und wurde nach dessen Wahl zum politischen Berater für innenpolitische Fragen. Damals war er 27 Jahre alt.

Danach kehrte Rubenstein zunächst in den Anwaltsberuf zurück, war das trockene Paragrafengeschäft aber bald leid. 1987, kurz vor dem Aktiencrash, überredete er den Investmentbanker Stephen Norris und den jungen Finanzmanager der Marriott-Hotels, Daniel D'Aniello, mit ihm zusammen eine Investmentgesellschaft zu gründen. Wenig später stieß auch der Finanzvorstand des Telekomkonzerns MCI Communications, William Conway hinzu. Mangels besserer Ideen benannten sie ihre Washingtoner Neugründung nach dem Carlyle-Hotel in New York, in dem sie häufig logierten.

In der Anfangsphase floppten allerdings einige Investments. Eine 1989 erworbene Beteiligung an dem texanischen Flugzeugcaterer Caterair International musste Carlyle gar komplett abschreiben: Caterair ging nach dem Ersten Golfkrieg pleite. Immerhin verhalf der Deal Carlyle zur Bekanntschaft mit George W. Bush, dem Sohn des damaligen US-Präsidenten George Bush. Frederick V. Malek, Berater von Carlyle und enger Vertrauter des Präsidenten, bat Rubenstein, Bushs Sohn in den Aufsichtsrat von Caterair zu holen. Wenige Jahre später wurde Bush junior Gouverneur des US-Staates Texas und 2001 US-Präsident.

In Fahrt kam die Neugründung erst, als Rubenstein Frank Carlucci als Chairman gewinnen konnte. Der frühere stellvertretende CIA-Direktor und Ex-Verteidigungsminister der Regierung Ronald Reagan verfügte nicht nur über beste Kontakte ins Pentagon, sondern auch noch über zahlreiche Mandate in Aufsichtsräten großer US-Konzerne. Schnell vermittelte er den Kauf der Rüstungsfirma BDM International, die in große strategische Projekte der USA wie bemannte Raumstationen involviert war. 1992 bekam Carlucci als Aufsichtsratsmitglied von General Dynamics mit, dass der US-Konzern seine Elektroniksparte verkaufen wollte. Carlyle stellte ein Angebot auf die Beine, bevor das Management der Sparte selbst aktiv werden konnte. „Die Carlyle-Gruppe, relativ neu und mit Sitz in Washington, wird von Leuten geführt, die wenig Erfahrung im Investmentgeschäft haben, aber starke Beziehungen, vor allem in Washington", urteilte die „New York Times" im Jahr 1991 kühl.

Beziehungen scheinen Erfahrung aber gut ersetzen zu können, und so ging es auch mit Carlyle und der unseligen Verquickung in Rüstungspolitik und nationale Sicherheitsinteressen immer weiter bergauf. 1993 schloss sich mit James Baker noch ein früherer Außenminister der Regierung Bush dem Finanzinvestor an. Der überredete sogleich den niederländischen Philips-Konzern, die Rüstungselektroniktochter Magnavox Electronic Systems an Carlyle zu veräußern, für 145 Millionen Dollar.

Diese Rüstungsdeals, die Carlyle über Beziehungen an Land zog, waren hoch lukrativ. Denn die Branche galt nach dem Ende des Kalten Krieges bei Investoren als unattraktiv, und die Einstiegspreise waren entsprechend günstig. Magnavox, 1995 an Hughes Electronics weiterverkauft, schaffte eine interne jährliche Bruttorendite von 206 Prozent. Beim Ausstieg aus BMD im Jahr 1997 bekamen Carlyles Investoren das 10,5-Fache ihres Einsatzes zurück.

Carluccis nach wie vor intime Kenntnis der amerikanischen Rüstungspolitik verhalf Carlyle zu Gewinnen, wobei der Finanzinvestor den Verdacht von Insiderdeals nie ganz abschütteln konnte. So brachte Carlyle kurz nach den Terroranschlägen vom 11. September 2001 den 1997 gekauften Rüstungshersteller United Defense an die Börse und gab die Hälfte seiner Beteiligung ab. Kurz darauf stornierte der damalige Verteidigungsminister Donald Rumsfeld, den Carlucci seit gemeinsamen Tagen im Ringerteam der Princeton University gut kannte, die Bestellung von Crusader-Haubitzen – ein wichtiger Auftrag für United Defense. Von 1998 bis 2003 gehörte Carlyle über die vielen Rüstungsbeteiligungen zu den 15 Firmen mit den größten Rüstungsaufträgen des Pentagons.

Auf jeden Fall war die Politikprominenz für Carlyle hilfreich, um immer größere Milliardenbeträge für Investitionen einzusammeln. Kaum ein Investorendinner, bei dem Rubenstein nicht Bush, Baker, Carlucci oder John Major präsentierte. Auch der ehemalige britische Premier war für Carlyle tätig, von 2001 bis 2004 sogar als Aufsichtsratschef (Chairman) für das europäische Geschäft. Bei Carlyles jährlichen Konferenzen standen die Investoren Schlange, um Fotos mit George Bush aufzunehmen.

Gerade am Anfang war sich Carlyle für keinen Deal zu schade. 1991 diente Rubensteins Investmentfirma gar dem saudischen Prinzen al-Waleed als Mittelsmann, um Citicorp-

Aktien im Wert von 590 Millionen Dollar zu kaufen. Damit verschaffte sich Carlyle Glaubwürdigkeit im Mittleren Osten. Zehn Jahre später verfügte die US-Firma über ein Dutzend Investoren aus Saudi-Arabien – darunter auch die Familie des Terroristen Osama Bin Laden. Am Tag, als Bin Ladens Flugzeuge ins New Yorker World Trade Center und das Pentagon krachten, nahm sein Halbbruder Bakr Bin Laden an Carlyles jährlicher Investorenkonferenz im Ritz-Carlton-Hotel in Washington teil.

Dies wiederum trug Carlyle ernsthafte Imageprobleme ein, auch wenn Bakr Bin Laden schon länger alle Verbindungen zu Osama abgebrochen hatte. Die zwei Millionen Dollar, die Bin Laden in einen Carlyle-Fonds investiert hatte, gaben Rubenstein und seine Mitstreiter alsbald zurück. Und Rubenstein stellte 2002 erstmals einen hauptberuflichen Öffentlichkeitsarbeiter ein. Dessen Hauptaufgabe scheint darin zu bestehen, Carlyle aus der Ecke der politischen Vetternwirtschaft herauszuholen. Heutzutage bestehe nur noch ein Prozent des Portfolios in Rüstungsinvestitionen, wiederholen Carlyles PR-Spezialisten bei jeder Gelegenheit. Die Spekulationen über konspirative Verbindungen nach Saudi-Arabien verstummten trotzdem nicht. Die Geschäftsverbindungen von US-Präsident George W. Bush und Carlyle mit der Bin-Laden-Familie nahm 2004 gar Filmproduzent Michael Moore im Streifen „Fahrenheit 9/11" aufs Korn. Keine gute Imagewerbung für eine Beteiligungsgesellschaft, die bei konservativen Pensionskassen in aller Welt Gelder einsammeln will.

Das sahen auch Rubenstein, Conway und D'Aniello – und traten zur Gegenoffensive an. Von 2003 bis 2005 sortierten sie sämtliche politische Berater aus: Bush, Baker, Carlucci und Major. Chairman Carlucci wurde durch den angesehen früheren IBM-Chairman und -Vorstandschef Louis V. Gerstner ersetzt. Carlyle heuerte als Berater zudem den früheren Chairman der US-Börsenaufsicht Arthur Levitt und den früheren Finanzvorstand der Bank of America, James H. Hance, an.

Gleichzeitig expandierte Carlyle in Asien und Europa

sowie in eine Reihe neuer Anlagefelder wie Kredite für Private-Equity-Übernahmen („Leveraged Finance"), verbriefte Kredite („Collateralized Debt Obligations, CDO"), Sanierungsfälle („Distressed Opportunities") und Immobilien. Keine andere Private-Equity-Gesellschaft der Welt hat so viele Fonds wie Carlyle: 48 Stück, von Buy-outs über Venture Capital bis Leveraged Finance, von den USA über Europa bis Asien. Chefgeldsammler Rubenstein hat einen Markttrend erkannt und sein Angebot als Erster vollends darauf eingestellt: Die großen institutionellen Anleger der Welt schätzen zunehmend das „One-Stop-Shopping", also den Einkauf diverser Anlageformen mit unterschiedlichen Auflagejahren in verschiedenen Regionen der Welt bei einer einzigen Adresse.

260 Tage im Jahr ist Rubenstein in der Welt unterwegs, um Carlyles immer breitere Produktpalette potenziellen Investoren näher zu bringen. Damit die auch wirklich kommen, hat Rubenstein, obschon selber ein brillanter Redner, immer noch gerne Lockvögel im Gepäck: zum Beispiel den langjährigen Präsidenten der amerikanischen Notenbank Federal Reserve, Alan Greenspan. Denn Rubensteins Ziele sind hochgesteckt: Ende 2007 will Carlyle insgesamt 85 Milliarden Dollar an Investorenzusagen unter Verwaltung haben. Diese wären eine Versechsfachung der Summe aus dem Jahr 2001. Damit hätte Carlyle im Konzert der großen Private-Equity-Firmen nur noch Blackstone vor sich. Allein der neue US-Buy-out-Fonds und der ebenfalls 2007 geschlossene europäische Buy-out-Fonds gehören mit 15 Milliarden Dollar respektive 5,5 Milliarden Euro zu den größten ihrer Klasse.

Seit der Gründung im Jahr 1987 hat Carlyle in 576 Transaktionen 24 Milliarden Dollar Eigenkapital investiert und eine jährliche Rendite (IRR) von 34 Prozent erwirtschaftet. 2007 kontrollierte die Beteiligungsfirma mit 750 Mitarbeitern weltweit etwa 200 Unternehmen, die 68 Milliarden Dollar im Jahr umsetzen und 200 000 Menschen beschäftigen.

In Deutschland indes hat Carlyle bislang keinerlei Rüstungsfirmen gekauft. Das liegt unter anderem daran, dass der Gründer des Münchner Büros Hans Albrecht diese Branche nicht sonderlich schätzte. Albrecht investierte lieber in „lang-weilige" deutsche Traditionsbranchen: In den Jahren nach dem Start in München 1998 beteiligte sich Carlyle an Auto-zulieferern wie Honsel und Beru und Investitionsgüterher-stellern wie dem Holzmaschinenbauer Andritz aus Graz oder dem Schweißtechnikproduzenten Messer. Als sich Albrecht 2002 mit einem eigenen Sanierungsfonds Nordwind Capital selbstständig machte, kam als Nachfolger Heiner Rutt. Der frühere Boston-Consulting-Manager hatte zwar weniger Be-rührungsängste, kam aber bei den beiden MTU-Gesellschaf-ten, deren Produkte teilweise auch in der Rüstung eingesetzt werden, nicht zum Zuge.

Die ganz großen Deals, für die die Führung in Washing-ton Rutt geholt hatte, sind ihm auch nicht gelungen. In den USA gehört Carlyle zu jenen Firmen, die mit Partnern gerne zweistellige Milliardenbeträge für Unternehmen ausgeben: 27,5 Milliarden Dollar für den Energieinfrastrukturanbieter Kinder Morgan zum Beispiel oder 17,5 Milliarden Dollar für den Halbleiterhersteller Freescale. In Deutschland engagiert sich Carlyle unter Leitung von Geschäftsführer Gregor Böhm weiterhin vor allem bei großen Mittelstandsunternehmen wie dem Remscheider Autozulieferer Edscha oder der Ex-Bayer-Firma H.C. Starck.

Goldman Sachs Capital Partners – Die heimlichen Abzocker

Goldman Sachs war einmal eine Investmentbank – eine der größten und ältesten der Welt. Doch seit ein paar Jahren trügt diese Bezeichnung. Das New Yorker Traditionshaus, das 1869 von dem deutschstämmigen Marcus Goldman gegründet wur-de, hat sich zu einem der größten Hedge- und Private-Equi-ty-Fonds der Welt gewandelt. Goldman Sachs handelt quasi mit allem, was weltweit an den Kapitalmärkten und darüber hinaus handelbar ist. Die Firma kauft und verkauft Unter-nehmen. Sie erwirbt Portfolios mit Milliarden fauler Kredite, etwa von der HVB und der zusammengebrochenen Schmidt-Bank. Sie angelt sich auch einzelne Kredite angeschlagener Mittelständler, um deren Eigentümer hinauszudrängen und selbst die Kontrolle zu übernehmen. In Deutschland geschah dies zum Beispiel beim Modellbahnhersteller Märklin und beim Folienhersteller Treofan.

Wenn ein Geschäft Gewinn verspricht, ist Goldman Sachs immer mit vorne dabei. Weltweit, aber vor allem auch in Deutschland. „Long-term greedy" – langfristig gierig sein, so lautet ein Motto der Amerikaner. Meisterhaft wie kein anderes Haus beherrscht das von Deutschlandchef Alexander Dibelius geführte 300-Mann-Büro im Frankfurter Messeturm das „Triple Play": Beratung, Finanzierung und Beteiligung. Ein Trumpf sticht immer, und im besten Fall werden alle drei Spiele gewonnen, manchmal sogar mehrfach.

Beispiel Messer Griesheim. Dibelius beriet den Unternehmer Stefan Messer, als dieser nach Geldgebern für den Rückerwerb eines Zweidrittelanteils an dem Industriegaskonzern vom Frankfurter Chemiekonzern Hoechst (heute: Sanofi-Aventis) suchte. Dibelius wurde quasi bei sich selber fündig: 2001 übernahm Goldman zusammen mit ACP das Hoechst-Anteilspaket – und stemmte auch die Finanzierung der Fremdkapitalseite. Wenig später betreute Goldman Sachs den Industriegaskonzern auch noch bei dessen eigener Aufspaltung.

Wenn alles gut läuft, lässt sich eine einmal übernommene Firma sogar jahrelang „melken". So war es beim Spezialchemiehersteller Cognis, den Goldman mit Permira übernahm. Seither kassierte Goldman von Cognis für Beratung und Investmentbankingleistungen jedes Jahr wieder Millionen ab (siehe auch das Kapitel „Welche Rolle spielen die Banken?"). Den Bankautomatenhersteller Wincor Nixdorf kaufte Goldman mit KKR – und betreute selbstverständlich auch den späteren Börsengang.

Messer Griesheim und Wincor Nixdorf waren die beiden ersten Deals von GS Capital Partners in Deutschland. Den Private-Equity-Arm hatte die Bank 1992 gegründet. 15 Jahre später hat er sich weltweit an die Spitze der Branche katapultiert: Im Frühjahr 2007 schloss GS Capital Partners einen

neuen Fonds mit 20 Milliarden Dollar und übertrumpfte damit fast alle der größten und erfahrendsten Private-Equity-
Firmen der Welt. Nur der Fonds von Blackstone war zu jener
Zeit ebenso groß. Goldman Sachs und seine Mitarbeiter glauben ganz offenbar langfristig an den Erfolg dieses riskanten
Geschäfts: Neun der 20 Milliarden Dollar legten die Firma
und ihre Belegschaft in den Fonds ein. „Nur" elf Milliarden
wurden extern eingesammelt.

Jahrelang waren die Amerikaner nur Minderheitsbeteiligungen eingegangen, um die Interessenkonflikte nicht zu groß
werden zu lassen. Schließlich sind Private-Equity-Gesellschaften für jede Investmentbank wichtige Kunden, und die
lieben es nicht, von ihrem Berater in einem Verkaufsprozess
überboten zu werden. Seit einigen Jahren jedoch dreht GS Capital Partners ein immer größeres Rad. Die „Goldies" scheinen jegliche Hemmung verloren zu haben und bieten selber
aggressiv mit. In Deutschland zum Beispiel machten sie mit
KKR bei der Linde-Gabelstaplertochter Kion das Rennen.

Wer allerdings Kion, Messer Griesheim, Cognis und all
die anderen Deals auf einer Internetseite von GS Capital Partners sucht, muss sein Vorhaben unverrichteter Dinge aufge-
ben. Eine solche Seite gibt es nicht. GS Capital Partners verzichtet sogar auf eine Darstellung der wichtigsten Fakten.
Zwar enthält die Homepage von Goldman Sachs ein paar Seiten zu dem Beteiligungsarm – doch nur mit rudimentären Informationen. Selbst Angaben dazu, welche Unternehmen GS
Capital Partners erworben hat und welche die Firma derzeit
hält, fehlen.

Auch in ihren Geschäftsberichten wird die börsennotierte Bank kaum offener: GS Capital Partners wird namentlich
noch nicht einmal erwähnt. Immerhin ist im Bericht für das
Jahr 2006 zu lesen, dass der Handel sowie „principal investments", also außerbörsliche Eigenkapitalinvestitionen aller
Art, Umsätze von 25,5 Milliarden Dollar eingebracht haben.
Das ist fast das Fünffache der Einnahmen im Investmentban-
king. Gut zehn Prozent dieser Bereichserlöse stammten den
Angaben zufolge aus dem Private-Equity-Geschäft.

All diese Geheimniskrämerei kann trotzdem nicht verhindern, dass der Aufmarsch der Private-Equity-Truppen das angestammte Geschäft mit der Beratung bei Fusionen und Übernahmen (Mergers & Acquisitions, M&A) langsam unter Druck bringt. M&A ist weltweit die Domäne von Goldman Sachs, hier ist die Bank seit Jahren als Marktführer kaum angefochten. Infolge massiver Kundenproteste sah sich im Frühjahr 2006 der damalige Vorstandschef Hank Paulson jedoch erstmals genötigt, seine 125 Private-Equity-Leute ein Stück weit zurückzupfeifen. Für feindliche Übernahmen börsennotierter Unternehmen stehe Goldman Sachs' Private-Equity-Sparte nicht zur Verfügung, verkündete der spätere US-Finanzminister.

Auch in Deutschland schien Goldman Sachs über Jahre auf einen der ersten zwei Plätze in der M&A-Beratung abonniert zu sein. Kaum ein Investmentbanker ist hierzulande so gut vernetzt wie Goldman Sachs' Deutschlandchef Dibelius. Der gelernte Chirurg und frühere Partner der Unternehmensberatung McKinsey hat schon den DaimlerChrysler-Deal eingefädelt – was mancher Daimler-Aktionär allerdings später tief bedauerte. „Man hat Goldman Sachs besser als Freund neben sich denn als Feind auf der anderen Seite", sagte einmal der frühere Wincor-Nixdorf-Chef Karl-Heinz Stiller.

Dibelius, ein schlanker Endvierziger mit dunklem Haarschopf und rastlosen Augen, scheint geradezu besessen davon, immer noch mehr Deals zu machen. Mit Private-Equity-Beteiligungen und im Geschäft mit faulen Krediten, sogenanntem Distressed Debt, gelingt dies bestens. In der M&A-Beratung dagegen bläst Goldman in Deutschland der Wind ins Gesicht. Seit 2006 sind die Investmentbanker in den deutschen M&A-Ranglisten auf hintere Ränge abgerutscht. Denn Dibelius lässt notfalls lieber ein Beratungsgeschäft sausen als einen lukrativen Private-Equity-Deal. So kehrten der Firma bereits einige wichtige M&A-Partner den Rücken. Dabei hatte es die Investmentbank seit ihrem Start in Frankfurt 1990 immer wieder besonders gut geschafft, ihre Topleute zu halten.

Dibelius antwortet auf den Vorwurf schwerer Interessenkonflikte stets, dies sei nur eine Frage des Managements.

Goldman habe dafür mit die strengsten Maßstäbe der Branche. Doch die berühmten „chinesischen Mauern", die er
beschwört, hören spätestens bei seiner Person auf. Ob Goldman einen Dax-Konzern bei Verkäufen von Tochterunterneh-
men berät, selber eine solche Tochter erwirbt oder angeschlagene Mittelständler per Tausch von Krediten in Eigenkapital
übernimmt: Fast immer ist der mächtige Deutschlandchef
mindestens mitverantwortlich – und stets darauf bedacht,
den Deal selber mit einzufädeln.

Texas Pacific Group – Müntefkrings Lieblingstier

Es wäre der Traum jedes Politikers oder PR-Beraters, so mei-
nungsbildend zu wirken wie die Texas Pacific Group (TPG).
Für den US-Investor ist es eher ein Albtraum. „David Bondermans Philosophie war von Beginn an: Wir unterstützen
Unternehmen und Managementteams, aber wollen nicht in
die Schlagzeilen", zitiert TPG-Partner Andrew Dechet seinen
Gründer und Chef. Das ist gründlich misslungen, wie eine
von Bonderman selbst beauftragte Statistik ausweist. Je Kündigung bei Grohe seien vier Zeitungsartikel erschienen, klagte der streitlustige TPG-Mitbegründer.

TPG hatte den Armaturenhersteller Grohe 2004 zusammen mit Credit Suisse übernommen – und gab mit seinem rüden Vorgehen für den damaligen SPD-Chef Franz Müntefering den Anlass, die „Heuschrecken-Debatte" loszutreten. In
der Schweiz und Frankreich gab es ähnlichen Ärger: Beim kriselnden Flugliniencaterer Gate Gourmet, der unter anderem
British Airways (BA) beliefert, traten die Mitarbeiter wochenlang in Streik. BA musste massenhaft Flüge streichen. Der
Fall des von der TPG gekauften, französischen Chipherstel-
lers Gemplus rief sogar die Regierung in Paris auf den Plan,
weil TPG einen US-Manager mit Kontakten zum CIA an die
Spitze des Unternehmens setzte.

In den USA und anderswo haben sich die Amerikaner dagegen als harte Sanierer in schier aussichtslosen Fällen einen exzellenten Ruf erworben. Denn die Manager von TPG sind zwar härter, sie waren aber auch immer schon mutiger als viele andere.

Schon TPGs Gründung geht auf eine Großpleite zurück – und fand zudem Anfang der 90er-Jahre statt, als das Private-Equity-Geschäft in den USA nach den Exzessen des „Jahrzehnts der Gier" gerade zusammengebrochen war. 1992 schlugen Bonderman und Jim Coulter dem texanischen Öl-milliardär Bob Bass, für dessen Investmentgesellschaft sie schon viele Jahre arbeiteten, den Einstieg bei der dauerinsol-venten Fluggesellschaft Continental Airlines vor. Als Bass ab-lehnte, gründeten die beiden mit dem Berater William Price im texanischen Fort Worth einen eigenen Fonds und benannten ihn nach einer texanischen Eisenbahngesellschaft des 19. Jahr-hunderts. 1993 beantragte Continental zum dritten Mal Gläu-bigerschutz – und wurde TPGs erstes Investment.

Zu Beginn taten sich die neuen Großaktionäre schwer, nicht nur, da Kredite für einen solchen Deal kaum erhältlich waren. Auch der Umbau von Continental ging nur schlep-pend voran. Bonderman war vom Essen an Bord so angewi-dert, dass er das Tablett dem Vorstand mit der Post schick-te – mit der Bemerkung, er wünsche nie wieder einen solchen Fraß zu sehen. Dabei hatte er sogar bereits Erfahrung mit in-solventen Fluggesellschaften gesammelt: Der Jurist, der Ara-bisch spricht, arbeitete nach dem Studium des islamischen Rechts in Kairo lange als Anwalt und spielte 1982 im Insol-venzverfahren der kleinen Fluglinie Braniff International Air-ways eine Schlüsselrolle.

Schließlich installierte Bonderman bei Continental ein neu-es Management, doch auch das brauchte bis zum Jahr 1995, bis Continental wieder mit Gewinnen wirtschaftete. Dabei wurden 6 000 der 36 000 Arbeitsplätze gestrichen. In der zwei-ten Hälfte der 90er-Jahre verkaufte TPG die Fluggesellschaft über die Börse wieder, mit einer Rendite von 950 Prozent. Auch America West Airlines wurde damals erfolgreich sa-niert. Die Vorliebe für die Luftfahrtbranche hat sich Bonder-man erhalten: Im Jahr 2007 bot er gleichzeitig für die australische Qantas, die spanische Iberia und die italienische Alitalia – allesamt Fluggesellschaften mit Ertragsproblemen.

Ertragsschwäche störte Bonderman noch nie. TPG profilierte sich über die Jahre als Investor für Firmen, die sonst keiner will. Besonders gern schlug Bonderman bei schlecht gemanagten Firmen mit gutem Markennamen zu. So stieg TPG beim amerikanischen Hersteller von Dosengemüse, Del Monte, beim italienischen Motorradhersteller Ducati und dem Schweizer Schuhhersteller Bally ein. Auch die ins Schlingern geratene Fast-Food-Kette Burger King brachte er zurück auf Wachstumskurs – und im Mai 2006 an die Wall Street. Vorher allerdings kassierte er mit seinen Koinvestoren Bain Capital und Goldman Sachs noch 367 Millionen Dollar Sonderdividende vorab. An der Börse sorgte dies für miese Stimmung.

Früher als andere schaute TPG auch über den amerikanischen Tellerrand hinaus: Die Amerikaner gehörten Mitte der 90er-Jahre zu den ersten internationalen Finanzinvestoren, die in Asien Büros eröffneten. Eine Dependance in London folgte im Jahr 1998. Schon 1996 hatte sich Bonderman mit 20 Prozent am irischen Billigflieger Ryanair beteiligt. Von da an wuchs Ryanairs Geschäft rasant, von 2,2 Millionen Passagieren auf 42,5 Millionen im Jahr 2006. Seit 2001 ist Ryanair an der Börse, und Bonderman fungiert immer noch als Chairman des Boards, also Aufsichtsratschef. Dabei ist dies nur einer von unzähligen Jobs des umtriebigen Juristen. Ein früherer TPG-Partner sagte über ihn einmal: „Er kann mit fünf, sechs oder sieben Bällen gleichzeitig jonglieren und hat noch Lust, einen acht, neunten und zehnten zu probieren."

In Deutschland hält TPG neben Grohe die frühere RAG-Sparte Isola, einen Hersteller von Komponenten für Leiterplatten. Zu TPGs besten Investments zählt die frühere E.on-Tochter MEMC, ein hoch defizitärer Produzent von Siliziumscheiben zur Halbleiterherstellung. TPG schickte 2001 für die damals technisch insolvente amerikanische Firma sechs Eindollarnoten in einem Briefumschlag zum E.on-Firmensitz nach Düsseldorf. Fünf Jahre später verdiente MEMC 250 Millionen Dollar im Jahr. Der Aktienkurs stieg in dieser Zeit von zwei auf mehr als 35 Dollar.

Anders als große Private-Equity-Konkurrenten wie KKR, Blackstone, Permira oder Carlyle wagt sich TPG auch an Banken heran. Die Amerikaner sanierten die American Savings Bank und die durch faule Kredite schwer angeschlagene Korea First Bank. Mit der Shenzen Bank ist TPG nach eigenen Angaben die einzige westliche Institution, die beherrschenden Einfluss auf eine chinesische Bank besitzt. In Deutschland bewarb sich TPG schon 2001 um die Bankgesellschaft Berlin. Der Berliner Senat entschloss sich aber, das Institut doch selber wieder auf gesunde Beine zu stellen. TPG scheiterte auch beim Versuch, die kriselnde Allgemeine Hypothekenbank Rheinboden (AHBR) zu übernehmen und bei der HSH Nordbank einzusteigen.

Mit ihrem Fokus auf beinharte Sanierungen hat es auch TPG zu einer der größten Private-Equity-Gesellschaften der Welt gebracht. Die Firma kontrolliert mit 100 Investmentprofis Unternehmen mit insgesamt 80 Milliarden Dollar Umsatz und rund 340 000 Beschäftigten. Um Problemfälle schnell zu drehen, hat TPG seit mehr als 15 Jahren eine eigene Gruppe profilierter Industriemanager, die sich nur mit operativen Fragen beschäftigt. Das Konzept ging bislang auf: Zwischen 1985 und 2002 hat TPG nach Angaben aus einem Investorenmemorandum eine durchschnittliche Bruttorendite auf ihre Beteiligungen von 54 Prozent erzielt. Abzüglich der Gewinnbeteiligung für die Partner kamen noch 46 Prozent bei den Investoren an. Das ist das Doppelte der Rendite, die Blackstone langfristig aufweisen kann.

Die Amerikaner haben 30 Milliarden Dollar unter Verwaltung, die zum Teil aus der Pensionskasse von General Motors und dem Staat Oregon stammen. Die Hälfte davon steckt in dem jüngsten Fonds aus dem Jahr 2006. Mit diesen Milliarden wagen sich auch die Texaner an immer größere Deals heran: Mit KKR und weiteren Partnern besiegelte Bonderman 2007 den Erwerb des texanischen Energiekonzerns TXU für 45 Milliarden Dollar – zu jener Zeit die größte Private-Equity-Übernahme überhaupt.

Als wichtige Voraussetzung für diesen Deal sicherte Bonderman dem Konsortium die Zustimmung der großen ame-

rikanischen Umweltgruppen, indem er ihnen Unterstützung
für landesweite Emissionsgrenzen bei klimaschädlichen Ga-
sen zusagte. Bei jenen hat Münteferings „Oberheuschrecke"
einen guten Stand, seit er sich jahre- und jahrzehntelang in
den Gremien von Naturschutzorganisationen wie dem World
Wildlife Fund, der Wilderness Society und dem Grand Can-
yon Trust engagierte. Für die Wildlife Society flog er einmal
gar extra nach Europa, um deren Büromieten um eine Million Dollar herunterzuhandeln.

    Privat allerdings ist der schwerreiche Texaner nicht ganz
so umsichtig. Er bewohnt ein 300 Hektar großes Anwesen
inmitten eines Naturschutzgebiets in Aspen in den Rocky
Mountains. Für seine vielen geschäftlichen Reisen um die
Welt steigt Bonderman meist in seinen Gulfstream-Privatjet.
„Bondo", wie in seine Freunde nennen, reist auch gerne mal
mit Geländewagen entlang der Seidenstraße in Zentralasien
oder in die Berge von Papua-Neuguinea.

    Wer gut arbeitet, soll auch ordentlich feiern. Was Black-
stone-Chef Steve Schwarzman Rod Stewart ist, das sind Bonderman Robbie Williams und die Rolling Stones. Anlässlich
seines 60. Geburtstags lud der Lebemann seine 300 engsten
Freunde zu einem Privatkonzert von Williams und den Stones nach Las Vegas ein. Mick Jagger, Keith Richards & Co.
ließ er dazu extra aus England einfliegen, für geschätzte acht
Millionen Dollar. Das ganze Fest hat einer Lokalzeitung zufolge mindestens zehn Millionen Dollar gekostet.

    Auf Konferenzen tritt „Bondo" hemdsärmelig auf. Er
fährt sich oft durch das mittellange braune, etwas wirre
Haar, poltert mit texanischem Akzent über die aus seiner
Sicht völlig unberechtigte Kritik, die der TPG und der gesamten Private-Equity-Branche widerfährt. Kein Vergleich mit
dem vier Jahre jüngeren Schwarzman, der sich äußerst dis-
tinguiert und diplomatisch gibt. So würde sich Bonderman
von der Öffentlichkeit und vor allem der Presse auch am liebsten fernhalten. Sie diskreditiere Private Equity als Jobfresser,
wo doch Großkonzerne in viel größerem Ausmaß Stellen
abbauten. „Die Presse lässt sich niemals durch die Fakten
verwirren", schimpft der TPG-Gründer gerne.

Dasselbe gilt für manchen deutschen Politiker, obwohl auch Bonderman den Kontakt in Berlin sucht. Müntefering hat er dort noch nie getroffen, auch zwei Jahre nach den hitzigen Diskussionen über Grohe und die Heuschrecken nicht. „Es ist ziemlich klar, dass er ignorant ist", sagt Bonderman achselzuckend. „Er will nicht von den Fakten verwirrt werden." Diplomatie ist nicht die Stärke des Amerikaners – und auch gar nicht sein Ziel. Über George W. Bush sagte er einmal, dieser sei der „schlechteste Präsident seit Millard Fillmore – und das ist wahrscheinlich eine Beleidigung für Fillmore". Fillmore war von 1850 bis 1853 Präsident der Vereinigten Staaten.

Allerdings sind die durch Grohe geprägten Vorbehalte in Deutschland dem weiteren Geschäft nicht gerade förderlich. Beim Verkauf der Linde-Tochter Kion, bei dem die Gewerkschaften ein gehöriges Wort mitzureden hatten, wurde TPG bereits zu Beginn bedeutet: Man brauche sich gar nicht erst zu bewerben.

So arbeiten Bonderman & Co. nunmehr auch an ihren Imageproblemen. Im Frühjahr 2007 heuerte TPG Ludolf von Wartenberg, den pensionierten Hauptgeschäftsführer des mächtigen Bundesverbands der Deutschen Industrie (BDI), als „Chefberater" für den deutschen Markt an. Das ehemalige Bundestagsmitglied (CDU) ist gut vernetzt in der Politik und weiß die richtigen Strippen ohne öffentliches Aufsehen zu ziehen. Ex-Finanzminister Theo Waigel berät die Amerikaner schon seit ihrem Gebot für die Bankgesellschaft. Und seit dem Jahr 2006 hat die TPG endlich eine Homepage im Internet, wenn auch mit eher rudimentären Informationen.

Und wie geht es weiter? Immerhin feierte Bonderman im Jahr 2007 bereits seinen 65. Geburtstag. Trotzdem kommt „Ruhestand" für ihn, der ein Ausbund an Energie, Kraft und messerscharfer Intelligenz ist, nicht infrage. „Ich werde das machen, bis ich tot bin", sagt er. Alles andere wäre einfach zu langweilig.

Cerberus – Höllenhund aus dem Hinterhalt

Beim US-Investor Cerberus ist der Name Programm. In der
griechischen Mythologie ist Zerberus ein mehrköpfiger Hund,
der den König der Unterwelt, Hades, bewacht. Odysseus erzählt in den homerschen Gesängen von der Bestie, die ihre
Zähne tief und schmerzhaft ins Fleisch der Fliehenden schla-
ge und sie unter Qualen zurückschleppe.

In der Wirklichkeit nimmt Cerberus mit besonderer Vorliebe problembehaftete Vermögenswerte („Distressed Assets")
ins Visier. Seinen spektakulärsten Deal landete der Investor
2007 mit der Übernahme des US-Autoherstellers Chrysler,
der unter Daimlers Ägide Milliardenverluste aufgehäuft hatte. Ob Unternehmen, Immobilien oder Kredite ist einerlei.
„Feinberg auf der Jagd nach Schmerzen", titelte die Hedge-
fonds-Postille „Absolutereturn" im Mai 2003 über Cerberus-
Gründer Stephen Feinberg.

Zu jener Zeit hat Feinberg, Jahrgang 1960, seine Leute
auch für die Jagd in Deutschland in Stellung gebracht und ein
Büro in Frankfurt aufgemacht: in den „Garden Towers" an
der Neuen Mainzer Straße, mitten im Bankenviertel. Seither
gibt es kaum eine Transaktion, bei der Cerberus nicht Interesse anmeldet. Die Höllenhunde boten für die Landesbank
Berlin, den 27-Prozent-Anteil der WestLB an der HSH Nordbank, die Frankfurter BFH-Bank, den ebenso maroden wie
traditionsreichen Kölner Versicherungskonzern Gerling und
den insolventen Autozulieferer ISE aus Schiltach.

Immer öfter gehen die Höllenhunde auch bei klassischen
Private-Equity-Auktionen um profitable, gut laufende Unternehmen an den Start: Da ihnen in den USA schon die Auto-
vermietung ANC mit den Töchtern National und Alamo gehört, versuchten sie, den Autovermieter Europcar zu kaufen.

Feinberg und William Richter hatten die New Yorker Investmentgesellschaft 1992 eigentlich gegründet, um notleidende Kredite aufzukaufen und abzuarbeiten. Auf dem Gebiet kannte sich Feinberg aus, der damals gerade 32 Jahre
jung war. Er hatte zuvor für Michael Milkens Junkbond-
Fabrik Drexel Burnham Lambert gearbeitet, die 1990 zusam-

menbrach. Seit dem Start hat Cerberus sein Betätigungsfeld stark erweitert. Der frühere Hedgefonds entwickelt sich immer weiter in Richtung Private-Equity-Fonds.

Jedoch mit ungewöhnlich rüden Verhandlungsmethoden. David Titlebaum, den Feinberg 2003 als Deutschlandchef nach Frankfurt entsandt hatte, habe mit seiner „amerikanischen Dampfwalzenmanier" potenzielle Geschäftspartner verschreckt, erzählt ein Investmentbanker. „Titlebaum brachte es fertig, in Meetings mit Dax-Vorständen diese nicht mal anzusehen. Stattdessen tippte er ständig auf seinem Black-Berry." Mittlerweile ist Titlebaum längst durch David Knower ersetzt, einen früheren Personalberater.

Auch der Gerling-Deal platzte 2005 nicht zuletzt durch das ruppige Benehmen der Amerikaner. Mehr als 100 Finanzexperten ließ Cerberus einfliegen, um ein Übernahmeangebot für den strauchelnden Versicherer auszuhandeln. Wie selbstverständlich forderten Feinbergs Truppen ganze Bürofluchten für sich ein, verlangten ohne Rücksicht auf das Tagesgeschäft bei Gerling immer wieder unverzüglichen Zugang zu wichtigen Unterlagen und Entscheidungsträgern. Letztlich musste Gerling-Chefaufseher Joachim Theye, wie viele Verhandlungspartner vor ihm, die Erfahrung machen, dass er sich auf Vereinbarungen mit dem Frankfurter Cerberus-Management nicht verlassen kann. Denn das letzte Wort hat stets Feinberg in New York. Der ist dafür bekannt, dass er seinem lokalen Management keine Entscheidungskompetenz einräumt und bereits getroffene Vereinbarungen immer wieder nachverhandelt.

Trotzdem kommt Cerberus auch in Deutschland und Österreich auf eine erkleckliche Zahl von Deals. Der Haupttrick der Amerikaner ist es, massive Lobbyarbeit in Politik und Wirtschaft zu betreiben. So laden sie in Berlin regelmäßig Politiker zu „parlamentarischen Abenden" ein. Zu ihren Beratern zählt der frühere Verteidigungsminister Rudolf Scharping (SPD). Für die Chrysler-Auktion engagierte Cerberus den Anfang 2007 zurückgetretenen Volkswagen-Markenvorstand Wolfgang Bernhard. Ein Startvorteil, den die Konkurrenz nicht mehr aufholen konnte. Denn Bernhard

kennt Chrysler wie kaum ein Zweiter. Der ehrgeizige Pro-
duktionsspezialist hatte den maroden Autobauer von 2001
bis 2004 schon einmal saniert, damals als rechte Hand des
späteren DaimlerChrysler-Chefs Dieter Zetsche.

Auch der frühere US-Botschafter in Berlin, Daniel Coats
und der ehemalige Allianz-Manager Ihno Schneevoigt sind
für Cerberus tätig. Aus dem deutschen Bankgewerbe gehörten eine Zeit lang WestLB-Chef Thomas Fischer und der frühere HVB-Vorstand Claus Nolting zu Cerberus' Beratern.
2006 holten die Höllenhunde gar den früheren US-Finanzminister John Snow aus dem Ruhestand zurück und machten ihn zu ihrem Chairman. Der 67-Jährige promovierte Öko-
nom mit den buschigen Augenbrauen verhandelte erfolgreich
den Kauf der Wiener Gewerkschaftsbank Bawag.

In der Bieterschlacht um die Bawag, die nach Milliar-
denverlusten in der Karibik fast pleitegegangen war, nahm
Cerberus eine kleine Gruppe österreichischer Ex-Politiker,
Spitzenmanager und Unternehmen mit ins Boot. Dazu gehörten der frühere Finanzminister Hannes Androsch, der popu-
läre Österreichchef der italienischen Generali-Versicherung
Karl Stoss, österreichische Wüstenrot-Gruppe und Österreichs Post. Auch Österreichs bekanntester Lobbyist Dietmar
Eckert unterstützte Cerberus, der zuvor noch den Gewerkschaften bei der Bewältigung der Bawag-Krise geholfen hat-
te. So holte Cerberus den Zuschlag, obwohl sich das Gebot
mit 2,6 Milliarden Euro plus einer Finanzspritze für die
Bawag von 600 Millionen Euro nur unwesentlich von den
Offerten der Bayerischen Landesbank und des US-Fonds
Lone Star unterschied.

Weltweit kontrolliert Cerberus Mehrheitsbeteiligungen
oder maßgebliche Minderheitsanteile an Unternehmen mit
mehr als 60 Milliarden Dollar Umsatz und über 175 000 Mitarbeitern. In diversen Fonds werden mehr als 23 Milliarden
Dollar verwaltet. Seit der Gründung hat der Fonds mehr als
50 Milliarden Dollar in notleidende Wertpapiere, Wertpapiere mit unterdurchschnittlicher Performance sowie in Immo-
bilienprojekte investiert. Zu den größten Transaktionen gehört der Kauf von 51 Prozent an GMAC, der Finanzsparte

des kriselnden US-Autokonzerns General Motors. 14 Milliarden Dollar blätterte Cerberus dafür hin, gemeinsam mit anderen Finanzinvestoren. Cerberus kaufte die Schulden der maroden Fluglinie Air Canada, um dort schließlich die Kontrolle zu erwerben, und war einer der größten Gläubiger des bankrotten US-Telekomkonzerns MCI Worldcom. In Japan erwarben die Amerikaner mit Aozora eine der großen Banken des Landes, sanierten sie und brachten sie später an die Börse.

In Deutschland gehören zu Cerberus' Portfolio die Flugzeugleasingfirma Debis AirFinance, die Wohnungsgesellschaften GSW in Berlin, BauBeCon in Hannover und diverse andere Wohnungsportfolios, die frühere Blutplasmaparte des Leverkusener Bayer-Konzerns, der zuvor insolvente badische Autozulieferer Peguform, die Handelskreditbank (HKB) und einige Kreditpakete – unter anderem von der Bayerischen Landesbank. Seit dem HKB-Kauf kann Cerberus auch in Deutschland die Verwertung gefährdeter und fauler Kredite ohne Einschränkung betreiben.

Vor der Öffentlichkeit halten sich die drei Cerberus-Macher Feinberg, Richter und Europachef Frank Bruno am liebsten fern. Doch selbst bei Cerberus scheint man einzusehen, dass ein Unternehmen dieser Größe nicht völlig unterhalb des Radarschirms öffentlichen Interesses agieren kann. Nach dem GMAC-Kauf im Jahr 2006 haben die Amerikaner erstmals eine Internetseite eingerichtet, wenngleich die Informationen darauf recht unvollständig sind. Und Chairman Snow gibt sogar Interviews.

Permira – Die Medienprofis

Wenn Thomas Krenz vor die Tür des Permira-Büros tritt, blickt er auf eine frühere Straßenbahnhalle, das Bockenheimer Depot. Seine Kollegen gehen mittags gerne um die Ecke auf die Leipziger Straße, eine kleine Einkaufsmeile mit Obst- und Gemüsehändlern, Asia- und Döner-Imbissen. Permira, die größte europäische Beteiligungsgesellschaft, residiert in

Frankfurt weitab der glitzernden Bankentürme im Studentenviertel Bockenheim.

Hier sticht Krenz, ein gebürtiger Braunschweiger, optisch nicht übermäßig heraus. Keine Manschettenknöpfe, Statussymbol für jeden angehenden Investmentbanker. Der Deutschlandchef von Permira trägt zum dunklen Anzug eine rot gemusterte Krawatte und ein einfaches weißes Hemd.

Ein klarer Fall von Understatement. Von Bockenheim aus planen Krenz und seine 30 Kollegen Milliardenübernahmen und steuern die sieben Firmen aus dem deutschsprachigen Raum im Permira-Portfolio – ein Konglomerat mit zehn Milliarden Euro Umsatz und 28 000 Mitarbeitern. In Europa betreuen Permiras 100 Investmentmanager 32 Unternehmen mit rund 40 Milliarden Euro Umsatz und 220 000 Mitarbeitern. Mit dem Kauf des dänischen Telekomkonzerns TDC für 13 Milliarden Euro Anfang 2006 durch ein Konsortium von insgesamt fünf Finanzinvestoren organisierte Permira einen „Landmark"-Deal, der über ein Jahr der größte in Europa blieb.

Schon seit zwei Jahrzehnten gehört Permira zu den Marktführern unter Europas Private-Equity-Gesellschaften. Die Firma, deren Name in Latein „sehr überraschend" bedeutet, hat es immer wieder geschafft, den größten Europafonds aufzulegen. 2006 sammelte Permira binnen drei Monaten elf Milliarden Euro Eigenkapital ein. Der Vorgängerfonds von 5,1 Milliarden Euro, den Permira während der tiefen Branchenkrise 2003 ebenfalls in kürzester Zeit schloss, blieb zwei Jahre lang Europarekord. Seit 2006 investiert Permira auch außerhalb des alten Kontinents und hat dafür Büros in New York und Tokio eröffnet. Zu den Renditen hält sich Krenz bedeckt und verrät nur so viel: Die drei Europafonds seit dem Jahr 1997 rangierten alle im besten Zehntel ihres Jahrgangs.

Ein Coup gelang der Mannschaft um Krenz 2006 mit dem Erwerb der Mehrheit an ProSiebenSat.1 – der größten Übernahme in der deutschen Mediengeschichte. Gemeinsam mit KKR kauften sie einem Investorenkonsortium um den US-Milliardär Haim Saban für 3,1 Milliarden Euro die Mehrheit ab. Wenig später veräußerten Permira und KKR ihre

Luxemburger Fernsehkette SBS Broadcasting an ProSieben-Sat.1 – und profitierten damit gleich doppelt: Zum einen kassierten sie mit dem Verkauf der erst 2005 erworbenen SBS bereits nach zwei Jahren ab. Zum anderen stieg ProSieben-Sat.1 dadurch zu einem der größten Fernsehkonzerne Europas auf.

Der Fernsehdeal kam für Krenz zur rechten Zeit. Denn in den Vorjahren hatten die erfolgsverwöhnten Permira-Manager in Deutschland eine ungewohnte Durststrecke zu überstehen: Nach dem Erwerb des Stuttgarter Mobilfunkdienstleisters Debitel im Jahr 2004 gelang über zwei Jahre lang keine einzige Übernahme. Stattdessen gerieten einige Firmen im Portfolio in Probleme. Der langjährige „Käuferstreik" der deutschen Verbraucher stürzte die Billigmodekette Takko in die Krise. Takko musste umstrukturiert und umgeschuldet werden, was erfolgreich gelang. Dann trieben ein Einbruch der Aufträge und hohe Schulden den Autozulieferer Kiekert immer stärker in die Enge. Nach monatelangem Ringen wurde Kiekert von seinen Gläubigern – ein paar Hedgefonds – übernommen. Permira verlor das gesamte eingesetzte Eigenkapital von mehr als 150 Millionen Euro.

Kiekert wurde Permira nicht nur renditemäßig zum Verhängnis. Der Beinahezusammenbruch kam bei der IG Metall gar nicht gut an. Als Permira im Herbst 2006 zusammen mit ACP für Lindes Gabelstaplersparte Kion bot, machten die Gewerkschafter kräftig Stimmung gegen die Briten. Auch die Abzocke, die Permira und Goldman Sachs bei der früheren Henkel-Tochter Cognis vorführten, war kein Ruhmesblatt. Kions Käufer mussten jedenfalls versprechen, nicht kurzfristig per „Rekapitalisierung" Sonderdividenden aus dem Unternehmen zu ziehen.

Dabei hätte Krenz Lindes Arbeitnehmervertretern auch Positives zu berichten gehabt. Mit dem Münchner Bezahlsender Premiere hatte Permira im Frühjahr 2005 einen überraschend erfolgreichen Börsengang hingelegt. Der Kauf des hoch defizitären Senders aus dem Nachlass des gescheiterten Medienunternehmers Leo Kirch war zwei Jahre zuvor ein echtes Himmelfahrtskommando gewesen. Solchen Deals verdankt Krenz seinen Ruf als einer der Zampanos der Branche. Allerdings war Premiere nur für Permira und Premiere-Chef Georg Kofler ein gutes Geschäft. Kurz nach dem Listing gingen die Übertragungsrechte für die Fußballbundesliga verloren, und Premieres Aktionäre mussten horrende Kursverluste in Kauf nehmen.

Mit ihrer langen Tradition im relativ unreifen deutschen Private-Equity-Markt genießt Permira trotz der Fehlschläge hohen Respekt. „Die haben einfach viele gute Deals gemacht", begründet ein Manager eines Konkurrenten. „Gute Leute und eine große Kontinuität im Team", beschreibt ein anderer das Erfolgsrezept, „obwohl Permira keine Galionsfigur hat." Viele Wettbewerber dagegen hängen noch an ihren Gründervätern: KKR an Henry Kravis und George Roberts, Blackstone an Stephen Schwarzman, Carlyle an David Rubenstein und Bill Conway.

Permiras Frankfurter Büro hatte in der Organisation der britischen Beteiligungsfirma lange einen ungewöhnlich großen Stellenwert. Von den 4,2 Milliarden Euro Eigenkapital aus den zwei ersten, 1997 und 2000 aufgelegten Europafonds hat Permira ganze 37 Prozent in deutschen Unternehmen angelegt. Die Bedeutung der Frankfurter rührt aus der Historie. Bis 1996 waren die separat gegründeten Büros der damaligen Schroder Ventures in Frankfurt, London, Mailand und Paris unabhängig und managten eigene Länderfonds. „Die Büros mussten ihre Lebensberechtigung eigenständig erkämpfen", sagt Krenz.

Und da waren die Deutschen von Anfang an gut dabei. Bereits 1986 startete für Schroder Ventures der Hamburger Unternehmer Thomas Matzen mit dem Auftrag, ein deutsches Büro aufzubauen. Nur ein Jahr, nachdem die britische Investmentbank Schroders ihren Private-Equity-Arm in London aus der Taufe gehoben hatte. Matzen sammelte schnell Geld ein und machte einen Mittelstandsdeal nach dem anderen. Dafür warb er 1988 auch den jungen Krenz von Bankers Trust (BT) ab. Wenig später trennten sich die Wege von Matzen und Schroder. Krenz verlegte das Büro von Hamburg nach Frankfurt, und die Briten holten mit dem früheren

3i-Deutschlandchef Friedrich von der Groeben noch einen er-
fahrenen Manager hinzu. Die deutschen Fonds lieferten jahrelang glänzende Renditen ab, brachten unter anderem Ex-
Cell-O, SINGULUS, Kässbohrer und Eurobike an die Börse.

Erst 1996 schlossen sich Schroder Ventures' einzelne Ländergesellschaften zusammen. 2001 wurde die Partnerschaft
mit Schroder beendet und Permira als unabhängige Organisation von den Partnern weitergeführt. Die meisten europäischen Wettbewerber hingegen, wie Cinven, CVC Capital
Partners, Candover, Montagu oder Barclays Private Equity,
expandierten von London aus auf den Kontinent.

Permiras dezentrale Gründungsgeschichte wirkt bis heute nach: Während woanders London und New York den Ton
angeben, wird bei Permira immer noch über jeden Deal europaweit entschieden. Jeden Montag tagt ein fünfköpfiges
Investitionskomitee per Videokonferenz und bespricht mögliche Transaktionen. Die Geschäfte der Firma mit insgesamt
28 Partnern führt zudem ein „Operating Committee" mit
Damon Buffini, Veronica Eng, Thomas Krenz, Guido Paolo
Gamucci und Charles Sherwood. Die fünf treffen sich einmal
im Monat auch „live", jedes Mal in einem anderen der sechs
europäischen Büros. „So sind wir in allen Büros präsent",
sagt Krenz. „Das ist wichtig für die Kultur."

Vorbereitet werden die Transaktionen in den Büros vor
Ort. Außer den Partnern gibt es bei Permira nur eine einzige
weitere Hierarchiestufe: den Non-Partner. Jeden Montagmor-
gen versammeln sich alle Frankfurter „Deal-Doer" zum Jour
fixe und sprechen alle Deals, auch potenzielle, durch. Ihr Job
ist keinesfalls nur, ihre Portfoliounternehmen zu piesacken
und neue Deals zu verhandeln. Sie klopfen auch ständig ihr
Netzwerk an Kontakten auf potenzielle Übernahmeziele ab
– denn das ist in diesem Geschäft das A und O. Die Beteili-
gungsfinanziers warten nicht, bis Konzerne wie E.on, Linde
oder DaimlerChrysler ein Randgeschäft unter Finanzinvestoren versteigern. „Unsere Arbeit geht los, lange bevor die
Auktion beginnt", sagt Krenz.

Manchmal braucht es dafür einen sehr langen Atem, wie
bei ProSiebenSat.1. Mit den Vorarbeiten startete Permira

mehr als zwei Jahre, bevor die Fernsehfirma aus Unterföhring bei München endgültig wieder auf den Markt kam. Mithilfe ihres Beraters Arnold Bahlmann, lange Vorstand des Medienkonzerns Bertelsmann, suchte Permira in ganz Europa nach einem Allianzpartner für ProSiebenSat.1. Die Idee war, den potenziellen Fusionspartner schon vorab zu kaufen. Damit wollte Permira in der absehbaren Auktion um ProSiebenSat.1 glaubhaft machen, dass man den Aufbau eines europäischen Fernsehkonzerns plante. 2005 wurde Permira bei der Luxemburger Fernsehkette SBS fündig, die in Skandinavien und Osteuropa aktiv ist. Für diese 2,1 Milliarden Euro teure Übernahme nahmen die Briten noch KKR mit ins Boot.

Zunächst allerdings sah es nicht danach aus, als ob die Pläne aufgehen würden. Denn im Werben um ProSiebenSat.1 hatte sich zunächst Europas größter Zeitungsverlag Axel Springer durchgesetzt. Nachdem jedoch das Bundeskartellamt diese Fusion gekippt hatte, blieben die Manager von Permira und KKR weiter dran. Immer wieder verhandelten sie mit Haim Saban. Als der im Herbst 2006 dann eine Auktion startete, setzte sich das Duo nach hartem Ringen durch.

Endlich wieder ein Volltreffer für Krenz, der einmal sagte: „Wir sind alle Adrenalin-Junkies. Aber über die Jahre merkt man: Befriedigend ist, wenn man die Konzepte mit dem Management des Portfoliounternehmens umsetzt." Über das Deal-Adrenalin hinaus sind von dem Manager, dem trotz seines (branchenüblichen) ausgeprägten Egos Selbstironie nicht fremd ist, nur wenige Vorlieben bekannt. Der Vater zweier Kinder fährt gerne Ski. Golfspielen hält er dagegen für Zeitverschwendung. Und er raucht gerne und ständig: Zigarillos der Marke „Moods".

Apax – Auf dem Sprung

Apax Partners hat eine wechselvolle Geschichte hinter sich, gerade auch in Deutschland. Mit ihren Wurzeln, die bis ins Jahr 1969 zurückreichen, gehört Apax zu den ältesten Beteiligungsgesellschaften der Welt. Damals wurde in den USA die

Venture-Capital-Gesellschaft Alan Patricof Associates gegründet, die später in Apax aufging. 1972 startete der Brite Ronald Cohen mit einem Partner den Wagniskapitalfinanzierer MMG und eröffnete Filialen in New York, Paris und London. Das war die Geburtsstunde der späteren Apax Partners.

Ein Vierteljahrhundert später steht Apax wieder mit an der Spitze in der europäischen Liga. Elf Milliarden Euro sammelte die Beteiligungsgesellschaft bis Mitte 2007 ein – so viel wie ein Jahr zuvor der europäische Branchenprimus Permira. Seither spielt Apax wieder ganz vorne mit – zumindest in Europa.

Ein bisschen gleicht dies dem Aufstieg des sprichwörtlichen „Phönix aus der Asche". Zwei Jahre zuvor schien sich Apax aus dem globalen Rennen schon verabschiedet zu haben. Nur 4,3 Milliarden Euro schafften die Briten damals im Fundraising – eine Ohrfeige der Investoren. Schließlich umfasste der 2001 aufgelegte Vorgängerfonds schon 4,4 Milliarden Euro, und bei Erfolg werden die Beteiligungsfirmen von ihren Geldgebern stets deutlich aufgestockt. Zudem schloss auch die große Konkurrenz in Europa schon damals um 20, 30 Prozent oberhalb ihrer Ziele und bisherigen Mittel ab und sammelte Fonds um die sechs Milliarden Euro ein.

Doch der Denkzettel der Investoren geschah nicht ohne Grund: Apax hatte mit seinem traditionellen Schwerpunkt auf Technologieinvestitionen im Crash zu Beginn des Jahrtausends eine Bauchladung hingelegt. Am öffentlichkeitswirksamsten war das Debakel um die Bundesdruckerei, den ehemaligen staatlichen Banknotendrucker und Hersteller von Chipkartensystemen. Im August 2002 musste Apax die für eine Milliarde Euro vom Staat gekaufte Firma für einen Euro an einen Treuhänder übertragen, da sie nur zwei Jahre nach dem Erwerb restlos überschuldet war. Vor allem der drastische Einbruch der Nachfrage nach Chipkarten hatte die in Authentos umbenannte Bundesdruckerei tief in die Krise getrieben. Apax und die anderen Investoren verloren eine Viertelmilliarde Euro.

Doch das war nur einer der Technologiedeals, die fehlschlugen – und der Höhepunkt einer Serie von Missgeschi-

cken in Deutschland. Zuvor war der Börsengang der Fisch-
restaurantkette Nordsee ebenso geplatzt wie der schon fest
mit Siemens vereinbarte Kauf des Kunststoffmaschinenbauers Mannesmann Plastics Machinery (MPM).

Bis zu jener Zeit hatte das 1990 gegründete Münchener
Büro mit seinen langjährigen Partnern Martin Halusa (Jahrgang 1955), Max Burger-Calderon (1954) und Michael Phillips (1962) einen Ruf wie Donnerhall. Die drei Manager hatten die beiden, 1991 und 1997 aufgelegten Deutschlandfonds
von zusammen 360 Millionen DM mehr als drei Mal an die
Investoren zurückgezahlt. In den 90er-Jahren allerdings war
Apax Partners noch weit von ihrem heutigen Zuschnitt mit
Fokus auf große Buy-outs entfernt: Der überwiegende Teil
dieser Fonds floss als Venture Capital in junge Technologieunternehmen. Auf diese Weise profitierte Apax wie keine
andere Risikokapitalgesellschaft in Deutschland vom Boom
des Neuen Marktes: Sie brachte die Technologiefirmen Dia-
log Semiconductor, TelDaFax, und Utimaco erfolgreich an
die Börse, aber auch die Bäckereikette Kamps.

Apax' Partner zogen die Konsequenzen aus dem Platzen
der Technologieblase und kappten die Finanzierung junger
Technologieunternehmen, die die Firma einst groß gemacht
hatte. Seit 2005 konzentriert sich Apax nur noch auf die großen Buy-outs. Der vorherige Fonds war noch zu einem Drittel für Investitionen in Start-ups und junge Wachstumsunternehmen bestimmt.

Zum radikalen Strategiewechsel kam ein Führungswech-
sel hinzu, der viele in der Firma beschäftigte und die Investoren beunruhigte: Sir Ronald Cohen trat nach über 30 Jahren ab. Sein Nachfolger als „Worldwide Chief Executive"
wurde 2004 Martin Halusa, Jahrgang 1955, der bis dahin das
Büro in München geleitet hatte. Der kleine, drahtige Österreicher, ein früherer Boston-Consulting-Berater mit MBA von
der Harvard Business School, hatte sich zuvor vor allem mit
Telekominvestitionen beschäftigt. Er war unter anderem für
den Kauf des größten deutschen Kabelnetzbetreibers Kabel
Deutschland verantwortlich, den Apax 2003 zusammen mit
den US-Investoren Goldman Sachs und Providence Equity

Partners erworben hatte. Sein Nachfolger als Deutschlandchef ist seither Michael Phillips. Der Kanadier lebt schon seit
vielen Jahren in Deutschland, nennt aber immer noch Eis-
hockey als sein liebstes Hobby.

Zumindest die Ausrichtung auf die fünf Branchen Tech-
nologie/Telekommunikation, Medien, Handel/Konsumgü-
ter, Gesundheitswesen sowie Finanzdienstleistungen/Busi-
ness Services ist über all die Jahre konstant geblieben. Apax
hat in Deutschland in der jüngeren Vergangenheit unter anderem in das Entsorgungsunternehmen Sulo (mit Blackstone)
und das Telekomunternehmen Versatel investiert. Sulo
wurde 2007 an den französischen Konkurrenten Veolia verkauft, Versatel ging an die Frankfurter Börse. Weltweit gehören zu Apax' Investments die israelische Telekomfirma Bezeq,
das britische Geldwechselunternehmen Travelex, der belgi-
sche „Gelbe Seiten"-Hersteller World Directories (mit Cinven),
der südafrikanische Klinikkonzern Netcare und der Modeher-
steller Tommy Hilfiger mit Sitz in Hongkong. Hilfiger, zuvor
in New York börsennotiert, hatte sich wegen schwerer Probleme, unter anderem wegen Bilanzunregelmäßigkeiten, selber zum Verkauf gestellt. Apax zahlte 1,6 Milliarden Dollar.

Außerhalb Deutschlands versuchen sich die Briten zudem
schon länger an „Club Deals" mit den größten Fonds der
Welt. Sie kauften 2003 mit Permira sowie den US-Investoren
Apollo und Madison Dearborn den defizitären Satellitenbe-
treiber Intelsat. Drei Jahre später erwarben sie im Fünfer-
verbund den dänischen Telekomkonzern TDC, mit 13 Milliarden Euro damals die größte Private-Equity-Übernahme in
Europa. Und sie kauften mit vier Konkurrenten für 8,3 Milliarden Euro NXP, die frühere Halbleitersparte von Philips.

Die 49 Apax-Partner sind sich auch nicht mehr zu schade, „feindlich" auf Unternehmen zuzugehen. Der schwedische Klinikbetreiber Capio wehrte sich wochenlang gegen
eine Übernahme durch Apax und Nordic Capital, verhandelte sogar mit anderen Finanzinvestoren, ob diese nicht den
„Weißen Ritter" spielen und Capio übernehmen wollten.
Nachdem Apax und Nordic Capital ihr Gebot von 1,7 auf
1,8 Milliarden Euro aufgebessert hatten, lenkte die Capio-

Führung aber doch ein. Auf diese Weise stieg erstmals eine Heuschrecke öffentlichkeitswirksam in den deutschen Klinikmarkt ein: Capio hatte wenige Wochen zuvor den Betreiber Deutsche Klinik übernommen.

In ihrem alten Fonds hatten die Apax-Manager noch das Problem, dass eine Klausel in den Statuten feindliche Übernahmen im Prinzip verbot. Im 2007er-Fonds wurde diese Klausel gestrichen. Martin Halusa, Deutschlandchef Michael Phillips und ihre Mannschaft von mehr als 160 Investment Professionals wollen sich nicht mehr einschränken lassen. Sie treibt der Ehrgeiz, auch global ganz vorne mitzuspielen. Schon seit 1999 sind Apax' Ländergesellschaften mit Ausnahme der französischen Dependance zu einer europäischen Einheit fusioniert. Ziel ist es, irgendwann noch die New Yorker Tochter mit ins Boot zu holen. Auch nach Fernost geht der Zug: In Mumbai und Hongkong hat Apax in den vergangenen Jahren Büros eröffnet. Das Hongkonger Büro leitet der Münchner Gründungspartner Burger-Calderon.

BC Partners – Die Konservativen

Jens Reidel steckte mitten in einer erfolgreichen Konzernkarriere. Nach dem Betriebswirtschaftslehrestudium und einigen Juravorlesungen an der Johann-Wolfgang-von-Goethe-Universität in Frankfurt fing er beim Hamburger „Nivea"-Konzern Beiersdorf an – und kletterte die Karriereleiter schnell empor. Bereits 1980, mit 29 Jahren, war er als Controller auf der ersten Ebene unterhalb des Vorstands angelangt. Später leitete er mit der Konzernentwicklung einen der wichtigsten Bereiche überhaupt.

Doch Reidel hatte eine Idee gepackt, die ihn nicht mehr losließ. 1986/87 hatte ihn die Beiersdorf-Konzernzentrale nach Kanada geschickt, wo er die dortige Tochtergesellschaft sanieren sollte. Dort erlebte der aufstrebende Jungmanager zum ersten Mal das LBO-Fieber in Nordamerika mit. Ein Geschäft, das es in Deutschland so überhaupt nicht gab. „Ich fand das spannend", erinnert er sich.

Zurück in Deutschland war sein Absprung nur noch eine
Frage der Zeit – und der Gelegenheit. Die bot sich 1991, als
Reidel in zwei Partnern der Boston Consulting Group (BCG)
Gleichgesinnte fand. Die drei gründeten die „München Trust
Holding" (MTH) in der bayerischen Landeshauptstadt. „Ich
habe den Siebener-BMW und die Betriebspension hinter mir
gelassen", sagt der Chairman von BC Partners. „Viele haben
mich für verrückt erklärt und mir Verantwortungslosigkeit
vorgeworfen." Reidel hatte damals drei Kinder, inzwischen
sind es sieben.

Die Skeptiker schienen zunächst recht zu behalten. Die
drei ehemals hoch dotierten Manager mieteten für ihre MTH
eine Altbauwohnung in Schwabing und heuerten eine Sekretärin an. Doch die Deals ließen auf sich warten. Hoffnung
kam auf, als Reidels Kompagnon Burkhard Wittek von der
Berliner Treuhandanstalt zum Aufsichtsratschef des früheren
DDR-Kombinats MBH bestellt wurde. Die drei MTH-Partner fassten den Plan, die MBH mit allen 2 000 Mitarbeitern
komplett zu übernehmen und weiterzuführen. Ein ehrgeizi-
ges Unterfangen, denn die Kombinate wurden letztlich fast
alle zerschlagen. „Ich glaube noch heute, dass wir es hinbekommen hätten", sagt Reidel.

Zumindest der Start des Projekts MBH war gut. Die Idee
der MTH-Partner war, aus dem ehemaligen Händler des gesamten technischen Bedarfs der DDR eine Baumarktkette zu
machen. Den Vorstand der MBH, darunter ein früherer stell-
vertretender DDR-Minister für Materialwirtschaft, zog mit,
und selbst Geld schafften die drei heran: Die französische Investmentbank Paribas und ein weiterer Investor gaben über
40 Millionen DM. Ein Vertrag mit der Treuhand wurde un-
terzeichnet und zur Genehmigung ans Bundesfinanzministerium weitergereicht. Dann passierte monatelang nichts mehr.
Während westliche Baumarktketten mit der Suche nach
Grundstücken im Osten begannen, konnte MBH nicht mit
ihrem neuen Geschäftsmodell starten. Der zeitliche Vorsprung
schwand, und schließlich gaben die drei MTH-Partner auf.
Jahre später erfuhr Reidel, dass das Finanzministerium den
Vertrag wegen seiner Kompliziertheit wieder an den Verwal-

tungsrat der Treuhandanstalt zurückgegeben hatte. Dort
war er schließlich versackt. Nach dem Rückzug von MTH
und Paribas wurde das ostdeutsche Kombinat schließlich zerschlagen.

So verging das erste Jahr der MTH, ohne dass die drei auch
nur ein einziges Unternehmen gekauft hätten. Zumindest
berieten sie erfolgreich ein Unternehmen beim Kauf eines anderen. Das Honorar dafür von 300 000 DM hielt sie über
Wasser.

Reidel jedoch hatte die Suche nach Investoren für das
Kombinat bereits die nächste Jobchance eröffnet. Baring Capital Investors, eine 1986 gestartete Fünfmannveranstaltung
der Barings Bank in London, wollte in Deutschland Geschäfte machen und suchte dafür den passenden Mann. Reidel
schlug ein und zog 1992 in Barings' seit drei Jahren verwais-
tes Büro am Münchner Prinzregentenplatz, das er kurz darauf nach Hamburg verlegte.

Zur Barings Bank gehörte die Beteiligungsabteilung von
da an nicht mehr allzu lang. 1995, als die älteste britische Han-
delsbank über die teure Fehlspekulation ihres Händlers Nick
Leeson in Singapur stolperte, kauften die Manager Baring Capital heraus und tauften sie in BC Partners um. Schon damals
verwaltete BC Partners Fonds im Volumen von 600 Millionen britischen Pfund und war damit die größte unabhängige Private-Equity-Gesellschaft Europas.

In Deutschland ging es indes nur ganz langsam los. Erst
1995 schafften die Manager den Einstieg beim Münchner
Traditionskaufhaus Ludwig Beck. Bei Becks Mitarbeitern in
der bayerischen Metropole wurde das „Kapital aus Hamburg" zunächst äußerst misstrauisch beäugt.

Bald danach nahmen Reidel und der spätere Blackstone-
Deutschlandchef Hanns Ostmeier die Ablesefirma Techem ins
Visier. Ende 1996 kaufen sie der Eignerfamilie die Mehrheit
ab, für damals kaum vorstellbare 580 Millionen DM. Anfang 2000 brachte BC Partners Techem an die Börse – und
kassierte das Siebenfache des ursprünglichen Kapitaleinsat-
zes. 1999 erwarb BC die Mehrheit am Badarmaturenhersteller Grohe und nahm die MDax-Firma von der Börse. Kos-

tenpunkt: 900 Millionen Euro. 2004 sollte Grohe zunächst wieder an die Börse gehen, wurde jedoch angesichts deutlich höherer Gebote durch Finanzinvestoren weitergereicht.

2003 übernahm BC Partners den Kabelnetzbetreiber Tele Columbus und fusionierte ihn mit den Konkurrenten Iesy in Hessen und Ish in Nordrhein-Westfalen zu Unitymedia. Obwohl Unitymedia Tele Columbus später an den Wettbewerber Orion weiterveräußerte, ist BC Partners noch mit 38 Prozent größter Gesellschafter von Unitymedia, vor dem US-Fonds Apollo mit 31 Prozent. Unitymedia stampfte die Tochter Arena aus dem Boden, die Premiere die Übertragungsrechte für die Fußballbundesliga im Bezahlfernsehen abspenstig machte und mittelfristig an die Börse gehen soll. Doch von da an dauerte es drei Jahre, bis Reidels Truppe in Deutschland wieder zuschlug: 2006 kaufte BC Partners dem US-Konkurrenten Bain Capital für 3,2 Milliarden Euro den Chemietransporteur Brenntag ab. Bain-Deutschlandchef Biffar und Reidel kennen sich gut, schließlich hat Biffar von 1997 bis 1999 bei BC Partners gearbeitet.

Seit Gründung im Jahr 1986 haben die von BC Partners beratenen Fonds in 63 europäische Unternehmen mit einem Gesamttransaktionsvolumen von 48 Milliarden Euro investiert. Anders als viele andere Fonds, die von London aus geführt werden, ist BC Partners mit starken Büros in London, Hamburg, Paris, Mailand und Genf dezentral aufgestellt. Anfang 2005 stieg mit Reidel erstmals ein Deutscher zum Chairman und damit Primus inter Pares unter sieben Seniorpartnern auf. Anders als Apax, Permira und CVC konzentriert sich BC weiterhin ausschließlich auf Europa. Zu einem Schritt in die USA hat sich der Investor noch nicht entschließen können.

Bei ihrem Start vor 20 Jahren war BC Partners mit dem ersten europäischen Fonds überhaupt mit einem Volumen von 140 Millionen Ecu noch der Vorreiter. Die Konkurrenz investierte damals ausschließlich aus nationalen Fonds. Zuletzt allerdings scheint BC Partners in Bezug auf die Kaufkraft den Anschluss zur Weltspitze etwas verloren zu haben: 2005 holte die Firma für ihren neuen Europafonds nur 5,9 Milliarden Euro, weil sie ganz zu Beginn einer neuen Fundraising-Welle an den Start gegangen war. Die Summe war zwar Europarekord – aber nur für kurze Zeit. Mittlerweile ist BC selbst auf europäischer Ebene von den bislang ebenbürtigen Gegnern Apax, CVC und Permira weit überholt worden.

Außerhalb Deutschlands ist BC Partners gemeinsam mit CVC, Permira und der italienischen Investitori Associati Großaktionär der italienischen „Gelben Seiten" Seat Pagine Gialle. Damals, 2003, war dies mit 5,6 Milliarden Euro die größte Private-Equity-Übernahme in Europa. Zwei Jahre später kaufte BC für 1,2 Milliarden Euro die britische Fitnesskette Fitness First, zu der der deutsche Marktführer Fitness Company gehört. Nicht nur die Freizeit-, auch die Reisebranche hat es BC neuerdings angetan: Mit Cinven und mehreren Fluggesellschaften übernahmen die Briten den spanischen Anbieter von IT-Lösungen für Reisebüros, Amadeus, für 4,3 Milliarden Euro. Seit 2006 gehört BC auch die Mehrheit am griechischen Casino- und Hotelbetreiber Hyatt Regency Hotels & Tourism.

CVC Capital Partners – Die Branchenkonsolidierer

Es war einer der ersten Frühlingstage im Jahr 2007, als der österreichische Volkszorn CVC Capital Partners völlig unvermutet traf. Das Ansinnen der Briten, den Wiener Stahlkonzern Böhler-Uddeholm zu übernehmen, sei „eine Katastrophe", wetterte Österreichs Bundeskanzler Alfred Gusenbauer. Schließlich zählt Böhler-Uddeholm mit 14 300 Mitarbeitern und einem Börsenwert von damals 3,6 Milliarden Euro zu Österreichs Vorzeigeunternehmen. Ex-Vizekanzler Hannes Androsch und der Chef der Raiffeisenlandesbank Oberösterreich Ludwig Scharinger signalisierten konkrete Gegenwehr und kündigten einen „Österreichfonds" an.

Zwei Jahre nach dem großen Nachbarn im Norden hatte die Heuschrecken-Diskussion damit auch Österreich erreicht. Und CVC, bislang nicht durch übermäßige „Raubritter"-Methoden aufgefallen, war mittendrin.

Dies resultierte aus einer klassischen Fehleinschätzung: CVC hatte die Industriellenfamilie Fries wegen ihres 21-Prozent-Anteils an Böhler-Uddeholm angesprochen – und dachte, dies ließe sich unter der Decke halten. Doch im Wiener Ersten Bezirk hat nicht nur Böhler-Uddeholm, sondern auch der Großteil von Österreichs Wirtschaftselite den Sitz. Dort redet jeder mit jedem. Und so machte der Aktienkurs des Stahlkonzerns schnell so hohe Sprünge, dass die Wiener Übernahmekommission CVC zwang, sich zu outen. Zu jener Zeit hatten die Briten noch nicht einmal eine PR-Agentur beauftragt, geschweige denn bei Spitzenpolitikern oder einflussreichen Bankern des Landes vorgesprochen. So ging CVC letztlich baden mit seinem Angebot. Böhler-Uddeholm warf sich dem österreichischen Konkurrenten Voestalpine als „Weißem Ritter" in die Arme.

Kein glücklicher Start in die Liga der ganz großen Deals, in die sich CVC im Jahr 2006 mit einem weiteren Milliardenfonds katapultiert hat. Waren die Briten über Jahrzehnte auch für kleinere Investments gut, sollen es jetzt die Multimilliardentransaktionen sein. Seit Ende 2006 stehen für Investitionen in Europa und in den USA zwei Töpfe mit insgesamt zehn Milliarden Euro zur Verfügung. Weitere zwei Milliarden Dollar hat CVC für Asien flüssig. Zum ersten Mal hat sich CVC von seinen Investoren auch eine Klausel einräumen lassen, wonach auch feindliche Übernahmen möglich sind.

Die vielen Milliarden wollen ausgegeben sein. So machte sich CVC Anfang 2007 in Großbritannien an die drittgrößte Supermarktkette Sainsbury's heran, doch Lord Sainsbury ließ die kaufhungrigen Investoren abblitzen. Auch in Deutschland haben die Briten einige Großkonzerne im Visier. CVC gehört zu den Finanzinvestoren, die beim Halbleiterhersteller Infineon und bei DaimlerChrysler angeklopft haben. Die Beteiligungsfirma liebäugelt auch schon länger mit der Deutschen Post. Bislang war der Bund allerdings nicht bereit, seinen verbliebenen 30,6-Prozent-Anteil an der Post an einen Finanzinvestor zu verkaufen. CVC hat Erfahrung mit Minderheitsbeteiligungen an Postunternehmen: 2005 war man mit 22 Prozent bei der dänischen Post eingestiegen. Diese beteiligte sich ein Jahr später gemeinsam mit CVC mit 50 Prozent minus einer Aktie an der belgischen Post.

CVC wurde 1981 als Private-Equity-Arm des US-Finanzkonzerns Citigroup in London gegründet. Bereits 1988 eröffneten die Briten ein Büro in Frankfurt, bereits damals war Deutschlandchef Steve Koltes mit von der Partie. 1993 kauften Koltes und weitere vier Partner die Gesellschaft aus dem Citigroup-Konzern heraus. 2006 eröffneten sie ein Büro in New York.

Seit 1981 hat sich CVC an mehr als 230 Unternehmen beteiligt und dafür über 65 Milliarden Euro ausgegeben. 17 Gesellschaften davon mit einem aggregierten Wert von 4,3 Milliarden Dollar wurden im Raum Asien-Pazifik erworben, wo CVC bereits seit 1999 präsent ist und damit zu den Private-Equity-Pionieren zählt. Bei den Renditen gehörten die Briten über alle bisherigen Fonds zu den besten 25 Prozent ihres Jahrgangs. Der 2001 aufgelegte dritte CVC-Fonds verdiente mit 28 Prozent jährlicher Rendite besser als der Durchschnitt des besten Branchenviertels.

In Europa hält CVC Beteiligungen an 38 Unternehmen mit einem kombinierten Einstiegswert von 32 Milliarden Euro. Das Portfolio, das die 110 Mitarbeiter in den zwölf europäischen Büros managen, geht quer durch alle Branchen: von der in Belgien ansässigen Schuhreparaturkette „Mister Minit" über die Supermarktketten Cortefiel in Spanien und Debenhams in England bis hin zu den italienischen „Gelben Seiten" Seat Pagine Gialle.

Aufsehen erregten die Briten 2005 mit der Übernahme der Formel 1. Jahrelang hatten der Haupteigner Bayerische Landesbank, Formel-1-Chef Bernie Ecclestone und die Autohersteller um die Zukunft des Spektakels gerungen. Kurz nach CVCs Einstieg gelang endlich die wichtige Einigung, dass die Formel-1-Holding die Rennsportserie bis 2012 austragen darf. Dafür trat CVC einen höheren Teil der Einnahmen an die Autohersteller ab.

In Deutschland gehören CVC unter anderem der Messgerätehersteller Elster und der Stuttgarter Druckfarbenher-
steller Flint. Elster, früher Ruhrgas Industries, wurde 2005
für 1,5 Milliarden Euro von E.on gekauft. Flint entstand
aus der Fusion dreier Konkurrenten, darunter BASF Druck-
systeme. Anders als den meisten großen Wettbewerbern
gelang CVC hierzulande allerdings noch kein Börsengang.
Zunächst wollten die Briten 2007 den Ablesekonzern Ista International, die frühere Viterra Energy Services, aufs Frankfurter Parkett bringen. Andere Finanzinvestoren steigerten
die Preise aber in solche Höhen, dass CVC ista doch verkauft
hat. 2,4 Milliarden Euro erlösten die Briten für ista, das 2,6-
Fache des Einstiegspreises von 930 Millionen Euro im Jahr
2003. Auf ihr eingesetztes Eigenkapital von 200 Millionen
Euro ist der Gewinn noch deutlich größer.

Weniger Glück hatte CVC mit dem Mobiltoilettenher-
steller Dixi, der später mit dem Konkurrenten Toi Toi zu
Adco fusioniert wurde. Auf dem Minderheitsanteil an dem
Ratinger Unternehmen sitzen die Briten seit 1995.

Cinven – Die stille Größe

Selbst im Jahr 1997 brauchte es noch einiges an Flexibilität,
um in der deutschen Private-Equity-Branche anzuheuern. Die
hatte Peter Gangsted. Er war dann aber doch überrascht, als
er sich so ganz ohne Verbindung zur Außenwelt wiederfand.
„Bei Allianz Capital Partners habe ich mit Stefan Sanne im
Allianz-Archiv angefangen, ohne Telefon und Fax", erzählt
der Cinven-Deutschlandchef später vergnügt. Nach 15 Jahren im niederländisch-britischen Unilever-Konzern mit Sta-
tionen in Großbritannien, Malaysia, Thailand und China hatte er damals genug von der Konzernkultur. Zufällig traf er
Thomas Pütter, der ACP für die Allianz aufbauen sollte – und
schlug ein. Es dauerte auch nicht lange, bis die Probleme mit
der Infrastruktur gelöst waren. Schon ein Jahr später verhandelte Gangsted mit Sanne und Pütter an ACPs erstem
großem Deal: dem Kauf von Tank & Rast.

Dennoch hielt es Gangsted nicht allzu lange bei ACP.
2001 bot sich die Gelegenheit, bei einem der traditionsreich-
sten und größten britischen Private-Equity-Investoren anzu-
fangen: Cinven. Cinven wurde bereits 1977 gegründet und
sollte für den britischen Pensionsfonds British Coal, der die
Pensionen britischer Kohleminenarbeiter verwaltete, in Wagniskapital investieren. Cinven steht für „Coal Industries No-
minee Company for Venture Capital". Mitte der 80er-Jahre
sattelte Cinven auf Buy-outs um, die Übernahme reifer Unternehmen, und etablierte sich schnell als Spezialist für die
ganz großen Räder: Bereits 1988 stemmte Cinven mit dem
Kauf des Papier- und Verpackungsherstellers Reedpack für
1,2 Milliarden Euro den ersten Milliardendeal in Europa.
1995 kaufte Cinvens Management British Coal die Gesellschaft ab, die mittlerweile 18 Partnern gehört.

Seit 2001 leitet Gangsted also das Frankfurter Büro, das
Cinven ein Jahr zuvor eröffnet hatte. Noch im selben Jahr
übernahm der Däne, der freundlich, aber sehr zurückhaltend
auftritt, von den Klöckner-Werken den Folienhersteller Pentaplast für 925 Millionen Euro. 2003 folgte der Wissenschaftsverlag Springer, den Cinven für 1,05 Milliarden Euro gemeinsam mit Candover von Bertelsmann kaufte. Wenig später
wurde Springer mit dem Konkurrenten Kluwer Academic
fusioniert, den Cinven und Candover zuvor vom niederländischen Verlagskonzern Wolters Kluwer erworben hatten.

Ende 2004 stemmte Cinven mit dem Kauf des Modeher-
stellers CBR, vor allem bekannt für seine Marken „Street
One", „One Touch" und „Cecil", einen weiteren Milliardendeal. Gangsted hatte die Gründer und geschäftsführenden
Gesellschafter Detlev Meyer und Friedhelm Behn überzeugt,
dass Cinven der richtige Käufer war. Später wurde noch Apax
mit ins Boot genommen. Die beiden verkauften CBR bereits
im Frühjahr 2007 für gut 1,5 Milliarden Euro an die schwedische Beteiligungsgesellschaft EQT weiter. Ein großartiger
Deal: Cinven und Apax haben ihren Kapitaleinsatz in etwa
vervierfacht.

Den Wissenschaftsverlag Springer hingegen brauchten
Cinven und Candover nicht einmal zu verkaufen, um die Rie-

sengewinne einzusacken. Von 2004 bis 2006 erhöhten sie bei
Springer jedes Jahr die Schulden, um Sonderdividenden zu
finanzieren. Insgesamt floss in den drei Jahren eine Milliarde Euro an die Investoren von Cinven und Candover zurück.
Die hatten damit mehr als das Doppelte ihres Eigenkapital-
einsatzes wieder heraus – und besaßen immer noch alle Anteile an Springer.

Diese „Rekapitalisierungen" – obwohl in der Öffentlichkeit generell in der Kritik – gingen jedoch unter. Gangsted
und sein Kogeschäftsführer Christian Dosch verstehen es
hervorragend, unterhalb des öffentlichen Radarschirms zu
agieren. So schaffte es Cinven selbst in der Heuschrecken-
Debatte völlig außen vor zu bleiben. Auf Münteferings Liste jedenfalls tauchten die Briten nicht auf.

Eigentlich überraschend, schließlich war Cinven über Jahre und Jahrzehnte Marktführer bei den ganz großen Private-
Equity-Übernahmen in Europa. Schon Ende der 90er-Jahre
organisierten die Briten reihenweise Milliardendeals. Ein Höhepunkt war der Erwerb des britischen Kekskonzerns United Biscuits für drei Milliarden Euro im Jahr 2000 – damals
der zweitgrößte Private-Equity-Deal in Europa. Bis zu Beginn
des Jahrtausends hat Cinven immerhin sechs der zwölf größten Deals in Europa für sich entscheiden können.

In der jüngeren Vergangenheit allerdings hat Cinven beim
Thema Größe den Anschluss an die Spitze etwas verpasst.
Die größten Übernahmen stemmten vornehmlich die Konkur-
renten. Bei Europas Spitzendeals wie TDC für 13 Milliarden
Euro zog das Konsortium, dem Cinven angehörte, den Kürzeren. Beim Erwerb des niederländischen Medien- und
Marktforschungsunternehmens VNU für 7,3 Milliarden Euro durch sieben Konkurrenten bot Cinven gar nicht erst mit.
Immerhin landeten die Briten in den Niederlanden mit dem
US-Investor Warburg Pincus eine Riesenakquisition: Im September 2006 und Januar 2007 kauften die beiden für insgesamt 5,45 Milliarden Euro drei Kabelnetzbetreiber zusammen und fusionierten sie zu Dutch Cable – der größte Kauf
in der Cinven-Geschichte.

Auch in Deutschland ließ Cinven die größten Deals wie

Kion oder Altana Pharma vorbeiziehen, ohne sich auch nur
an den Bieterkämpfen zu beteiligen, und taucht in den deutschen Top Ten der Private-Equity-Käufe gar nicht mehr auf.
Das mag daran liegen, dass der 2006 aufgelegte Europafonds
von 6,5 Milliarden Euro deutlich hinter den Fonds der global führenden Beteiligungsfirmen zurückblieb. Vielleicht
auch daran, dass der Finanzinvestor vorsichtig und eher konservativ bleiben will. Vergangenheit verpflichtet. Und da hat
Cinven seit 1988 im Schnitt jährlich mehr als 40 Prozent
Rendite erzielt.

Vernichten Heuschrecken Arbeitsplätze?

Blackstone-Chef Stephen Schwarzman zitiert sie immer wieder gerne, genauso wie KKR-Gründer Henry Kravis, TPG-Chef David Bonderman, ACP-Mann Thomas Pütter und Apax-Deutschlandchef Michael Phillips: eine Studie des europäischen Private-Equity-Verbands EVCA aus dem Jahr 2005. „Private Equity bietet institutionellen Investoren nicht nur höhere Erträge, sondern spielt auch beim wirtschaftlichen Wachstum und der Erschaffung von Arbeitsplätzen eine wichtige Rolle", schreibt Apax vollmundig auf der eigenen Internetseite. „Eine vor Kurzem von der Technischen Universität München für die European Private Equity and Venture Capital Association (EVCA) durchgeführte Studie ergab, dass europäische Unternehmen, die in Buy-out-Geschäften erworben wurden, zwischen den Jahren 2000 und 2004 einen Nettoanstieg von 420 000 Arbeitsplätzen verzeichneten."

Eine schöne Zahl. Noch schöner ist die, die die Unternehmensberatung A.T. Kearney Ende 2006 veröffentlichte: „In den letzten vier Jahren haben Private-Equity-Investoren in Europa signifikanten Wert und über eine Million neue Arbeitsplätze geschaffen."

Beide Untersuchungen haben allerdings einen gravierenden Haken: Die einbezogenen Daten sind kaum ausreichend und diese Schlüsse deshalb schlicht unseriös. Den Autoren der EVCA-Studie, den Wissenschaftlern der TU München um Professorin Ann-Kristin Achleitner, ist dieses Problem keinesfalls verborgen geblieben. Sie sichern sich deswegen per „Disclaimer" ab: Begutachtet werden könne nur, was den Forschern an Zahlen vorgelegt werde. Für die Entscheidungen, die auf Grundlage der Studie gefällt werden, möchte keiner der Autoren die Verantwortung übernehmen.

Für ihre Erhebung, für die die EVCA bei 1 000 der 1 500 europäischen Beteiligungsgesellschaften angefragt hat, hat der Verband europaweit nur von 201 Portfoliounternehmen Antworten erhalten. Bei geschätzten 29 000 beteiligungsfinanzierten Firmen in Europa macht dies eine Quote von 0,7 Prozent. Blickt man nur auf die Buy-outs – das eigentlich umstrittene Segment –, wurden sogar nur 99 Unternehmen einbezogen. Deren jährlicher Beschäftigungszuwachs von durchschnittlich 2,4 Prozent zwischen 1997 und 2004 wird in der Studie einfach für den Zeitraum 2000 bis 2004 hochgerechnet. So kommt man auf 420 000 neue Arbeitsplätze. Der nächste Haken: Selbst wenn diese Zahl korrekt wäre, müsste sie nicht unbedingt so positiv sein. Die neuen Stellen könnten auch durch Produktionsverlagerungen in Niedriglohnländer entstanden sein, denn nach Ländern wird in der Studie nicht differenziert.

Die anderen 102 Antworten in der EVCA-Studie stammten von jungen Start-ups, die mit Wagniskapital finanziert sind, und sogar 30,5 Prozent jährliches Beschäftigungswachstum meldeten. Diese Rate hochgerechnet, meldet die Studie für die gesamte Beteiligungsbranche in Europa eine Million zusätzliche Arbeitsplätze. Ein Ergebnis, wie es sich die Auftraggeber wünschten.

Doch ist Venture Capital darauf angelegt, potenziellen künftigen Marktführern auf die Sprünge zu helfen. Ohne zusätzliche Mitarbeiter ginge dies gar nicht. Die Kehrseite der VC-Medaille ist, dass Start-ups auch mal pleite und damit Arbeitsplätze verloren gehen. Dies war in der tiefen VC-Krise der Jahre 2001 bis 2003 sogar sehr häufig der Fall. Insolvenzen konnte die TU München aber nicht einbeziehen, da man Pleiteunternehmen nun nicht mal mehr befragen kann.

So war Achleitner bei der Pressevorstellung der Studie das Unbehagen deutlich anzumerken, vor allem über die plakativen Hochrechnungen. In dem 2007 veröffentlichten Finanzinvestorengutachten der TU für das Bundesfinanzministerium hat die Professorin daraus wohlweislich statt absoluter Zahlen nur noch die ermittelten Zuwachsraten genannt.

Die internationalen Private-Equity-Größen zitieren die Studie trotzdem gebetsmühlenartig als Beleg für die eigenen lauteren Absichten. Dabei sind Schwarzmans Blackstone

Group, Bondermans TPG und viele andere große US-Fonds wie Apollo oder Bain Capital keine EVCA-Mitglieder – und konnten deshalb gar nicht einbezogen werden. Da gerade die Amerikaner bei ihren Unternehmen gerne hart durchgreifen, wäre das Ergebnis sonst möglicherweise etwas anders ausgefallen.

Indes hat A.T. Kearney – anders als die EVCA – keine eigene Erhebung gemacht, sondern zwölf bereits erschienene Studien zusammengestellt und ausgewertet. Dabei werfen die Berater nicht nur die Regionen, sondern auch Private Equity und Venture Capital munter durcheinander. Besonders absurd: Die Million, die die Berater als „neue Erkenntnis" präsentieren, ist schlicht Achleitners Hochrechnung aus der EVCA-Studie. Dies hinderte den EVCA-Generalsekretär Javier Echarri aber nicht daran, in einem Leserbrief an die Londoner „Financial Times" wiederum dieses „Ergebnis" der A.T.-Kearney-Studie als Beleg für den Arbeitsplatzbeschaffer Private Equity zu zitieren. Glaubwürdig ist das nicht.

Am Anfang ist Abbau die Regel

Es scheint derzeit ein Ding der Unmöglichkeit, zu den Beschäftigungsauswirkungen von Private Equity belastbare Ergebnisse zu erzielen. Eine Vollerhebung bei allen betroffenen Unternehmen ist kaum machbar, da diese eben „privat" sind. Sie unterliegen keinerlei Verpflichtung, ihre Mitarbeiterzahlen zu veröffentlichen. Eine aussagekräftige Stichprobe zustande zu bringen, ist ähnlich schwierig.

So bleibt das unbefriedigende Resümee: Man muss jeden Fall gesondert betrachten. Und da gibt es die ungeschriebene Regel, dass die meisten Unternehmen zu viele Mitarbeiter haben. Vor allem bei ehemaligen Konzerntöchtern sind zehn Prozent „Abbaupotenzial" zu Beginn immer drin, oft auch deutlich mehr. Denn in Konzernen gibt es viele Ecken, in denen vor allem Politik betrieben wird und ganze Abteilungen damit beschäftigt sind, sich selbst zu verwalten. Damit ist unter der Ägide von Finanzinvestoren häufig Schluss. Zudem nehmen die Turbokapitalisten – anders als viele deutsche

Großkonzerne – politische Rücksichten nur, wenn es denn gar nicht anders geht.

Hierfür nur einige Beispiele:

– Als die britische Terra Firma über ihre Wohnungstochter Deutsche Annington die E.on-Wohnungsgesellschaft Viterra kaufte, waren 575 der knapp 1 900 Arbeitsplätze fällig – mehr als jede vierte Stelle. Der Grund war leicht nachzurechnen: Viterra benötigte für die Verwaltung von doppelt so vielen Wohnungen wie Deutsche Annington dreimal so viele Mitarbeiter wie die schon gut trainierte Terra-Firma-Tochter.

– Beim Münchner Triebwerkshersteller MTU Aero Engines baute KKR in den Jahren 2004 und 2005 1 250 der 8 000 Stellen ab, während Umsätze und Gewinne kräftig zulegten. Dabei war MTU schon unter der Ägide von DaimlerChrysler eine der besten Gewinnquellen des Stuttgarter Konzerns gewesen, wurde aber genau deshalb nie eng an die Kandare genommen.

– KKR gilt – ähnlich wie Grohe-Eigner TPG – als aggressiver Investor und liefert noch ein paar mehr Beispiele für rigiden Umgang mit Mitarbeitern und Betriebsräten. Bei der 2000 gekauften, früheren Bosch-Tochter Tenovis, einem Hersteller von Telekommunikationsausrüstungen, strich KKR die Zahl der Beschäftigten binnen fünf Jahren von 8 000 auf 5 400 zusammen, obwohl die Beschäftigten auf 12,5 Prozent ihres Lohnes verzichtet hatten.

– Auch bei den sieben Siemens-Töchtern kürzte KKR allerorten kräftig. Besonders krass fiel der Abbau beim Stromzählerhersteller Landis+Gyr aus Zug in der Schweiz und beim Düsseldorfer Kranhersteller Demag Cranes aus. Bei Landis+Gyr verringerte KKR den Personalstand binnen zwei Jahren von 4 200 auf 3 100. Bei Demag Cranes mussten etwa 1 000 der gut 6 600 Mitarbeiter gehen.

– Der schwedische Finanzinvestor EQT kaufte die beiden Duft- und Geschmackstoffhersteller Haarmann & Rei-

mer und Dragoco und fusionierte sie zu Symrise. Dabei
fielen 1 000 der weltweit 5 800 Arbeitsplätze weg. Um den
tariflichen Lohnerhöhungen zu entgehen, wurde Symrise
gar nicht erst Mitglied im Bundesarbeitgeberverband
Chemie (BAVC).

– Die ehemalige Druckfarbensparte der BASF verschmolz
CVC mit der entsprechenden Sparte von Akzo Nobel und
erwarb dazu die US-Familiengesellschaft Flint. Von den
insgesamt 8 000 Arbeitsplätzen wurden mehr als 1 000 gestrichen.

– Auch bei Altana Pharma fackelten die dänische Nycomed
und deren Eigentümer Nordic Capital und Credit Suisse
nicht lange. Die Finanzinvestoren strichen die Forschung
weitgehend zusammen. Das kostete 1 250 der insgesamt
12 500 Stellen. Der größte Teil entfiel mit 930 Arbeitsplätzen auf Deutschland.

Bei exzellent geführten und wachsenden Unternehmen – oft
aus Familienhand – kommt es auch vor, dass überhaupt keine Arbeitsplätze gestrichen werden. Die Autowerkstättenkette Auto-Teile-Unger war schon vor dem Einstieg von Doughty Hanson im Jahr 2002 äußerst straff organisiert. Gründer
Peter Unger, Chef von 11 000 Mitarbeitern, hatte nicht einmal eine persönliche Sekretärin. Mit weiteren Filialeröffnun-
gen legte auch die Beschäftigtenzahl weiter zu: Binnen fünf
Jahren schufen Doughty Hanson und der spätere Eigner KKR
2 700 neue Stellen.
   Unter den früheren Konzerntöchtern stellt der Bankautomatenhersteller Wincor Nixdorf die Ausnahme von der Regel dar: Die ehemalige Siemens-Tochter entpuppte sich nach
dem Einstieg von KKR und Goldman Sachs als Arbeitsplatz-
maschine. Die Umsätze wuchsen so stark, dass die Beschäftigtenzahl binnen fünf Jahren auf 7 000 mehr als verdoppelt
werden konnte.

Eigennützige Helfer in der Not

Gelegentlich erweisen sich Beteiligungsgesellschaften auch als
Retter. Der Bezahlsender Premiere wäre 2003 ohne die Risi-
kobereitschaft von Permira wahrscheinlich untergegangen,
nachdem seine hohen Verluste die Münchner Kirch-Gruppe
in die Insolvenz gestürzt hatten. Permiras Umorganisation
kostete zwar 450 Jobs, aber immerhin ging Premiere 2005
mit 1 150 Beschäftigten an die Börse. Für die Investoren hat
sich ihre Risikofreude ausgezahlt: Permira stieg in mehreren
Schritten über die Börse aus und erlöste insgesamt fast das
Sechsfache des Einsatzes.

Segensreich wirkten Finanzinvestoren auch bei der Moeller Holding: Der Elektronikhersteller aus Bonn stand 2003,
über 100 Jahre nach seiner Gründung, durch eine zu wage-
mutige Expansionspolitik am Rande der Insolvenz. Bei einem
jährlichen Umsatz von etwa einer Milliarde Euro summier-
ten sich die Verluste in den zwei vorangegangenen Geschäfts-
jahren auf 114 Millionen Euro. Auf Druck der Banken versuchte der 80-jährige Firmenpatriarch Gert Moeller lange
vergeblich, sein Unternehmen zu verkaufen. Im Dezember
2003 schlug der US-Finanzinvestor Advent International
ein und spendierte eine Kapitalspritze von 50 Millionen Euro. Die Banken verzichteten auf Forderungen von 85 Millionen Euro und sicherten einen Kreditrahmen von 250 Millionen Euro. Advent griff schnell und hart durch. Der Investor schloss und verkaufte Randgeschäfte und verlagerte einen Teil der Produktion in Billiglohnländer. Betroffen waren
3 000 der zuvor 11 000 Mitarbeiter. Schon 2005 war Moeller so weit saniert, dass Advent die Bonner Traditionsfirma
für 1,1 Milliarden Euro weiterverkaufen konnte. Advents
Gewinn lässt sich kaum kalkulieren, weil der Einstandspreis
nicht bekannt ist, dürfte aber exorbitant gewesen sein.

Es geht runter, und es geht wieder rauf

Haben die Finanzinvestoren ein Unternehmen einmal durch-
gepflügt und geht es danach wieder auf Wachstumskurs, können auch neue Arbeitsplätze entstehen. Dies kommt manch-

mal vor, wenn sich die Investoren zu Branchenkonsolidierern aufschwingen.

Beispiel Ista International: Nach der Übernahme des Ablesekonzerns von E.on baute CVC Capital Partners erst einmal 700 der knapp 3 400 Stellen ab. Allerdings wurden durch organisches Wachstum auch gut 760 neue Arbeitsplätze geschaffen. Dadurch, dass ista zudem noch reihenweise Ablesefirmen im Ausland akquirierte, stieg die Zahl der Mitarbeiter bis 2006 auf 4 500.

Bei Kabel Deutschland (KDG) mussten Providence Equity Partners, Apax und Goldman Sachs nach ihrem Einstieg im Jahr 2003 sechs regionale Kabelnetzbetreiber zusammenführen. Dabei wurden vor allem in der Verwaltung der ehemaligen Telekom-Töchter Arbeitsplätze überflüssig. Drei Jahre später jedoch hatte KDG mit 2 612 Mitarbeitern sogar 370 mehr als vor dem Start der Investorengruppe. Allerdings war dies bloß der Beginn der nächsten Leidensgeschichte für die Beschäftigten. Denn dann zahlte Providence die beiden Partner aus und übernahm die Regie bei KDG alleine. Zwar stockten die Amerikaner die Investitionen massiv auf, um das Kabelnetz für schnelle Internetverbindungen und Telefonie aufzurüsten. Doch zugleich nahmen sie weitere Kostensenkungen in Angriff – und holten den IT- und Netzexperten Herbert Hribar, einen ehemaligen US-Marine, in den KDG-Vorstand. Der brauchte nicht lange, um abermals einen Abbau von 220 Stellen anzukündigen – acht Prozent der Belegschaft.

Manchmal scheinen Stellenabbau und Produktionsverlagerung ins Ausland notwendig, damit die Unternehmen auf Dauer im Markt bestehen und wachsen können. Bei Grohe, MTU Aero Engines und Demag Cranes zeigt sich zum Beispiel, dass die Unternehmen durch die von TPG beziehungsweise KKR verordneten Rosskuren deutlich an Wettbewerbsfähigkeit gewonnen haben. Bei den zwei letztgenannten lässt sich dies auch an den Aktienkursen ablesen: Die im Juni 2005 zu 21 Euro emittierte MTU-Aktie hatte ihren Wert 20 Monate später verdoppelt. Das Demag-Papier, im Juni 2006 zu 22 Euro ausgegeben, benötigte dafür sogar nur sieben Monate. Dabei hatte KKR an beiden Börsengängen schon glänzend verdient – aber auch für die Aktionäre noch etwas übrig gelassen.

Weniger politische Rücksichten

Daraus ziehen Großkonzerne inzwischen die Konsequenz, dass sie die schnellen Effizienzgewinne, im Branchenjargon „low hanging fruits" (niedrig hängende Früchte) genannt, nicht mehr den Private-Equity-Gesellschaften überlassen wollen. So startete DaimlerChrysler, für die Verschwendung bei MTU Aero Engines von den Aktionären schwer gescholten, bei MTU Friedrichshafen viele Monate vor dem Verkauf ein Restrukturierungsprogramm. Der scheidende Siemens-Chef Klaus Kleinfeld trimmte die Zuliefersparte VDO vor der Trennung auf mehr Rendite, und auch Linde-Chef Wolfgang Reitzle machte die unter Kion firmierende Staplersparte für den Verkauf fit: Er strich einige hundert Stellen, vereinbarte Lohnkürzungen und längere Arbeitszeiten. Im Gegenzug gewährte Reitzle für die verbliebenen Jobs eine Bestandsgarantie bis 2011.

Wer die Radikalkur für die Beschäftigten durchsetzt, scheint manchmal eine ausschließlich politische Frage zu sein. Der Druckmaschinenbauer MAN Roland, die Nummer zwei weltweit, kam unter der Ägide von MAN über ein Jahrzehnt lang nicht richtig auf die Füße. In den 90er-Jahren hatten schwere Fehler in der Produktentwicklung bei den Bogendruckmaschinen das Unternehmen in eine tiefe Krise gestürzt. Roland selber tiefgreifend zu sanieren, dafür fehlte dem eher konsensorientierten MAN-Management der Mumm. Auch zählt MAN – ähnlich wie Volkswagen, Daimler oder Siemens – zu den Konzernen, in denen die IG Metall über große Macht verfügt.

Nach mehreren missglückten Restrukturierungsversuchen veräußerte MAN die Druckmaschinentochter 2006 an Allianz Capital Partners. ACP drohte schnell damit, für die ertragsschwache Bogendrucksparte ein neues Werk in Polen zu gründen. Dies hätte 500 der 3 000 Stellen an den hessischen

Standorten Offenbach und Mainhausen kosten können. Nach
monatelangem Ringen stimmte die IG Metall einem Ergän-
zungstarifvertrag zu: Für eine dreijährige Arbeitsplatzgaran-
tie verpflichteten sich die Beschäftigten, drei Stunden in der
Woche mehr zu arbeiten und auf jährlich 1,2 Millionen Euro Lohn zu verzichten. Mittlerweile nennt selbst die Gewerkschaft MAN Roland als Positivbeispiel für das Wirken von
Private Equity.

Um selber noch an den Sanierungsgewinnen teilzuhaben,
stieg MAN bei Roland noch nicht ganz aus. Vielmehr wurde
vereinbart, dass sich der Dax-Konzern mit 35 Prozent rück-
beteiligt.

Hohe Preise verstärken Restrukturierungsdruck

Dass es bei Private-Equity-Übernahmen sehr häufig zu Arbeitsplatzabbau kommt, daran sind auch die Verkäufer nicht
ganz unschuldig. Denn ihre Preiserwartungen sind oft nur zu
realisieren, wenn der Erwerber anschließend Stellen streicht.
Londoner Banker formulieren das bildhaft: „You can't have
the cake and eat it, too." (Du kannst den Kuchen nicht zugleich besitzen und aufessen.) Hätten zum Beispiel TPG und
CS für den Badarmaturenhersteller Grohe weniger bezahlt,
hätten sie im Geschäftsplan auch nicht ganz so starke Gewinnsteigerungen ansetzen müssen. Im Branchenjargon heißt das:
Je höher der Preis, desto aggressiver der „Business Case".

In den aufgeheizten Märkten der vergangenen Jahre schrieben Verkäufer von Unternehmen die Restrukturierungspro-
gramme sogar in die Informationsmemoranden, die sie an die
Interessenten verschicken – als mögliches Mittel für künfti-
ge Gewinnsteigerungen. Stehen Abbaumaßnahmen aber im
Infomemo, wird erwartet, dass die Interessenten diese auch
einkalkulieren. Tut einer das nicht, riskiert er, überboten zu
werden. So war es auch, als BC Partners 2004 Grohe zum
Verkauf stellte. Die britische CVC hatte keine größeren
Produktionsverlagerungen ins Ausland antizipiert – und
unterlag. TPG hatte schärfer kalkuliert und errang mit dem
höchsten Preis den Zuschlag.

Nicht nur das Beispiel Grohe zeigt, dass gerade Finanzinvestoren aus den USA in Bezug auf die Arbeitsplätze wenig
zimperlich agieren. Dies erhöht aber auch auf die europäische Beteiligungsbranche den Druck, es ihnen gleichzutun.
Sonst bleiben sie kaum konkurrenzfähig – weil sie dauernd
zu niedrig bieten und deshalb keine Unternehmen mehr an
Land ziehen, oder weil ihre Renditen zu niedrig sind.

Besonders dramatisch sind die hohen Kaufpreise für die
übernommenen Gesellschaften auch deshalb, weil ihnen in
der Folge die Schulden zur Kaufpreisfinanzierung aufgeladen
werden. Ziehen die Eigentümer darüber hinaus später Sonderdividenden ab, die die Unternehmen mit zusätzlichen Schulden finanzieren müssen, kann ein Unternehmen schnell an
den Rand der Insolvenz geraten.

Heuschrecken-Opfer Cognis

Ein besonders abschreckendes Beispiel dafür ist Cognis: Die
an und für sich gesunde Henkel-Tochter rutschte in die Verlustzone, sobald Permira und Goldman Sachs im Herbst
2001 das Ruder übernommen hatten. Denn der Kaufpreis von
2,5 Milliarden Euro wurde zu 1,8 Milliarden Euro mit Schulden finanziert, die Cognis übernehmen und fortan bedienen
musste. Trotzdem schwelgte das Management zu Beginn noch
in Optimismus: „Der wichtigste Moment unserer Unternehmensgeschichte. Am 30. November 2001 startete Cognis in
eine aufregende Zukunft als komplett unabhängiges Unternehmen", stand in fetten Lettern in der Einleitung des Ge-
schäftsberichts 2001. Daneben prickelten zwei Gläser mit
Champagner.

Zum Feiern konnte allerdings allenfalls den alten und
neuen Eigentümern von Cognis zumute sein. Im Zahlenwerk
zeigt sich, dass Permira und Goldman bei der Neubewertung
aller Vermögenswerte im Zuge des Kaufes die Bilanzsumme
um eine Milliarde Euro auf 3,2 Milliarden Euro aufgepumpt
hatten – finanziert über zusätzliche Schulden. An eigenem
Kapital steuerten die Investoren nur 450 Millionen Euro bei,
zum größten Teil über ein verzinstes Gesellschafterdarlehen.

So trieben die auf 183 Millionen Euro mehr als verdreifachten Zinskosten das Unternehmen bereits 2002 in die Verlustzone. Die Folge: Schon ein Jahr nach dem Kauf war Cognis' Eigenkapital negativ. Anders ausgedrückt: Das bilanzielle
Vermögen deckte die Schulden nicht mehr. Als 2003 abermals Verluste anfielen, sahen sich die Investoren gezwungen,
ihr durch aufgelaufene Zinsen auf 375 Millionen Euro ange-
wachsenes Gesellschafterdarlehen in bilanzielles Eigenkapital umzuwandeln. Doch auch die Beschäftigten sollten blu-
ten: Mehrere Werke wurden geschlossen und von 2001 bis
2006 insgesamt 1 300 der gut 9 000 Stellen abgebaut.

Dennoch sahen die Investoren 2004 die Zeit für eine Sonderdividende gekommen. Nach zwei mageren Jahren hatte
sich der Kreditmarkt endlich wieder erholt und machte solche Finanzakrobatik möglich. Zunächst zogen Permira und
Goldman Sachs schuldenfinanzierte 320 Millionen Euro aus
der Firma, wenig später weitere 530 Millionen Euro. Gut
drei Jahre nach Kauf hatten sich die Cognis-Eigentümer auf
diese Weise schon fast das Doppelte ihres Einsatzes zurück-
geholt – und hielten zugleich noch alle Anteile. Allerdings an
einer Firma, die buchmäßig überschuldet war und wegen der
hohen Zinsen Jahr für Jahr hohe Fehlbeträge produzierte. Allein 2005 sorgten die immensen Zinszahlungen für einen Re-
kordverlust von 136 Millionen Euro. 2006 gab es zum ersten Mal seit dem Einstieg der Investoren mit zwei Millionen
Euro ein winziges Plus.

„Eine ausgesaugte Firma lässt sich nicht verkaufen" oder
„you can't shrink a company to glory" (man kann ein Unternehmen nicht zum Erfolg schrumpfen), so lauten die belieb-
testen Argumente, mit denen sich Private-Equity-Manager
gegen den Heuschrecken-Vorwurf wehren. Auch dafür trat
Cognis den Beweis an. Mehrere Monate lang versuchten Permira und Goldman Sachs im Jahr 2006, das mit 2,4 Milliarden Euro verschuldete Unternehmen loszuwerden. Natürlich sollte der Preis nicht nur die enormen Schulden decken,
sondern auch für Goldman Sachs und Permira noch ein er-
kleckliches Sümmchen abwerfen. Eine halbe Milliarde stellten sich die beiden vor. Allerdings fand sich niemand, der die-

se Vorstellung erfüllen wollte. So blieben die Investoren auf
Cognis erst einmal sitzen.

Die Mär von der „Rekapitalisierung"

Private-Equity-Gesellschaften behaupten gerne, falls die
Schulden doch einmal zu hoch ausfielen, sei dies nicht das
Problem des Unternehmers. Die Zeche zahlten die Eigen- und
Fremdkapitalgeber, denn die trügen das Risiko. Mit ähnlichen Argumenten verteidigen sie schuldenfinanzierte Ausschüttungen wie bei Cognis, die seit 2005 äußerst beliebt
sind.

   Die Branche begründet diese Rekapitalisierungen, kurz
„Recaps", gerne damit, dass sich die Unternehmen so gut
entwickelt hätten, dass man sie höher beleihen könne. Wenn
Sie ein Haus auf Pump gekauft haben und dessen Wert steigt,
können Sie ja auch die Hypothek erhöhen. Doch das ist nur
die halbe Wahrheit. Wenn bei einer Hausfinanzierung nach
einigen Jahren die Zinsbindung ausläuft und man denselben
– kaum oder nicht getilgten – Kredit zu höheren Zinsen neu
aufnehmen muss, kann dies den privaten finanziellen Spiel-
raum schnell verengen. Dasselbe gilt, wenn es mit der Konjunktur plötzlich abwärtsgeht, Ihr Mieter kündigt und das
Haus nur für ein geringeres monatliches Entgelt wieder vermietet werden kann.

   Bekommt ein Unternehmen neue Schulden aufgeladen,
geht das ebenfalls so lange gut, wie es steigende oder zumindest konstante Mittelzuflüsse erwirtschaften kann und die
Zinsen nicht allzu kräftig erhöht werden. Gerät dieses labile
Modell ins Wanken, kann das gestiegene finanzielle Risiko
durch den Recap schnell zum Verhängnis werden.

   Zu hohe Schulden beeinträchtigen Investitionen und damit auch Arbeitsplätze – darauf weist sogar das nicht besonders Private-Equity-kritische Gutachten der Technischen
Universität München hin. Neuere empirische Untersuchungen deuten darauf hin, „dass die Investitionstätigkeit der Unternehmen von der Höhe der freien Cashflows bestimmt wird
und damit nicht nur ausschließlich davon abhängt, ob die

Investitionsprojekte positive Kapitalwerte haben", heißt es in der 2007 veröffentlichten Untersuchung für das Bundesfinanzministerium. „Vor diesem Hintergrund würde eine hohe Fremdkapitalquote die Gefahr in sich bergen, dass bei einer ungünstigen geschäftlichen Entwicklung und damit einhergehendem sinkendem Cashflow Investitionen gekürzt werden, obwohl sie einen positiven Wertbeitrag für das Unternehmen hätten."

Die Gewerkschaften rüsten auf

Für Arbeitnehmervertreter sind die Finanzkunststücke der Private-Equity-Gesellschaften oft starker Tobak. Bei Verhandlungen mit den äußerst gewieften und smarten Private-Equity-Managern fühlt sich so mancher Betriebsrat schnell auf verlorenem Posten.

Doch die Arbeitnehmerseite rüstet auf: Am 22. November 2006 hat die IG Metall ein „Netzwerk Private Equity" als Online-Plattform ins Leben gerufen. Dafür haben die Gewerkschafter Babette Fröhlich in ihren Vorstand geholt, eine frühere Investmentbankerin von BHF-Bank und Commerzbank. Fröhlich führt eine kleine Truppe, die eine umfangreiche Datenbank mit Details zu allen großen Finanzinvestoren und zu allen Deals pflegt. Die Datenbank enthält über die gezahlten Kaufpreise hinaus auch viele andere wichtige Zahlen, zum Beispiel wie hoch Kaufpreismultiplikator und Schuldenmultiplikator beim Kauf waren. Unter dem Kaufpreismultiplikator versteht man das Verhältnis von gezahltem Preis zu operativem Jahresgewinn (Ebitda) des gekauften Unternehmens; der Schuldenmultiplikator ergibt sich aus dem Schuldenvolumen geteilt durch das Ebitda.

Frau Fröhlich und ihre Mitarbeiter sammeln auch Informationen, welcher Finanzinvestor Arbeitsplätze geschaffen hat und wer die Arbeitnehmervertreter gut behandelt hat. Darüber hinaus informieren die IG-Metall-Experten Betriebsräte von Unternehmen, bei denen Heuschrecken im Anflug sind, über ihre Rechte aus der Mitbestimmung und was sie vielleicht sogar schon im Vorfeld des Verkaufs bei der Unter-

nehmensleitung durchsetzen können. Sie versuchen, die Betriebsräte betroffener Firmen zu vernetzen und ihnen auf Ta-
gungen systematisch Fachwissen zu vermitteln, damit sie beim
Verkauf oder im Umgang mit neuen Eignern faire Konditionen für die Belegschaften aushandeln können.

Die IG Metall hat damit einen Punkt gemacht. Selbst Private-Equity-Manager sind sichtlich beeindruckt von ihrer
neuen Gegnerin. ACP-Chef Thomas Pütter spendierte der
eloquenten, gut aussehenden Frau, die ihre langen blonden
Haare gerne als Pferdeschwanz trägt, gar öffentlich auf der
Mitgliederversammlung des Branchenverbands BVK ein Lob
für ihren Sachverstand. Die ließ sich davon wenig beein-
drucken und kritisierte, dass Private Equity bei der Verschuldung von Unternehmen der Metallindustrie auf deren starke Abhängigkeit von der Konjunktur oft zu wenig Rücksicht
nimmt. In zehn, 20, 30 Prozent der Fälle werde der Geschäftsplan nicht auf diese zyklischen Schwankungen abge-
stimmt. „Im Abschwung wirkt Risikokapital wie ein Brand-
beschleuniger", klagte Frau Fröhlich.

Die Arbeitnehmerseite will raus aus der Opferrolle und
wehrt sich. „Vor dem Hintergrund, dass aktuell rund 20 Prozent aller Firmenkäufe in Europa durch privates Beteiligungskapital getätigt werden, ist das mehr als notwendig",
gab IG-Metall-Vorstand Wolfgang Rhode zum Start des
Netzwerks Private Equity die Losung aus. „Die Folgen einer
Übernahme dürfen nicht schicksalhaft hingenommen werden."

Ihre Kampfparolen hindern die Gewerkschafter allerdings nicht daran, selber mit den Finanzinvestoren Geschäfte zu machen. Während der vom SPD-Chef angezettelten
Heuschrecken-Diskussion wetterte die IG Metall noch über
die „Plünderer". Diese saugten „die Euros aus den Betrieben
ohne Rücksicht auf Menschen und Regionen wie Mücken
das Blut". Wenig später verkaufte dieselbe Gewerkschaft die
gewerkschaftseigene BauBeCon mit 20 000 Wohnungen an
den US-Hedgefonds Cerberus und die marode Gewerkschaftsbank Allgemeine Hypothekenbank Rheinboden (AHBR) an
den texanischen Kreditverwerter Lone Star. Dieselben Ge-

werkschafter, die bei jeglichem größeren Wohnungsverkauf in Deutschland auf strenge Sozialklauseln pochten, agierten beim Verkauf der BauBeCon als eiskalte Gewinnmaximierer. Dort ging die Sozialcharta zum Schutz der Mieter und Beschäftigten erstmals nur unwesentlich über die gesetzlichen Mindeststandards hinaus.

Der unsichtbare Verkäufer

Johannes Huth war stocksauer. Das Rennen um MTU Friedrichshafen war vorbei. Doch nicht der Europachef von KKR hatte gewonnen, wie fast immer, wenn in Deutschland oder Europa ein Milliardenunternehmen auf den Markt kommt. Nein, die kleinere, eher unscheinbare schwedische Beteiligungsgesellschaft EQT ging als Sieger über die Ziellinie.

Dabei hatte der mächtige Private-Equity-Manager alle Register gezogen in diesem Verkaufsprozess im Jahr 2005, der als einer der kompliziertesten in die deutsche Private-Equity-Geschichte eingehen sollte. Hatte sich dezent im Hintergrund gehalten, während MTU-Mehrheitsgesellschafter DaimlerChrysler noch mit den mit Vetorechten ausgerüsteten Minderheitsgesellschaftern stritt, den Familien Schmid-Maybach und Brandenstein-Zeppelin. Sah gelassen zu, wie sich US-Konkurrent Carlyle mit seinem voreiligen Pakt mit den Nachkommen der MTU-Gründer die Finger verbrannte. Als es schließlich zum Schwur kam, hatte Huth sogar noch den Daimler-Großaktionär Dubai Capital mit ins Boot geholt, in der Hoffnung, damit zusätzliche Punkte zu machen. Vorsichtshalber wurden kurz vor der Entscheidung auch noch die härtesten Wettbewerber MAN und EQT mit an die Presse gespielten Falschinformationen desavouiert.

Doch die entscheidende Flanke in diesem Kampf hatte Huth übersehen: den Betriebsrat. EQT hatte sich schon Monate vor der Entscheidung vor den mächtigen Betriebsräten des mittlerweile als Tognum firmierenden Dieselmotorenbauers präsentiert und ein detailliertes industrielles Konzept vorgelegt. Damit nahmen die Schweden die Betriebsräte für

sich ein – und booteten KKR aus. Die Arbeitnehmervertreter schrieben sogar den damaligen Bundeskanzler Gerhard
Schröder (SPD) an, man produziere doch auch Motoren für
Panzer und Kriegsschiffe. Müsse da die Regierung nicht verhindern, dass Tognum an einen US-Investor verkauft werde?
    So gewann EQT, und hatte noch nicht einmal den höchs-
ten Preis geboten. Zwar nannte Daimler am 28. Dezember
2005 in der Pressemitteilung einen Betrag in Höhe der KKR-
Offerte: 1,6 Milliarden Euro. Denn der durch die Probleme
bei Mercedes-Benz und Chrysler schwer angeschlagene Daimler-Vorstand wollte sich keinesfalls weitere Verschwendung
von Aktionärsvermögen vorwerfen lassen. Doch in Wahrheit
war diese Zahl getürkt. Von den 1,6 Milliarden hat der Autokonzern 200 Millionen Euro bis 2018 als zinsloses Darlehen gestundet. Da Geld, das man erst 2018 erhält, heute
deutlich weniger wert ist, bezifferte Daimler später in einem
Zwischenbericht den Gegenwartswert des Darlehens nur
auf 58 Millionen Euro. EQT teilte seinen Geldgebern sogar
nur einen Preis von 1,4 Milliarden Euro mit. Denn ein zins-
loser Kredit, der erst 2018 getilgt werden muss, interessiert
weder EQT noch Tognum in dem für Finanzinvestoren über-
schaubaren Fünfjahreszeitraum.

Aus Fehlern wird man klug

Doch einer wie Huth macht keinen Fehler zweimal. Als einige Monate später, im Sommer 2006, der Wiesbadener Gaskonzern Linde seine Gabelstaplersparte zum Verkauf stellte,
wollte er nichts mehr dem Zufall überlassen. Gelegenheiten
wie Kion, einen technisch exzellent aufgestellten europäischen Marktführer, gibt es in Deutschland jedes Jahr keine
Handvoll. Diesen Deal wollte Huth unbedingt einstielen.
    Diesmal traf der KKR-Mann wirklich alle Vorbereitun-
gen. Lange bevor der Prozess in seine heiße Phase trat, hielt
Huth eine Präsentation vor einflussreichen Mitgliedern der
IG Metall. Dabei warf er unter anderem KKRs drei Börsengänge in die Waagschale: Demag Cranes, Wincor Nixdorf und
MTU Aero Engines. Alle drei Unternehmen hat KKR deut-

schen Konzernen abgekauft, alle drei notieren jetzt im MDax, dem Börsenindex mittelgroßer Unternehmen. Den Kahlschlag bei der ehemaligen Bosch-Tochter Tenovis ließ er unerwähnt.

Zudem checkte Huth seine Netzwerke: Zu Linde-Chef Wolfgang Reitzle unterhielt KKR bereits gute Kontakte. Reitzle ist wie KKR-Doyen Henry Kravis Mitglied im amerikanischen Eliteverein Augusta National Golf Club, als einziger Deutscher überhaupt, und trifft Kravis gelegentlich zum Golfspiel. Ein klarer Punkt für KKR. Der Großteil der schärfsten Konkurrenten hat mit Golf nichts am Hut.

Damit gar nichts mehr schiefgehen konnte, verbündete sich Huth mit Alexander Dibelius. Auch der Deutschlandchef von Goldman Sachs verfügt über die allerbesten Beziehungen zu Reitzle. Die beiden Herren, die beide seit Langem in München wohnen, steigen gelegentlich zusammen auf Berge.

Ein unwiderstehliches Duo war geboren. Die Sache war quasi schon im Sack. Allenfalls die Arbeitnehmerseite konnte noch dazwischenkommen. Den Arbeitnehmervertretern im Aufsichtsrat war wiederum Reitzle noch etwas schuldig. Mit ihnen hatte der frühere BMW-Manager beim Komplettumbau von Linde einen Pakt geschlossen. Die Mitarbeitervertreter stimmten der zwölf Milliarden Euro teuren Übernahme des größeren britischen Gaskonzerns BOC zu und leisteten auch in der Öffentlichkeit keinen Widerstand gegen diesen Schritt, der die Zerschlagung von Linde besiegelte. Im Gegenzug versprach ihnen Reitzle, dass sie bei der Auswahl des Kion-Käufers mitreden und sogar in der letzten Runde einzelne Bieter aussortieren dürften. Und dass die Übernahme des im Sommer 2005 geschlossenen Standortsicherungsvertrags Bedingung sei. Darin ist vereinbart, dass bis 2011 keine deutschen Arbeitsplätze nach Osteuropa verlagert und die Standorte bis dahin garantiert werden. Dafür hatten die Beschäftigten früher schon Kürzungen von Zuschlägen und übertariflichen Leistungen sowie flexible Arbeitszeiten akzeptiert.

Heißes Bietgefecht mit vorbestimmtem Ausgang

In dieses Beziehungsgeflecht hineinzugrätschen schaffte effektiv keiner der KKR-Konkurrenten mehr. TPG – damals wegen der Produktionsverlagerungen bei Grohe ständig in den Negativschlagzeilen – trat gar nicht erst an. Den Mannen um David Bonderman war bedeutet worden, dass ihr Gebot aussichtslos wäre. Die übrigen Topfonds – CVC alleine und zwei Konsortien aus Permira und ACP sowie BC Partners und Apax Partners – spielten das ganze teure Spiel bis zum Schluss mit, um mit leeren Händen dazustehen. Wer bei Milliardendeals wie Kion bis in die Schlussrunde vordringt, hat in der Regel hohe siebenstellige Beträge für Beraterstäbe, Anwälte und Wirtschaftsprüfer ausgegeben. Platzt die Übernahme dann noch, müssen diese Summen als „Broken Deal"-Kosten verbucht werden – und gehen letztlich zulasten der Geldbeutel der Private-Equity-Manager.

Das erklärt zumindest teilweise, warum in dieser Phase neuerdings mit immer härteren Bandagen gekämpft wird. So rauschte auch bei Kion wie schon bei Tognum der Blätterwald kräftig: vor allem in der Woche vor der entscheidenden Sitzung des Linde-Aufsichtsrats am Sonntag, dem 5. November. Zunächst erschien am 1. November ein Artikel im „Handelsblatt", in dem das Konsortium aus Permira und ACP als Favorit genannt wurde und zugleich spekuliert wurde, dass der frühere Jungheinrich-Chef Cletus von Pichler BC Partners beraten solle. Beides waren Falschinformationen, die offensichtlich gezielt gespielt wurden, um diesen Bietern zu schaden. Pichler ist als ehemaliger Chef von Kions größtem deutschen Wettbewerber bei Kions Mitarbeitern geradezu verhasst. Und vorzeitig ausgerufene Favoriten machen nur selten das Rennen. Zumal wenn es sie eigentlich gar nicht geben kann, da die Abgabe der verbindlichen Gebote kurz bevorsteht.

Die PR-Strategen leisteten auch an den Folgetagen ganze Arbeit – und hatten offenbar die Betriebsräte gegen Permira gebrieft. Am 2. November veröffentlichte die FAZ, dass die Betriebsräte an Abwehrszenarien gegen Permira arbeiteten. „Letztlich soll der hohe Kaufpreis über die mangelnde inhaltliche Qualität hinwegtäuschen", wurde ein nicht genannter Betriebsrat zitiert und Permira der „Preistreiberei" bezichtigt. Dabei hatten Permira und ACP in den Gesprächen mit den Arbeitnehmervertretern gar keinen Preis genannt. Allerdings soll Permira-Deutschlandchef Thomas Krenz in der Präsentation vor der Arbeitnehmerseite gestresst und in recht barschem Ton aufgetreten sein. Konkurrent Huth hingegen gab sich nicht nur verbindlich, sondern auch bestens präpariert. Auf die Frage der Arbeitnehmervertreter um Gewerkschafterin Babette Fröhlich an die Topvertreter der Fonds, ob sie denn auch die Fabriken besichtigt hätten, konnte er als einziger mit „Ja" antworten. Das kommt an bei Gewerkschaftern.

Trotz all dieser akribischen Vorarbeit sah es kurz vor Schluss danach aus, als ob doch nicht KKR und Goldman Sachs das Rennen machen würden, sondern Apax und BC Partners. Das Briten-Duo lag bei den verbindlichen Offerten am Freitag, dem 3. November, eine Nasenspitze vor dem amerikanischen Tandem. Am folgenden Samstag bis in den Sonntagmorgen hinein wurden mit Apax und BC die letzten Details in Endverhandlungen geklärt. Gemeinsam mit der Linde-Pressestelle bereiteten die Manager der beiden Investoren am Sonntagnachmittag eine Presseerklärung vor. „Dann muss auf der letzten Meile irgendetwas passiert sein", sagt ein Banker, der an den Verhandlungen beteiligt war.

Nach Berichten von Eingeweihten lief es so: Während der Sitzung des Linde-Vorstands am Sonntagvormittag klingelte Reitzles Handy. Am anderen Ende der Leitung war Dibelius. Reitzle verließ den Raum. Was die beiden fernmündlich besprachen, ist nicht überliefert. Jedenfalls tauchte in letzter Minute, kurz vor der Sitzung des Linde-Aufsichtsrats am Sonntagabend, ein leicht verbessertes Gebot von KKR und Goldman Sachs auf.

Damit war das Rennen gelaufen. Kurz vor Mitternacht verlautbarte Linde den Verkauf an das US-Konsortium – mit der am Nachmittag von Apax und BC Partners vorbereiteten Pressemitteilung. In dem Text wurden nur noch schnell die

Namen ausgetauscht. „Den Deal haben die gemacht, die ihn von Anfang an bekommen sollten", sagt ein Manager eines anderen unterlegenen Private-Equity-Hauses frustriert.

Der Kampf über Beziehungen, Betriebsräte und Medien ist in Deutschland ein neuer Trend, der wie so oft aus den USA kommt. KKR und Goldman Sachs, auf diesem Gebiet zwei Meister aller Klassen, haben sich so bei Kion durchgesetzt. „Rein mit ehrlicher Analyse kriegen Sie heutzutage keinen Deal mehr", beschreibt ein Banker den Zug der Zeit. Huth und Dibelius bekamen sogar noch das perfekte Finish hin: Einige Medien kauften den beiden Managern ihre Darstellung ab, dass sie wegen sozialer Faktoren gewonnen hätten. Das ist Unsinn, denn die 2005 zwischen Arbeitgeberverband und IG Metall ausgehandelten Bestandsgarantien für Kions Mitarbeiter hätte jeder Käufer übernehmen müssen. Dennoch konnte sich ausgerechnet KKR, deren firmeneigene Beratung Capstone berühmt und gefürchtet ist für ihr rigides Vorgehen, im Kion-Deal öffentlich als sozial interessierter Investor positionieren. Ein schlechter Scherz, über den die gesamte Private-Equity-Branche in Deutschland noch lange den Kopf schüttelte.

Verbale Beruhigungspillen

„The rules were simple: Never pay in cash. Never tell the truth. Never play by the rules." Die Regeln waren einfach: Zahle niemals bar, sage niemals die Wahrheit, spiele niemals nach den Regeln. So beschreiben die Reporter des „Wall Street Journal", Bryan Burrough und John Helyar, die Usancen der US-Firmenjäger in ihrem Klassiker „Barbarians at the Gate" (Barbaren vor den Toren) über die Übernahmeschlacht um das US-Konglomerat RJR Nabisco Ende der 80er-Jahre.

Ganz so dramatisch geht es im Private-Equity-Alltag heutzutage nur selten zu. Allerdings verbreiten Private-Equity-Manager aus Imagegründen auch heute gerne Aussagen, die bestenfalls die halbe Wahrheit sind. Hier sind einige verbale Beruhigungspillen aufgelistet, die das Führungspersonal der

Heuschrecken beim Kauf von Unternehmen verteilt. Die Auswahl ist unvollständig – und viele der Sprechblasen kommen auch in den besten (Konzern-)Kreisen vor.

1. „Ein Stellenabbau ist nicht geplant"

Eine Standardaussage, die formell manchmal sogar zutrifft. Schließlich muss der Finanzinvestor erst Eigentümer eines Unternehmens werden, bevor er Stellen streichen kann. Und das dauert in der Regel nach der Vertragsunterzeichnung noch sechs bis zwölf Wochen. Trotzdem verneint der Finanzinvestor den Arbeitsplatzabbau oft wider besseres Wissen. Denn meistens ist die Kostenrunde in dem Geschäftsplan, den er seinem Kaufpreisgebot zugrunde legt, schon enthalten.

Dazu nur einige Beispiele:

Beim Erwerb der Bosch-Telefonanlagentochter Tenovis behauptete KKR unisono mit Verkäufer Bosch, ein Stellenabbau oder größere Restrukturierungen seien derzeit nicht geplant. Nach fünf Jahren waren von den einst 8 000 Arbeitsplätzen nur noch 5 400 übrig.

Der von Nordic Capital und Credit Suisse gehaltene Pharmakonzern Nycomed verkündete beim Kauf der Pharmasparte von Altana, man wolle die Forschung von Altana Pharma behalten. Ein halbes Jahr später teilte Nycomed mit, dass die Forschung fast komplett zusammengestrichen wird. 1 250 Forscher verloren ihren Arbeitsplatz.

Bei der Münchner MTU Aero Engines hieß es zum Einstieg von KKR, über die bereits verkündeten 462 Stellen hinaus sollten keine weiteren abgebaut werden. Für größere Umstrukturierungen oder Stellenstreichungen gebe es „derzeit keine Pläne", sagte KKR-Manager Reinhard Gorenflos. Letztlich fielen insgesamt 1 250 Stellen weg.

Beim Verkauf eines Pakets aus sieben Töchtern um den Maschinenbauer Mannesmann Plastics Machinery und den Kranhersteller Demag Cranes behauptete Siemens, dass KKR keinen Stellenabbau plane. Für einzelne Gesellschaften gebe es von KKR sogar Beschäftigungsgarantien. Dennoch hat

KKR in den folgenden Jahren mehrere tausend Arbeitsplätze gekürzt.

2. „Die Verschuldung ist moderat"

Diese Aussage hat seit Jahrzehnten Konjunktur, was ihren Wahrheitsgehalt aber nicht verbessert. Schon als KKR für 31,3 Milliarden Dollar RJR Nabisco kaufte, zitierte das „Wall Street Journal" einen KKR-Sprecher, die Struktur sei „so konservativ wie immer bei KKR". Das Verhältnis von Schulden zu Eigenkapital betrage drei zu eins. Tatsächlich finanzierte KKR nur 1,5 Milliarden Dollar mit Eigenkapital aus dem eigenen Fonds. Um auf ein knappes Viertel zu kommen, wurden einfach die Wandelanleihen und Vorzugsaktien mit einbezogen, die KKR neben einer Barzahlung an RJR Nabiscos Aktionäre ausgab. Zwei Jahre später schrammte RJR Nabisco wegen der hohen Schulden nur ganz knapp an der Pleite vorbei.

„Wir sind sehr konservativ", sagte auch KKR-Europachef Johannes Huth, als KKR 13 Jahre später ein Paket aus sieben Siemens-Töchtern erwarb. Der Manager behauptete gar, der Kaufpreis sei je zur Hälfte mit Eigen- und Fremdkapital finanziert. Vier Jahre später wurde aus dem Börsenprospekt für eine der Töchter, Demag Cranes, ersichtlich, dass KKR für den Paketkauf weniger als 15 Prozent eigenes Kapital eingesetzt hat.

3. „Wir werden das Unternehmen mindestens drei bis fünf Jahre halten"

Wann ein Finanzinvestor ein Unternehmen wieder verkauft, dafür spielen seine Lippenbekenntnisse beim Einstieg keine Rolle. Dies hängt von der Markt- und auch von der Unternehmenssituation ab. Erlaubt der Markt einen schnellen Ausstieg mit signifikantem Gewinn, wird kaum ein Finanzinvestor länger an seinem Investment festhalten. Eine solch günstige Konstellation herrschte in den Jahren 2005 bis 2007 vor. Bei anziehender Konjunktur weltweit ermöglichten die ungewöhnlich niedrigen Zinsen jedem potenziellen Käufer, deutlich größere Schulden zur Finanzierung der Kaufpreise aufzunehmen. Dies gepaart mit dem Anlagenotstand der gesamten Private-Equity-Branche trieb die Preise – und damit die Renditen – enorm.

Für den Dieselmotorenbauer Tognum avisierte EQT beim Einstieg im März 2006, ihn bis 2011 halten zu wollen. Mit diesem Argument hatten die EQT-Manager zuvor bei Tognums Betriebsrat für sich geworben, um in der Bieterschlacht den Zuschlag zu erringen. „Langfristigkeit und Reputation stehen immer über kurzfristiger Renditemaximierung", schrieb EQT-Partner Udo Philipp an Tognum-Betriebsratschef Karl-Heinz Wulle. Tognum ging keine eineinhalb Jahre später an die Börse.

Beim Kauf von Celanese sagte Hanns Ostmeier, der Deutschlandstatthalter von Blackstone, ein Engagement über drei bis fünf Jahre sei wahrscheinlich. Blackstone brachte Celanese nur neun Monate nach dem Mehrheitserwerb an die New York Stock Exchange.

Guy Hands kaufte Ende 2004 die Autobahn-Raststättenkette Tank & Rast mit dem – nach außen hin – festen Vorsatz, sie mehr als fünf Jahre zu halten. Doch dem Chef von Terra Firma rannten bald die Interessenten die Türen ein. Hands wartete nur die Hälfte dieser Zeitspanne ab, bis er Tank & Rast wieder zum Verkauf stellte.

„Das könnte in vier bis sechs Jahren sein", sagte KKR-Manager Reinhard Gorenflos zur Unterzeichnung des Kaufvertrags im November 2003 auf die Frage, wann KKR MTU Aero Engines an der Börse listen lassen wolle. Bereits eineinhalb Jahre später fand die Erstnotiz statt.

Wenn der Boom abflaut, wird die Lage und Strategie des Unternehmens wieder an Bedeutung gewinnen – und damit auch die Haltedauer tendenziell zunehmen. Aus Unternehmenssicht wäre ein guter Zeitpunkt für den Verkauf, wenn eine Restrukturierung und ein Expansionsschritt in neue Märkte vollzogen sind und strategische Entscheidungen für die nächsten Jahre gefällt werden müssen. Die überlässt ein Finanzinvestor häufig lieber dem nächsten Eigentümer.

Wenn ein Investor ein Unternehmen doch einmal vier,

fünf Jahre oder sogar noch länger hält, liegt dies selten an besonderer Treue und Anhänglichkeit. Vielmehr machen dann
Markt- oder Unternehmenssituation – oder beide – einen
Ausstieg zu auskömmlichen Konditionen unmöglich. So hätten KKR und Goldman Sachs die 1999 erworbene Wincor
Nixdorf eigentlich schon 2002 oder 2003 an die Börse bringen wollen. Dies verhinderten die Aktienmärkte, die in einen
regelrechten Käuferstreik traten. Als sich das Börsenfenster
endlich 2004 wieder leicht öffnete, schlugen KKR und Goldman Sachs sofort zu.

Auch EQT tat sich beim Aromastoffhersteller Symrise
schwerer als erwartet. Denn in dieser Firma mussten zwei
einst erbitterte Konkurrenten zusammengeführt werden – der
eine aus Konzern-, der andere aus Familienhand. So dauerte
es über vier Jahre, bis Symrise Ende 2006 auf dem Börsen-
parkett starten konnte.

4. „Wir wollen das Unternehmen an die Börse bringen"

Avisiert ein Finanzinvestor oder auch ein Konzern öffentlich
einen Börsengang für eines seiner Portfoliounternehmen, ist
das manchmal vorgeschoben. Stattdessen wird parallel zu
den Vorbereitungen für ein Listing auch ein Verkauf geprüft
– um den Erlös zu maximieren. Wird ein solcher „Dual
Track" offen kommuniziert, ist ein Börsengang selbstverständlich nach außen hin immer die bevorzugte Option, wie
bei Grohe und Viterra. Trotzdem wurden sie an Private-Equity-Investoren verkauft.

Gelegentlich gibt es offiziell sogar nur die Börsenvarian-
te, obwohl hinter den Kulissen schon eifrig mit potenziellen
Interessenten verhandelt wird. So war es bei der Ablesefirma Ista International, die 2007 an die britische Charterhouse
ging, und bei der Autowerkstättenkette Auto-Teile-Unger, die
Doughty Hanson 2004 an KKR weiterreichte. Für den Ulmer
Gartengerätehersteller Gardena visierte Industri Kapital
von Anfang an nur den Gang an die Börse an. Als es vier Jahre später zum Ausstieg kam, war davon keine Rede mehr.

Gardena wurde an den schwedischen Konkurrenten Husqvarna verkauft.

Randolf Rodenstock, Mehrheitseigentümer des Münchner Brillenherstellers Rodenstock, proklamierte beim Verkauf
seiner Firma an Permira Mitte 2003, dieser sei ein „wichtiger
Zwischenschritt auf dem Weg zu dem bereits seit Längerem
ins Auge gefassten börsennotierten Familienunternehmen".
Stattdessen ging Rodenstock nach dreieinhalb Jahren an
Bridgepoint, einen weiteren Finanzinvestor. Dessen Deutschlandchef Uwe Kolb hat immerhin das Börsenversprechen
erneuert: „Wir wollen in drei bis fünf Jahren einen schönen
MDax-Wert aus Rodenstock machen", sagte Kolb.

Manchmal wird die Börsenzusage trotz großen Private-
Equity-Interesses eingehalten. Zum Beispiel brachte EQT
2006 trotz monatelanger Belagerung durch die Branchen-
konkurrenten den Duftstoffhersteller Symrise aus Holzmin-
den an die Börse. Dahinter steckte eine strategische Agenda.
EQT wollte sich sieben Jahre nach dem Start in Deutschland
endlich einen Platz in der kurzen Liste der Finanzinvestoren
sichern, die deutsche Unternehmen erfolgreich an der Börse
platziert haben. Denn in dem immer härteren Ringen um den
Kauf von Unternehmen ist dies ein Argument mit Gewicht –
vor allem gegenüber Gewerkschaften und Betriebsräten.

5. „Wir werden das Unternehmen nicht zerschlagen"

Finanzinvestoren lieben Geschäfte mit klarer Strategie, guter
Marktposition und starkem Cashflow. Andersherum gesagt:
Ist ein Unternehmen auf verschiedenen Gebieten tätig, die
keine oder kaum Synergien versprechen, wird ein Investor
jede Gelegenheit nutzen, Teile davon schnell zu Geld zu machen. So hat Apax kurz nach dem Kauf der Fischrestau-
rantkette Nordsee vom Konsumgüterkonzern Unilever die
dazugehörende Großhandelsfirma Deutsche See weiterveräußert. ACP und Goldman Sachs schnitten beim Industrie-
gashersteller Messer Griesheim nicht nur, wie von Anfang an
angekündigt, alle Gasanlagen in Asien und Lateinamerika
ab. Als die beiden Investoren nach drei Jahren wieder aus-

steigen wollten, wurde Messer Griesheim aufgeteilt: Zwei
Drittel des Gaskonzerns gingen an den Konkurrenten Air
Liquide, das restliche Drittel behielt Minderheitsgesell-
schafter Stefan Messer.

KKR-Europachef Huth sagte beim Kauf der sieben Siemens-Töchter im Herbst 2002 auch, diese sollten mindestens
fünf Jahre zusammen als Portfolio unter einer Holding geführt werden. De facto begann KKR mit der Auflösung des
Konglomerats mit 23 000 Mitarbeitern keine zwei Jahre später. Im Dezember 2006 war der Ausverkauf komplett: Knapp
sechs Monate nach dem Börsengang der letzten verbliebenen
Tochter Demag Cranes veräußerte KKR die restlichen Anteile an dem Kranhersteller.

Professionalisieren Heuschrecken das Management?

Es ist ein langer Abend im „Ivory Club" in Frankfurt, und zum Abschied wird Peter Fischer rührselig zumute. „Thilo Sautter ist mir wie ein junger Bruder ans Herz gewachsen", sagt Fischer, ein freundlicher Herr mit weißem Haar und grauem Schnauzbart. Dabei sind die Bande der beiden geschäftlicher Art: Fischer, 55 Jahre, ist seit vielen Jahren Chef des Stuttgarter Parkraumbewirtschafters Apcoa. Der 18 Jahre jüngere Sautter leitet das Deutschlandgeschäft von Investcorp. Die Beteiligungsgesellschaft aus Bahrain war drei Jahre lang Eigentümer von Apcoa. Im Februar 2007 verkaufte Sautter die Parkhausfirma weiter, an den französischen Finanzinvestor Eurazeo.

Fischer ist seit 27 Jahren bei Apcoa. Während dieser Zeit war Investcorp schon der sechste Eigentümer. Dennoch lässt der Apcoa-Chef auf seine Heuschrecke nichts kommen – im Gegenteil. „Mit Investcorp kam bei uns ein unternehmerisches Moment rein, Investcorp hat auch Geld in die Hand genommen", sagt er. „Nie wieder werde ich das Unternehmen in einem Konzern führen. Unsere Blüte kriegen wir nur mit Private Equity."

Bis 2004 gehörte Apcoa dem Stuttgarter Energieriesen Energie Baden-Württemberg (EnBW), genauer gesagt: dessen von Turbulenzen und Führungswechseln geschüttelter Tochter Salamander. Während dieser Zeit habe er sich mit geschäftsfremden Fragen herumschlagen müssen, klagt Fischer. Deswegen ging bei Apcoa nur wenig vorwärts. Es gab keine monatlich konsolidierten Geschäftszahlen und keine Investitionspläne, dafür aber starre Jahresbudgets. Obwohl Apcoa schon damals in ganz Europa 2 700 Parkhäuser und -plätze bewirtschaftete, hatte die Firma für die weitere Geschäftsentwicklung gerade einmal eineinhalb Strategenstellen eingerichtet.

Dass Apcoa damals nicht wuchs, war wenig verwunderlich. So wollte auch kaum jemand zugreifen, als EnBW die Tochter 2003 zum Verkauf stellte. Nur Sautter und der frühere Bertelsmann-Chef Thomas Middelhoff, der damals Investcorps europäisches Private-Equity-Geschäft leitete, sahen bei Apcoa Potenzial. Statt mangelnder Beachtung wie unter EnBW „genoss" das Apcoa-Management von da an eine Vollzeitbetreuung. Wenn es einer Firma gut geht, wird unter der Ägide von Private Equity mindestens einmal wöchentlich telefoniert. Wird massiv umgebaut, wie bei Apcoa oder Grohe, ist der zuständige Manager der Private-Equity-Gesellschaft bis zu vier Tage die Woche vor Ort, um seinem Vorstand auf die Finger zu schauen.

Den Grund formulierte KKR-Mitgründer Kravis folgendermaßen: „Jeder Trottel kann ein Unternehmen kaufen, er muss nur genug zahlen." Die Frage ist also, was Private Equity aus dem Unternehmen macht. Dabei stehen die Beteiligungsfonds selbst unter hohem Renditedruck: 15 bis 20 Prozent erwarten ihre institutionellen Geldgeber – jährlich. „Deutsche Manager müssen sich häufig an eine etwas schnellere Taktzahl gewöhnen", sagt der Personalberater Peter Behncke.

Auch Sautter und Middelhoff krempelten bei Apcoa die Ärmel hoch: Sie führten ein transparentes Berichtssystem inklusive einer Investitionskontrolle ein und verhandelten zugleich den Zwangsausschluss (Squeeze-out) für die knapp zwei Prozent außen stehenden Aktionäre. Sie machten allen Führungskräften klar, dass Kapital künftig nicht nach einem von oben vorgegebenen Budget, sondern nach Effizienz eingesetzt werden soll. Sie erhöhten die Zahl der Konzernentwickler von anderthalb auf zwölf. Zudem stellten sie das Gehalt der Entwickler und der City-Manager in den verschiedenen Städten um und bezahlten diese nun abhängig davon, wie viele neue Parkplätze und Garagen die Manager zur Bewirtschaftung an Land zogen.

Bis Investcorp im Frühjahr 2005 mit Daniel Wiest, zuvor Finanzchef der Münchner Filmgesellschaft Constantin Film, einen neuen Finanzvorstand an Bord geholt hatte, war Sautter über sechs Monate lang vier Tage die Woche in Stuttgart. Middelhoff übernahm den Vorsitz des Beirates, reiste jeden Monat zu den Sitzungen in die schwäbische Metropole und spielte auch mal den Türöffner bei potenziellen neuen Kunden.

Das neue Anreizsystem sowie die Beteiligung von insgesamt 68 Managern der ersten bis zur vierten Führungsebene am Apcoa-Kapital zeigten Wirkung: Apcoa konnte sein Neugeschäft in Deutschland verdoppeln. Zugleich wurde Geschäft im Ausland akquiriert, was die Zahl der Konzernentwickler nochmals mehr als verdoppelte. Dagegen wurde eine kleine Sparte, die in England Politessen zur Verteilung von Strafzetteln bereitstellte, stark zurückgefahren. Dadurch sank die Zahl von Apcoas Beschäftigten von 3 200 auf 2 900. Weitere Kosten sparte Apcoa durch eine Bündelung des Einkaufs, etwa für Kassenautomaten, Versicherungen oder Reinigungsdienste.

Die Erlöse wurden zusätzlich gesteigert, indem die Preise stärker an der Nachfrage ausgerichtet wurden. So wurden in Flughafenparkhäusern die Preise für die Stellplätze nahe der Terminals erhöht und zugleich – etwas weiter entfernt – günstigere Langzeittarife für Ferienparker eingeführt. Darüber hinaus hat Apcoa in Innenstädten die Preise für die Parkplätze an Adventssamstagen aufgestockt und für das Abstellen über Nacht gesenkt.

Der Lohn all dieser Anstrengungen: Der Umsatz von Apcoa betrug 2006 489 Millionen Euro, ein Fünftel mehr als im Jahr 2003. Der Mittelzufluss (Cashflow) erhöhte sich noch stärker, von 21,9 Millionen Euro 2003 bis auf 58,5 Millionen Euro im Jahr 2006. Und Investcorp kassierte von Eurazeo 2007 einen Kaufpreis von 885 Millionen Euro: das 3,3-Fache dessen, was Investcorp 2004 an EnBW gezahlt hat. Da auch Investcorp damals eine beträchtliche Portion Schulden zur Finanzierung einsetzte, ist der Gewinn auf das eingesetzte Eigenkapital sogar noch viel höher: Investcorp erhielt das 10,5-Fache seines Einsatzes zurück.

Konzernrandgeschäfte sind ein gefundenes Fressen

Dass „Randgeschäfte" wie Apcoa vernachlässigt werden, ist in Großkonzernen wie Siemens, DaimlerChrysler, E.on oder Energie Baden-Württemberg regelmäßig der Fall. Das führt nicht nur dazu, dass diese Töchter „Speck" in Form von ineffizienten Strukturen und Prozessen sowie zu vielen oder falsch eingesetzten Mitarbeitern ansetzen. Da sich für wichtige Entscheidungen oft keiner so richtig zuständig fühlt, wird das Geschäft auch nicht weiterentwickelt.

Ein Beispiel dafür ist auch der Wursthüllenhersteller Kalle, den der Pharmakonzern Hoechst 1997 an CVC verkaufte. „Bei Hoechst war Kalle das letzte Randgeschäft und wurde als Cashcow geführt", beschreibt dies Kalle-Chef Walter Niederstätter. Das heißt: Investiert wurde nur soweit unbedingt notwendig, stattdessen schüttete Kalle viele Jahre lang möglichst hohe Beträge an die Mutter aus. „Hätte ich Steve Koltes damals nicht kennengelernt, hätte ich Kalle drei bis vier Jahre später stilllegen können", klagt der Kalle-Chef. Koltes ist CVCs Deutschlandchef. Ähnlich lief es bei Wincor Nixdorf, bevor Siemens die Tochter verkauft hat. „Es ist nichts mehr investiert worden, alle Gewinne wurden von Siemens abgezogen", sagt Helga Schwarz-Schumann, eine SPD-Abgeordnete im nordhrein-westfälischen Landtag. Die frühere Gewerkschaftssekretärin saß bis 2006 im Nixdorf-Aufsichtsrat.

Ein Vorteil der Finanzeigner neben ihrer Finanzexpertise: Sie unterstützen das Management, wenn es lohnende Investitionsgelegenheiten auftut. So führte Kalle nach dem Buyout durch CVC mehrere Akquisitionen durch – und wuchs so von 450 auf 1 250 Mitarbeiter. Wincor Nixdorf expandierte stark im Ausland, wobei der Geldautomatenhersteller in den USA von KKRs dortigem Netzwerk in der Finanzwelt profitieren konnte.

Allerdings gehen nicht alle Buy-outs so glatt wie bei Kalle oder Wincor Nixdorf. Bei beiden Unternehmen blieben die Chefs der jeweiligen Konzernsparten Karl-Heinz Stiller und Walter Niederstätter noch über den Weiterverkauf hinaus im

Amt. Beim Ulmer Gartenhersteller Gardena, einem ehemaligen Familienunternehmen, kam es wegen der Investi-
tionsstrategie zum Zerwürfnis zwischen Gardena-Chef
Wolfgang Jahrreiss und dem schwedischen Eigentümer Industri Kapital. Jahrreiss wollte Gardena durch organisches
Wachstum und Akquisitionen zum globalen Topanbieter
ausbauen. Industri Kapital war das zu teuer. Die Schweden
wollten die Kosten senken, um Gardena möglichst schnell
mit Gewinn wieder losschlagen zu können. Denn sie hatten
Erfolge gerade dringend nötig, waren sie doch bei ihren
Investoren auf Geldsammeltour. Die Folge: Jahrreiss ging
Anfang 2004 so abrupt, dass Industri Kapital seinen Posten
erst sechs Monate später nachbesetzen konnte. Ende 2006
schließlich gelang dann auch der Verkauf.

Bei Kalle und Wincor Nixdorf schafften die Finanzinvestoren trotz oder eher wegen der geglückten Expansion einen
sehr erfolgreichen Ausstieg. CVC reichte den Wursthüllen-
fabrikanten 2004 mit hohem Gewinn an den britischen Finanzinvestor Montagu weiter. Bei Wincor Nixdorf konnten
KKR und Goldman Sachs ihren Kapitaleinsatz von 256 Millionen Euro verdreifachen. Im Vergleich zum Markt war das
ein enormer Erfolg. Schließlich hatten die Investoren Ende
1999 auf dem Höhenpunkt des Börsenhypes gekauft und
Wincor Nixdorf in einer noch sehr schwierigen Phase 2004
an den Aktienmarkt gebracht.

So sind Konzern-Spin-offs angesichts ihrer vielen Opti-
mierungsmöglichkeiten seit über einem Jahrzehnt ein gefun-
denes Fressen für Finanzinvestoren. Dieses scheint umso besser zu munden, je größer und bürokratischer der verkaufende
Konzern ist. Denn in Konzernen kämpfen die Manager häufig nicht mehr um das Unternehmensinteresse, sondern nur
noch um ihr Budget.

Diese Budgets zu durchforsten gehört deswegen zu den
ersten Aktionen jedes professionellen Finanzkäufers. Die
Ergebnisse überraschen manchmal sogar die Beteiligungspro-
fis selber. Bei der ehemaligen Daimler-Tochter MTU Aero
Engines zum Beispiel haben die Berater der KKR-internen
Unternehmensberatung Capstone auf diese Weise schnell ein

paar hundert Millionen Euro gefunden. „MTU war schon eine Cashcow für DaimlerChrysler. Damit haben die sich aber auch nie Gedanken gemacht, ob man nicht noch mehr herausholen könnte", sagt ein Banker.

KKR startet in der Regel direkt nach dem Kauf einen mit dem Management abgestimmten 100-Tage-Plan, um sofort operative Verbesserungen durchzudrücken. „Unsere Arbeit muss an dem Tag beginnen, an dem wir das Unternehmen kaufen", sagt Kravis. Gemäß diesem Plan definieren KKR und Capstone mit dem Management alle Möglichkeiten zur Kostensenkung, Verbesserung der Erträge und Verringerung des Kapitalbedarfs im Tagesgeschäft. Noch innerhalb der ersten 100 Tage wird ein Programm erarbeitet, wie die Maßnahmen in die Tat umgesetzt werden sollen. Damit sich die Verbesserungen auch messen lassen, wird sehr häufig das Berichtssystem umgestellt. Das Modell hat auch bei anderen Finanzinvestoren Schule gemacht.

Auf dem Höhepunkt der Welle von LBOs in den USA ging die Branche mit KKR an der Spitze noch ganz anders vor. Unternehmen mit extrem hoher Kreditfinanzierung zu kaufen und anschließend zu zerschlagen stand Ende der 80er-Jahre in Amerika auf der Tagesordnung. Auch in der jüngsten Welle kommen derartige Deals wieder auf. So erwarb Blackstone Anfang 2007 den US-Büroimmobilienkonzern Equity Office für 39 Milliarden Dollar – zu mehr als 90 Prozent auf Pump. Schon in den ersten zehn Tagen hatte Blackstone Immobilien des Konzerns für 17 Milliarden Dollar weiterveräußert, um einen Teil der Kredite schnell tilgen zu können.

Disziplinierung durch die Schuldenpeitsche

In Deutschland sind diese Raubrittermethoden bislang die Ausnahme geblieben. Die Schuldenpeitsche allerdings gehört bei fast jeder Private-Equity-Übernahme zu den Folterwerkzeugen für Management und Mitarbeiter. In aller Regel verschulden Finanzinvestoren ihre Unternehmen so hoch, wie es der (geplante!) Cashflow und die Investitionspläne so eben hergeben. Im Schnitt aller europäischen Buy-outs wurde 2006 laut der Ratingagentur Standard & Poor's das 5,5-Fache des Gewinns vor Zinsen, Steuern und Abschreibungen (Ebitda) aufgenommen. 2002 lag der Ebitda-Multiplikator bei 4,3. Dabei untertreibt dieser Vergleich die Schuldenexzesse noch: Absolut gesehen sind die Schulden der Unternehmen in Private-Equity-Hand viel stärker gestiegen, denn auch die Gewinne erreichten in den Jahren des konjunkturellen Aufschwungs Rekordstände. Als würde diese Bürde nicht reichen, mussten die höheren Schulden zuletzt mit deutlich höheren Zinsen bedient werden: Der Geldmarktsatz für drei Monate hat sich in Europa von 2005 bis 2007 von 2,2 auf vier Prozent fast verdoppelt.

Für die Unternehmen bedeutet das, dass direkt nach dem Kauf ihre gesamte Steuerung auf die erzielbaren Mittelzuflüsse ausgerichtet wird. Oft muss dafür eine zeitnahe, detaillierte Berichterstattung noch etabliert werden. Schließlich käme es gar nicht gut an, wenn der Cashflow plötzlich für den Schuldendienst nicht mehr ausreichen würde.

Die Banken sind für ihre Kredite in der Regel nur mit den Cashflows besichert – und installieren deswegen gemeinsam mit den Finanzinvestoren ein Frühwarnsystem: sogenannte Covenants. In diesen Sicherungsklauseln müssen sich die Unternehmen verpflichten, bestimmte Finanzkennzahlen für das Verhältnis von Verschuldung zum operativen Gewinn (Ebitda), Ebitda zu Zinsaufwand und Cashflow zum gesamten Schuldendienst einzuhalten. Überschreitet das Unternehmen eine oder mehrere der Kennzahlen, haben die Kreditgeber das Recht, die Kredite fällig zu stellen. Täte dies eine Bank, würde dem Unternehmen sogar die Insolvenz drohen. Üblich ist allerdings eher, dass die Kreditkonditionen nachverhandelt werden – oft auf Kosten nochmals erhöhter Zinsen.

In der absoluten Boomphase der Kreditmärkte seit Anfang 2007 allerdings werden Großkredite oft mit sehr lockeren oder ganz ohne Covenants zugesagt. Zudem muss während der Kreditlaufzeit nur noch zu einem kleinen Teil – manchmal auch gar nicht mehr – getilgt werden. Beides lockert zwar die Fesseln für das Management, da es nicht jedes Quartal wieder jegliche Ausgabe und Investition auf die vereinbarten Finanzkennzahlen hin trimmen muss. Andererseits reizt diese Entwicklung aber, noch größere Teile der Kaufpreise mit Schulden zu finanzieren und diese dem Unternehmen aufzuladen. So oder so wird das Risiko, dass das Unternehmen an seinen hohen Schulden erstickt, dadurch nur auf einen späteren Zeitpunkt verlagert – und wenn eine Krise auftritt, wird sie die Gläubiger umso stärker treffen.

Infolge der hohen Schulden orientiert sich die Restrukturierung stark daran, erstens die Mittelzuflüsse im operativen Geschäft zu erhöhen und zweitens den Mittelbedarf für den Geschäftsbetrieb („Working Capital") zu senken. Für Ziel Nummer eins steht oft Stellenabbau ganz oben auf der Tagesordnung. Zu den Klassikern für Ziel Nummer zwei gehört, den Lagerbestand und die Forderungen herunterzufahren. Auch bei den Zulieferanten versuchen die Investoren in der Regel, etwas herauszuholen: Diese müssen sich darauf einrichten, dass die Unternehmen versuchen, ihre Zahlungsziele zu verlängern. Häufig fliegt auch ein Teil der Lieferanten ganz raus, wie zum Beispiel beim Badarmaturenhersteller Grohe oder der Autowerkstättenkette Auto-Teile-Unger.

Steuerzahler finanzieren die exorbitanten Renditen mit

Finanzinvestoren zapfen jedes denkbare Reservoir an, um die Ergebnisse zu heben. So ist aus Investorensicht ein angenehmer Nebeneffekt der hohen Zinsen, dass diese die Gewinne der Unternehmen ganz oder fast ganz auffressen. Dadurch zahlen die Unternehmen kaum mehr Steuern oder kassieren sogar Erstattungen. Der beschriebene Fall Grohe mit einer Steuerrückzahlung von 56 Millionen Euro über den Zeitraum 1999 bis 2003 ist diesbezüglich eher die Regel als die Ausnahme. Auch im Börsenprospekt für den Aromastoffhersteller Symrise ist nachzulesen, dass Symrise wegen der hohen Zinsen jedes Jahr unter dem Strich massive Verluste ausgewiesen hat. Die wären sogar noch höher gewesen, hätte Symrise nicht über die drei Jahre insgesamt 105 Millionen

Euro aus dem Staatssäckel kassiert. Dabei hat sich die Firma eigentlich gut entwickelt und in den Jahren 2003, 2004 und 2005 ihre operativen Ergebnisse ständig verbessert. Im Börsenprospekt des Kranherstellers Demag Cranes ist nachzulesen, dass Demag von 2003 bis 2005 Steuererträge von 30 Millionen Euro verbuchte.

Aus Sicht von Finanzinvestoren sind die Überweisungen des Fiskus ein Geschenk des Himmels. Die deutschen Steuerbürger indes finanzieren auf diese Weise die exorbitanten Private-Equity-Gewinne mit. Immerhin will die Bundesregierung diesen Missstand nun beheben und in ihrer Unternehmenssteuerreform ab 2008 die steuerliche Abzugsfähigkeit von Zinsen einschränken.

Abseits vom Licht der Öffentlichkeit können die Finanzinvestoren auch den Sitz ihrer Portfoliofirmen leichter ins Ausland verlagern, als es deutschen Traditionskonzernen möglich wäre. Man fragt sich zwar angesichts der Großzügigkeit des deutschen Fiskus, warum dies überhaupt notwendig ist. In der Tat erscheint der Umzug eher als Investition in die Zukunft: Ist ein Unternehmen erst einmal an der Börse, muss es schließlich im Sinne seiner Aktionäre auch Gewinne erwirtschaften. Je niedriger aber die Steuern, desto mehr bleibt für die Aktionäre übrig, desto höher der Preis, den die Private-Equity-Häuser für ihre Unternehmen an der Börse erzielen können. Zudem erspart ein Sitz im Ausland die leidige deutsche Mitbestimmung.

So siedelte der US-Finanzinvestor Fortress seine Erwerbergesellschaft, über die Fortress die Essener Wohnungsgesellschaft Gagfah und viele andere Wohnungsfirmen kaufte, praktischerweise gleich in Luxemburg an. Gagfah ist nun als Luxemburger Unternehmen im MDax notiert. Die neue Nycomed, aus der dänischen Nycomed und Altana Pharma fusioniert, hat ihren Sitz weder in Dänemark noch in Bad Homburg, sondern in Zürich.

Auch als Blackstone das im MDax notierte Chemieunternehmen Celanese von der Börse nahm, war die Verlegung des Sitzes von Kronberg in die USA von Anfang an beschlossene Sache. Hier war der Hauptgrund allerdings nicht primär

steuerlicher Natur. Celanese sollte in New York an die Börse, da Chemieunternehmen dort deutlich höher bewertet
wurden als in Frankfurt.

Kein Geld für Privilegien und illegale Machenschaften

So mancher Konzernmanager muss sich auch in anderer Hinsicht ganz schön umstellen. Von unproduktiven Meetings mit
viel zu vielen Leuten und lieb gewonnenen Privilegien halten
Private-Equity-Manager wenig. Wird ein Teil eines deutschen
Traditionskonzerns an Finanzinvestoren verkauft, können
Welten aufeinandertreffen. So war es auch, als die KKR-Beteiligungsfirma Rockwood über den Erwerb von Dynamit
Nobel (DN) verhandelte, einer Spezialchemiefirma der früheren MG Technologies. Bei Rockwood, seit Längerem von
KKR trainiert, umfasste das Dealteam eine Handvoll Leute
um den Rockwood-Chef Seifi Ghazemi. Vonseiten der mg
waren dagegen rund 50 Führungskräfte involviert, die zudem
auch anderweitig sehr beschäftigt waren. „Ghazemi ist fast
ausgetickt", erzählt ein Banker, der bei den Verhandlungen
dabei war. „Da ließen sich Hauptabteilungsleiter und Abteilungsleiter von einem Chauffeur von Sitzung zu Sitzung bei
den diversen DN-Töchtern schippern." Finanzinvestoren,
wenn sie nicht gerade Kravis, Schwarzman oder Bonderman
heißen, fahren Taxi.

Auch eine Korruptionsaffäre, wie sie den Münchner Siemens-Konzern erschütterte, wäre bei Private-Equity-geführten Unternehmen kaum denkbar. Dort sind die Kontroll- und
Informationsvorschriften auf allen Ebenen wesentlich restriktiver. Es gibt einen strengen Handlungskatalog, der vom Investmentkomitee des Finanzinvestors und den finanzierenden
Banken genau beaufsichtigt wird.

Zudem haben schon vor dem Verkauf eines Unternehmens ganze Rudel externer Berater die Unternehmen genau
durchleuchtet. Danach werden meist neue Berater ins Boot
geholt, um zu prüfen, welche Umbauten sinnvoll sind – und
um diese umzusetzen. „Dort darf ein Manager nicht einfach

50 000 Euro in China für einen Beratervertrag ausgeben,
ohne seinen Vorgesetzten zu fragen", sagt ein Private-Equi-
ty-Anwalt. Windgeschütze Ecken, in denen sich Korruption
ausbreiten könnte, können kaum entstehen. Dafür sorgt
schon der Private-Equity-Eigner, aus seinem ureigenen Interesse: Unvorstellbar, dass solche Machenschaften in die
Öffentlichkeit gelangen, während er gerade den Ausstieg vorbereitet.

Nur die Starken halten durch

Jahrelange Verluste, außergewöhnlich hohe Zinszahlungen,
Beraterkosten für die etwaige Restrukturierung – ein Unternehmen muss schon einen sehr gesunden Kern haben, um diese Belastungen unbeschadet auszuhalten. Als wäre die Zins-
bürde nicht genug, müssen Unternehmen in Private-Equity-
Besitz alle paar Jahre zusätzlich millionenschwere Transaktionskosten schultern. Ob eine Private-Equity-Gesellschaft
ein Unternehmen kauft, ob sie seine Schulden nach wenigen
Jahren umfinanziert oder ob sie es wieder verkauft oder an die
Börse bringt: Jedes Mal verdienen Banker, Wirtschaftsprüfer
damit viele Millionen, die das Unternehmen tragen muss.
    Der Börsengang von Symrise zum Beispiel kostete fast
30 Millionen Euro – nahezu drei Viertel des von Symrise im
Jahr 2005 erwirtschafteten Betriebsgewinns. Deswegen –
und aufgrund eines Sonderaufwands von 50 Millionen Euro
für ein Managementbeteiligungsprogramm – musste Symrise
für 2006 mit 90 Millionen Euro noch einen deutlich höheren
Verlust ausweisen als im Vorjahr, als der Fehlbetrag 52 Millionen Euro betrug. Noch teurer ist der „Dual Track", bei dem
Börsengang und Verkauf parallel vorbereitet werden: Auto-
Teile-Unger musste 2004 dafür 72 Millionen Euro berappen.
Diese enormen Kosten drückten sogar die außerordentlich
gesunde und wachstumsstarke Autowerkstättenkette in die
Verlustzone: Ein Minus von 64,5 Millionen Euro stand in
jenem Jahr nach Steuern zu Buche. Dass das Management
eines Unternehmens während der Monate intensiver Verhandlungen und Prüfung durch die Interessenten kaum zu

seinem Tagesgeschäft kommt, ist in solchen Zahlen noch gar nicht eingerechnet.

Besonders dreist allerdings ist, wenn die Private-Equity-Gesellschaft selber noch hohe Beratungskosten geltend macht. Blackstone kassierte für die Umstrukturierung bei Celanese inklusive Delisting, Sitzverlegung und Börsengang in den Jahren 2004 und 2005 rekordverdächtige 110 Millionen Euro. Um auf eine solche Summe zu kommen, mussten selbst die findigen Blackstone-Manager alle Register ihrer Kreativität ziehen: Weil der Börsengang in New York schon neun Monate nach der Mehrheitsübernahme der Kronberger Firma stattfinden konnte, stellte Blackstone für eine vorzeitige Beendigung des Beratervertrages 35 Millionen Euro in Rechnung. „Advisory Termination Fee" heißt diese Gebühr.

Ein schwacher Trost: Ein solches Ausmaß an Gier ist selbst in der Private-Equity-Branche nicht alltäglich – soweit sich das überhaupt beurteilen lässt. Denn solche „Gebühren" legen die Finanzinvestoren recht selten offen. Bei MTU Aero Engines ist im Prospekt für den Börsengang aufgeführt, dass KKR im Jahr 2004 eine Managementgebühr von einer Million Euro kassierte. Damit kam der Triebwerkshersteller den Angaben zufolge sogar billiger weg als während seiner Zugehörigkeit zum DaimlerChrysler-Konzern, als eine – nicht bezifferte – „Dienstleistungsvergütung" abgeführt werden musste.

Management auf Schleuderstühlen

Auch an die Manager stellen die Finanzinvestoren hohe Ansprüche. „Im Vergleich zu Konzernunternehmen wie Hoechst ist der Leistungsdruck in Unternehmen in Private-Equity-Hand höher", sagt Kalle-Chef Walter Niederstätter. „Probleme muss man in kürzester Zeit in den Griff bekommen. Da sind die Private-Equity-Manager nicht sehr geduldig." So stehen die obersten Führungskräfte der Unternehmen nach dem Einstieg eines Finanzinvestors mindestens so sehr im Feuer wie die Arbeitsplätze. „Einen Fall wie Mercedes-Benz unter dem Konzerndach von DaimlerChrysler hätte es unter Private Equity nicht gegeben", meint Jürgen Heraeus, Auf-

sichtsratschef des gleichnamigen Edelmetall- und Technolo-
giekonzerns in Hanau und Berater von CVC. Über dem
strikten Fokus des Vorstands auf den Problemtöchtern Chrysler und Mitsubishi war 2006 auch die Kernmarke Mercedes-
Benz vorübergehend zum Sanierungsfall geworden. „Mit Private Equity wäre es nie zu diesem Wertverlust gekommen",
glaubt Heraeus. „Und die handelnden Personen wären nie so
lange geblieben." Daimler-Chef Jürgen Schrempp war erst
2006 auf massiven Druck von Aktionären und Öffentlichkeit hin ausgeschieden.

Die Antreiberei hat auch ihre guten Seiten. So sehen es zumindest Manager, die an den verkrusteten Konzernstruktu-
ren verzweifelt sind: Ihre Private-Equity-Eigentümer sind
für sie fast jederzeit erreichbar und treffen Entscheidungen
in kürzester Zeit – und am Telefon, wie sich Apcoa-Chef
Fischer wundert. „Bei Hoechst musste ich mit hohem Zeit-
aufwand mit einer Vielzahl von Stäben diskutieren, die überall mitmischten und nichts verstanden", sagt Niederstätter.
„Jetzt habe ich alle vier bis sechs Wochen ein Meeting mit
meinen Eigentümern. Da sind wir innerhalb von drei bis vier
Stunden mit allen anstehenden Themen durch."

Das hohe Tempo und die extreme Zahlengetriebenheit der
Investoren sind trotzdem nicht jedermanns Sache. In einer
Umfrage des Center for Entrepreneurial and Financial Stu-
dies (CEFS) der TU München unter 23 Konzernabspaltungen
wurde in einem Drittel der Fälle das Management ausgetauscht. Bei MTU Aero Engines musste der langjährige Chef
Klaus Steffens gehen, da der begeisterte Techniker KKR nicht
geeignet erschien, den Aktieninvestoren weltweit einen Börsengang von MTU schmackhaft zu machen. Auto-Teile-Unger, Demag Cranes, Deutsche Annington, Symrise, Grohe,
Rodenstock, Elster (früher: Ruhrgas Industries), ProSieben-
Sat.1, Duales System Deutschland und auch Deutsche Telekom – bei allen wurden Vorstände ausgetauscht, zum Teil sogar mehrfach.

Vorsicht Kundenabzocke!

Besonders beliebt bei Finanzinvestoren sind Private-Equity-trainierte „Wiederholungstäter", wie zum Beispiel Walter Schmidt. Der ista-Chef hatte vor einigen Jahren unter der Ägide von BC Partners den Ablesekonzern Techem als Finanzvorstand mit umstrukturiert und an die Börse geführt. Dasselbe hatte CVC mit dem Techem-Konkurrenten ista vor – und warb Schmidt samt seinem Investor-Relations-Chef von Techem ab.

Letztlich ging die hochprofitable ista allerdings nicht an die Börse, sondern wurde 2007 an einen anderen Finanzinvestor weitergereicht. Den exorbitanten Preis von 2,4 Milliarden Euro zahlte Charterhouse gerne. Denn die Gewinne von ista sprudelten stetig – allerdings auf Kosten der Kunden. CVC war gar so dreist, dies in den Verkaufspapieren für ista ziemlich unverblümt zu beschreiben. „Der (deutsche) Markt hat sich in eine oligopolistische Struktur entwickelt", heißt es darin. Das Oligopol trage dazu bei, operative Gewinnmargen vor Sonderposten von über 40 Prozent zu erzielen. ista und Techem rechnen in Mietshäusern Heiz- und Wasserkosten der einzelnen Parteien ab und erstellen die Rechnungen. Verhandlungspartner sind die Vermieter, die die gesamten Kosten an die Mieter abwälzen. „Das hat eine relativ niedrige Preissensibilität unter Immobilienverwaltern zur Folge", heißt es in dem Papier.

Mit Millionen fängt man Manager

Die Keulerei, die Private-Equity-Investoren von den Managern ihrer Firmen verlangen, kann sich für diese auch persönlich richtig auszahlen. In der Regel werden die wichtigsten Führungskräfte zu Sonderkonditionen am Eigenkapital ihrer Firma beteiligt. Gelingt dem Finanzinvestor einige Jahre später ein lukrativer Ausstieg, streichen die Manager relativ gesehen sogar noch deutlich mehr ein. Üblich ist, dass das Management etwa zwei- bis viermal so viel auf seinen Einsatz verdient wie die Private-Equity-Gesellschaft selbst. Das bedeutet: Schafft es der Finanzinvestor, seinen Kapitaleinsatz zu verdoppeln oder zu verdreifachen, können die Manager ihren Einsatz vervier- bis verzwölffachen.

So durften sich bei Apcoa 68 Manager über den äußerst gewinnträchtigen Weiterverkauf ihres Unternehmens freuen. Beim Gabelstaplerhersteller Kion wurden sogar 250 Führungskräfte beteiligt. Der Verdienst, den Kions Lenker Hubertus Krossa im Erfolgsfall einstreichen würde, ließ selbst seinen früheren Chef, den Linde-Vorstandsvorsitzenden Wolfgang Reitzle, erblassen. Dabei gehört Reitzle mit einem Jahresgehalt von 7,4 Millionen Euro schon zu den bestbezahlten Vorstandschefs im Dax.

Für die Führungskräfte von Symrise nennt der Börsenprospekt für den erfolgreichen Börsengang einen Bonus von insgesamt 36 Millionen Euro. Bei MTU Aero Engines war für vier Vorstände und weitere 25 Manager ihre Beteiligung mit eigenem Kapital ein Riesengeschäft: vor allem für Vorstandschef Udo Stark, den Nachfolger von Klaus Steffens. Stark konnte bei seinem Einstieg Anfang 2005 1,085 Millionen MTU-Aktien billig erwerben – und wurde damit um ungefähr 40 Millionen Euro reicher. Mitte 2006 ging MTU an die Börse und konnte den Aktienkurs dann sogar binnen 20 Monaten noch verdoppeln.

Über die Aktiengewinne hinaus bezog Stark während seiner dreijährigen Vorstandstätigkeit selbstverständlich auch ein Gehalt, etwa drei Millionen Euro pro Jahr. „Um meine Rente müssen Sie sich nicht sorgen", sagte er im März 2007 auf seiner letzten Bilanzpressekonferenz, kurz nachdem er seinen Rückzug zum Ende des Jahres angekündigt hatte.

An die 50 Millionen Euro in drei Jahren, das schafft nicht einmal Josef Ackermann. Dabei ist der Deutsche-Bank-Chef der Topverdiener unter den Chefs der 30 Dax-Unternehmen. Doch abseits der Börse sind Millionenverdienste wie bei Stark kein Einzelfall: Auch Georg Kofler, Chef des Bezahlsenders Premiere, hat richtig abgesahnt. Für seine Premiere-Aktien strich er insgesamt 255 Millionen Euro ein. Sein Einstandspreis ist nicht veröffentlicht, soll aber substanziell gewesen sein. In der Branche ist die Rede von 100 Millionen Euro, für die er sich privat hoch verschulden musste.

Immerhin mussten Stark und Kofler hart arbeiten, um die
Millionen zu scheffeln. Der Vorstandschef von Celanese, Claudio Sonder, ging nach dem Verkauf seiner Firma mit Sonderzahlungen und Aktienoptionen von 12,7 Millionen Dollar in
den Ruhestand. Nachdem er den Celanese-Aktionären die
Annahme eines Übernahmeangebots von Blackstone empfohlen hatte, das sich im Nachhinein als viel zu niedrig herausstellte.

Fallstudie: Deutsche Telekom – Wie eine Heuschrecke für SPD-Finanzminister Peer Steinbrück den Prügelknaben spielt

„Blackstone-Einstieg zündet Kursfeuerwerk bei der Telekom." So hoffnungsfroh titelte die „Börsen-Zeitung" am
25. April 2006. Tags zuvor hatte der Bund aus dem Aktien-
besitz seiner KfW-Bankengruppe völlig überraschend einen
4,5-Prozent-Anteil an der Deutschen Telekom an Blackstone
verkauft. Hatte SPD-Politiker Franz Müntefering den US-
Investor zwölf Monate zuvor noch auf eine parteiinterne
Heuschrecken-Liste gesetzt, traute sein Parteigenosse Peer
Steinbrück jetzt ebendieser Heuschrecke Großes zu: „Private
Equity kann und wird einen erheblichen Beitrag dazu leisten,
die Chancen und Potenziale der Telekom zu mobilisieren und
auszuschöpfen", schwärmte der Bundesfinanzminister.

Jener Kauf im Wert von 2,68 Milliarden Euro war zwar
nicht der größte, aber der spektakulärste deutsche Private-
Equity-Deal des Jahres 2006. Heuschrecke trifft auf unbe-
weglichen Koloss, der in ein enges Geflecht aus politischen
und Arbeitnehmerinteressen eingebunden ist. Eine unver-
gleichlich spannende Konstellation. Doch Blackstone hat
dieses Korsett grob unter- und die eigenen Möglichkeiten, es
zu sprengen, weit überschätzt. Das „Kind" Telekom-Deal ist
aus Sicht des Investors bereits nach wenigen Monaten in den
Brunnen gefallen. Seither versuchen die Amerikaner, mit
guter Miene noch das Beste daraus zu machen.

Aber zunächst von vorne: Die Chancen der Telekom mobilisieren sollte und wollte Blackstone also. Mit dem Mini-Anteil und einem von 20 Sitzen im Aufsichtsrat. Mit diesem Ansinnen versetzte die US-Beteiligungsfirma, die weltweit als eine der professionellsten und geschicktesten gilt, die Private-Equity-Branche weltweit in Erstaunen. Die Konkurrenz ebenso wie die eigenen Geldgeber. Auf einem Investorentreffen wenige Wochen nach dem Deal mussten die Blackstone-Manager viel Zeit und Argumente verwenden, dessen Sinnhaftigkeit zu erklären. „Die Investoren waren nie glücklich damit", berichtet ein Insider. „Für schlichte Käufe von Aktien an börsennotierten Gesellschaften haben sie selbst Spezialisten." Diese jedoch arbeiten günstiger als die Private-Equity-Firma, die für angelegte Gelder 1,5 Prozent Verwaltungsgebühr und 20 Prozent Gewinnbeteiligung verlangt.

Blackstone argumentierte damals, die Telekom sei dramatisch unterbewertet. Der deutsche Marktführer komme auf einen Wert von weniger als dem Fünffachen des operativen Jahresgewinns (Ebitda). Andere Telekomunternehmen notierten beim Achtfachen. Ein weiterer Vorteil für Blackstone: Die Amerikaner brauchten für den Telekom-Deal nur 400 Millionen Euro eigenes Kapital. Für den Rest erhielten sie bei ihrem Berater, der Deutschen Bank, einen fabulösen Kredit. 85 Prozent des gesamten Kaufpreises von 2,68 Milliarden Euro finanzierte das größte deutsche Kreditinstitut, zu einem Zins von durchschnittlich etwa fünf Prozent. Selbst für die ausgebuffte Investorenbranche war dies ein Novum. Bislang war es üblich, dass Banken Käufe von Aktienpaketen allenfalls zu 50 Prozent mit Fremdkapital finanzieren.

Damals schwärmte Blackstone-Präsident Hamilton James von der Telekom als einem „vergoldeten Unternehmen". Was Blackstone nicht sagte – und wohl auch nicht sagen durfte: Hinter dem Deal steckte viel mehr als ein schnöder Aktienkauf. Der Bund als Haupteigner mit knapp 32 Prozent hat sich mit der Heuschrecke verbündet und ihr Unterstützung zugesagt. Damit reichte Blackstones Einfluss viel weiter, als dies der kleine Anteil und der eine Sitz im Aufsichtsrat vermuten ließen.

Ursprünglich hatte das Finanzministerium im Verein mit dem mächtigen Telekom-Aufsichtsratschef Klaus Zumwinkel sogar eine viel radikalere Idee, um der Telekom Beine zu machen. Im Herbst 2005 traf sich Zumwinkel mit Vertretern von Apollo, BC Partners und dem Continental-Angreifer GCG, um mit ihnen den Verkauf von fast 30 Prozent zu besprechen. Die Investoren zeigten sich hoch interessiert, prüften monatelang Markt und Zahlen der Telekom, trafen Telekom-Chef Kai-Uwe Ricke und Finanzchef Karl-Gerhard Eick, Finanzminister Steinbrück und seinen Staatssekretär Thomas Mirow. Im Februar 2006 war man sich so gut wie einig: Die Investoren sollten für das Paket 18 Milliarden Euro zahlen.

Doch dann bekam die gerade neu formierte Bundesregierung kalte Füße. Die Politiker befürchteten, der Verkauf eines so großen Anteils an Heuschrecken könne ein mittleres Erdbeben auslösen. Zudem könnten sie sich dem Vorwurf aussetzen, Bundesvermögen billig zu verschleudern. So stieß Blackstone-Chef Steve Schwarzman im Februar bei seinem Treffen mit Kanzlerin Angela Merkel in Berlin und Peer Steinbrück in New York auf offene Ohren: Blackstone würde nur knapp fünf Prozent an der Telekom kaufen, aber alle Maßnahmen zur Wertsteigerung mit vorantreiben. Auf diese Weise würde auch der Staatssäckel vom Treiben der Heuschrecke profitieren. Das Dreierkonsortium wurde zwar ebenfalls zu einem Gebot eingeladen, war an einem so kleinen Anteil aber nicht interessiert.

So wurde der Deal mit Blackstone wenig später beschlossen, über die Köpfe von Ricke, Eick und Zumwinkel hinweg. In der Eile hatten die Amerikaner sogar auf eine gründliche Due Diligence (Unternehmensprüfung) verzichtet. Beim einzigen Treffen von Blackstone-Managern mit Vertretern des Telekom-Vorstands war Ricke nicht einmal zugegen – er hatte sich auf eine Auslandsreise verabschiedet.

So hatten es sich Steinbrück und Schwarzman selbst zuzuschreiben, dass schon der Start von Blackstone einem Griff in ein Wespennest glich. Die Amerikaner trafen nur auf Widersacher: Ricke war enttäuscht über diese Lösung. Er hatte gehofft, mit dem Dreierkonsortium als Haupteigner die

Telekom weiter umbauen zu können, ohne ständiges Reinreden von Politikern. Zumwinkel fühlte sich persönlich angegriffen, dass der Bund ihm einen Besserwisser in Gestalt einer Heuschrecke vor die Nase gesetzt hatte. Dabei hatte der frühere McKinsey-Mann doch für den Bund schon die Deutsche Post als Vorstandschef erfolgreich von einem staatlichen Monopolisten in einen weltweit tätigen, modernen Logistiker umgebaut. Die Arbeitnehmervertreter im Aufsichtsrat waren ohnehin gegen radikale Schnitte, wie sie Finanzinvestoren normalerweise vorantreiben. Und selbst auf die Unterstützung der Bundesregierung konnte Blackstone nur bedingt zählen. Stellenabbau und Lohnsenkungen gehören nun mal nicht zu den Agenden, die Politiker gerne offensiv nach außen vertreten.

So folgten Monate mit Grabenkämpfen, Intrigen, zwei Korrekturen der Gewinnprognosen und eine Rochade an Umstrukturierungen und Personalwechseln, die oft schon Monate später wieder obsolet waren. Das war ungefähr das Gegenteil von dem, was sich Schwarzman und sein Londoner Telekom-Partner Lawrence Guffey vorgestellt hatten.

Wäre es nach ihrem Willen gegangen, wäre die Telekom-Geschichte in etwa so verlaufen. In maximal drei Monaten hätten die Amerikaner den vielbeschäftigten und durch Interessenkonflikte befangenen Aufsichtsratchef Zumwinkel, Vorstandschef Ricke und weitere Vorstände gefeuert. Stattdessen hätten sie eine Größe aus der internationalen Telekomindustrie an die Spitze der Telekom gesetzt, zum Beispiel Ben Verwaayen, den Vorstandschef von British Telecom. Der hätte dann allenfalls drei Monate Zeit gehabt, um einen Sanierungsplan zu entwickeln, zu beschließen und die Umsetzung in Gang zu setzen. Dazu hätten gehört: eine Markt- und Serviceoffensive, eine Beschleunigung des eigentlich bis 2008 laufenden Abbaus von 32 000 Stellen, eine Ausgliederung der Mitarbeiter in den Servicebereichen et cetera. Schon im zweiten Jahr des Umbaus wären die ersten zählbaren Erfolge aufgetaucht. Damit hätte sich Blackstone am Ende der mit dem Bund vereinbarten Haltedauer von zwei Jahren mit den entsprechenden Kursgewinnen verabschieden können.

Daraus wird nichts – zumindest nicht so schnell. Von April 2006 an dauerte es quälende fünf Monate, bis Larry Guffey sein neues Aufseheramt antreten konnte. Auf seiner ersten Aufsichtsratssitzung wollte der Blackstone-Partner aber nicht gleich den Königsmörder geben – obwohl Ricke Blackstone und die anderen Aktieninvestoren im August durch eine drastische Herabsetzung der Gewinnprognosen erzürnt hatte und immer noch mehr Festnetzkunden abwanderten. Guffey hoffte damals auch noch, beim Bund einen anderen Aufsichtsratschef und einen externen Kandidaten für den Vorstandsvorsitz durchzusetzen.

Der schwer angeschlagene Telekom-Chef Ricke versuchte bis zum Schluss, seine Haut zu retten. Er legte den Aufsichtsräten im September 2006 einen Strategieplan „Telekom 2010" vor, der Aufsichtsräten zufolge aber kaum Neues enthielt. Und er läutete das Ende der von ihm selbst installierten Dreisäulenstruktur ein und beschloss, wichtige Funktionen wie Vertrieb, Service oder Werbung quer über alle drei Bereiche der Telekom zu bündeln. Bis dahin agierten die drei operativen Einheiten T-Mobile (Mobilfunk), T-Com (Festnetz) und T-Systems (Geschäftskunden) unabhängig voneinander – sodass die Telekom bei den beliebten Kombiangeboten der Wettbewerber häufig das Nachsehen hatte. Die Dreiteilung führte zum Beispiel dazu, dass ein Kunde für Handy, Festnetztelefon und DSL-Anschluss mit verschiedenen Hotlines verhandeln musste und getrennte Rechnungen bekam – ein Unding aus Kundensicht. Dafür hatten es sich die Spartenherren gut eingerichtet: Die Chefetage der größten Sparte T-Com verfügte zum Beispiel über neun Vorstände, die alle mit den üblichen Extras wie Limousine und Chauffeur ausgestattet waren.

Auch die spätere Ausgliederung von Kundenservice, Technik und Callcenter in eigene Gesellschaften unter dem Oberbegriff T-Service hat bereits Ricke angekündigt. Trotzdem entpuppten sich seine Aktionen als aussichtsloses Rettungsmanöver. Im November – also sieben Monate nach Blackstones Einstieg – war sein Rücktritt beschlossene Sache. Aus diesem Machtkampf hinter den Kulissen ging aber auch

Blackstone nicht als uneingeschränkter Sieger hervor. Die Amerikaner mussten sich mit einem Kompromiss zufriedengeben: Zumwinkel blieb, zumindest vorübergehend, und Ricke-Nachfolger wurde mit dem erfolgreichen T-Mobile-Chef René Obermann ein interner Kandidat.

Obermanns Job gleicht seither der Quadratur des Kreises. Er soll den Service und die Kundenangebote der Telekom verbessern, um die enormen Marktanteilsverluste im Festnetz zu stoppen und die Telekom auch im Bereich der schnellen DSL-Anschlüsse zum dominierenden Marktführer zu machen. Zugleich muss er die Kosten, die im Vergleich zu den Wettbewerbern viel zu hoch sind, drastisch senken. Dies alles sollte passieren, ohne durch zu massive Einschnitte bei den Arbeitnehmern zu großen Ärger mit der mächtigen Gewerkschaft Ver.di und zu großen politischen Wirbel zu erzeugen.

Für all dies hatte Obermann nicht viel Zeit. Er müsse in den ersten 100 Tagen zeigen, dass er den Tanker drehen kann, gab Blackstone dem jungenhaft wirkenden Manager zu seinem Start mit auf dem Weg. „Was er da nicht anschiebt, schiebt er nicht mehr an." Dieser Druck wurde dadurch, dass Obermann im Januar 2007 die Gewinnprognose für das Jahr abermals zurücknehmen musste, noch erhöht. Nun lautete das Ziel für 2007 nur noch 19 Milliarden Euro Ebitda, drei Milliarden weniger als Ende 2005 ursprünglich versprochen.

So gab Obermann fortan selber die Heuschrecke, wie ihm, den anderen Telekom-Managern und ihren Vorgängern ein Mitarbeiter der Sparte T-Com per E-Mail attestierte. „Sie kommen, strukturieren um, und das mit einer Arroganz und Selbstherrlichkeit, ohne auf warnende Hinweise zu hören, dass sich so die Qualität und die Zuverlässigkeit nicht mehr halten lassen können, geschweige denn besser werden", schrieb der Mitarbeiter in der Mail, die konzernintern tausendfach weiterverschickt und schließlich im Internet gepostet wurde. „Es kümmert sich auch niemand von Ihnen um die Folgen Ihrer Entscheidungen. Sie ziehen mit vollgestopften Taschen weiter, um im nächsten Unternehmen das Gleiche zu tun und Sie hinterlassen skrupellos einen immer größer werdenden Scherbenhaufen. (…) Wundern Sie sich aber nicht, wenn Sie, nachdem Sie das immer schneller sinkende Schiff Telekom – wie Ihre Vorgänger sicherlich mit einer großzügigen Abfindung für Ihre hervorragenden Verdienste für die Telekom – verlassen haben, beim Blick in den Spiegel eine Heuschrecke sehen."

Der Anlass für die tiefe Verärgerung Zehntausender Mitarbeiter: Obermann hatte Ende Februar damit begonnen, die von Ricke kurz zuvor umgebaute und von ihm selbst im Dezember schon geänderte Organisations- und Führungsstruktur ein weiteres Mal umzukrempeln. Dabei wollte er 50 000 Mitarbeiter in den Bereichen Technik, Kundendienst und Callcenter in GmbHs auslagern, damit sie nicht mehr dem Telekom-Tarifvertrag unterliegen und künftig für weniger Geld länger arbeiten. Mehr als 10 000 Beschäftigte traten viele Wochen lang in Streik. Dutzende altgediente Telekom-Manager verloren ihre Jobs. Betriebsräte klagten, Obermann benehme sich wie ein „Musterschüler, der für den Lehrer einspringen muss und nun mit barschem Auftreten versucht, sich Respekt zu verschaffen".

Trotzdem rührte sich der Aktienkurs nicht nennenswert von der Stelle. Am 24. April 2007 notierte er bei 13,25 Euro – 75 Cent weniger, als Blackstone ein Jahr zuvor pro Aktie gezahlt hat. Blackstone-Manager können kaum mehr verbergen, dass sie diesen Deal tief bereuen. Aus ihrer Sicht bringt die Telekom mit ihren extrem aufwendigen Abstimmungsprozessen nur viel Arbeit. Ob diese aber jemals zählbare Erfolge bringt, ist angesichts der großen Widerstände äußerst fraglich.

Helfen Heuschrecken mittelständischen Unternehmern bei ihrer Nachfolge?

Private Equity und der Mittelstand, das ist von jeher ein schwieriges Kapitel. Immer wieder wurde in den vergangenen Jahren in Deutschland der Nachfolgenotstand ausgerufen. Laut einer 2007 veröffentlichten Umfrage des Deutschen Industrie- und Handelskammertages (DIHK) bedrohen ungeklärte Nachfolgeregelungen 40 000 Unternehmen.

Dennoch ist das von vielen Auguren vorhergesagte Dorado für die übernahmehungrigen Private-Equity-Gesellschaften bislang ausgeblieben. Die Mittelständler, die Kapital suchen, sind häufig zu klein für klassisches Private Equity. Und unter den größeren Familienunternehmen sind die meisten immer noch renitent genug, den Millionen und Milliarden aus den USA oder sonst woher zu widerstehen und die Führung ihrer Unternehmen auf andere Weise zu regeln. Eine andere DIHK-Umfrage ergab, dass drei Viertel der Mittelständler einen Einstieg privater Kapitalgeber skeptisch sehen. 15 Prozent würden eine Private-Equity-Firma nicht einmal an Bord haben wollen, wenn sie in akute Finanznöte gerieten.

Man kann diese Umfrage allerdings auch anders herum lesen: Immerhin ein Viertel der Unternehmen kann sich eine Beteiligung von Private Equity vorstellen. Trotz aller Vorbehalte tut sich langsam was im Mittelstand. Im Windschatten der Megafonds mit ihren immer voluminöseren Megadeals wird Private Equity allmählich bei Mittelständlern hoffähig. „Der Mittelstand öffnet sich jetzt nachweislich den Investoren", sagt André Gloede von der Kanzlei SJ Berwin.

Ob daraus eine große Verkaufswelle wird, daran überwiegen aber noch die Zweifel. „Familiengesellschaften sind selten auf dem Markt", sagt Peter Hammermann, Europachef des Mittelstandsinvestors Barclays Private Equity (BPE). „Über das Thema Nachfolge reden wir seit 20 Jahren, trotz-

dem hat sich bis auf wenige Ausnahmen wenig weiterentwickelt. Familien halten ihr Unternehmen oft lieber weiter,
sonst haben sie eher das Problem, den Verkaufserlös wieder
zu investieren." Dass auch Hammermann mehr mittelständische Private-Equity-Übernahmen erwartet, hat andere Gründe: „Die Bereitschaft bei Konzernen, mittelständische Randgeschäfte zu verkaufen, steigt, und es kommen auch häufiger Mittelständler aus dem Besitz von Finanzinvestoren auf
den Markt."

Das indizieren auch die Statistiken. Eine Erhebung des
Barclays-Konkurrenten Deutsche Beteiligungs AG (DBAG)
notiert seit dem Jahr 2002 einen erheblichen Anstieg mittel-
ständischer Übernahmen im Wert zwischen 50 und 250 Millionen Euro: 2006 wurden in Deutschland 34 Unternehmen
dieser Kategorie im Gesamtwert von vier Milliarden Euro an
Finanzinvestoren veräußert, davon nur sieben aus der Hand
von Familieneigentümern. 2005 waren es in dieser Größe
erst 25 Unternehmen im Wert von drei Milliarden Euro,
2002 zehn Mittelständler im Wert von 1,3 Milliarden
Euro.

Damit sind deutsche Unternehmer im europaweiten Vergleich ganz besonders widerspenstig gegenüber Private Equity. Nach Daten des britischen Forschungsinstituts Centre for
Management Buy-out Research (CMBOR) kaufen Finanzinvestoren in Kontinentaleuropa jedes dritte Unternehmen aus
privaten Händen. In Deutschland stammte 2006 nur jedes
vierte Unternehmen aus Familienhand – Tendenz immerhin
steigend.

Umso größer erscheint das Potenzial. Das glauben auch
die institutionellen Geldgeber des Private-Equity-Geschäfts:
Pensionskassen, Stiftungen, Versicherer und Banken in Europa und den USA. Ihr Geld lässt neue Mittelstandsfonds wie
Pilze aus dem Boden sprießen. Seit Beginn des Jahrtausends
wurden in Deutschland unter anderem Nordwind Capital,
Argantis, Buchanan Capital Partners, Steadfast Capital, Or-
lando und Auctus neu gegründet.

Zugleich werden die Fonds, die es schon gibt, immer vo-
luminöser. Der britische Finanzinvestor 3i hat 2007 mit fünf

Milliarden Euro den bislang größten Beteiligungsfonds für den Mittelstand aufgelegt. Davon sollen 15 bis 20 Prozent in den nächsten drei bis vier Jahren nach Deutschland fließen. Die Berliner Beteiligungsfirma Odewald & Compagnie um Ex-Kaufhof-Chef Jens Odewald und den früheren Dresdner-Vorstand Ernst-Moritz Lipp sammelte 2007 rund 600 Millionen Euro ein, Rekord für einen deutschen Beteiligungsfonds. Die DBAG schloss 2006 einen Parallelfonds mit 434 Millionen Euro, 90 Prozent größer als sein Vorgänger. Die DBAG ist wie 3i börsennotiert und finanziert Firmenkäufe zum Teil aus ihrer Bilanz und zum Teil aus den Parallelfonds.

Ein Treiber im Mittelstandsgeschäft ist neben der Nachfolgeproblematik die Notwendigkeit, Wachstum extern zu finanzieren. Dabei halten sich die Banken, auch aufgrund der neuen Eigenkapitalvorschriften nach Basel II, weiterhin zurück. Denn deutsche Mittelständler verfügen im internationalen Vergleich immer noch über eine niedrige Eigenkapitalausstattung, obwohl sie in den vergangenen Jahren deutliche Fortschritte gemacht haben.

Trotzdem wiegen in den meisten Fällen die Gründe, die gegen Finanzinvestoren sprechen, deutlich schwerer. Die Unternehmerpatriarchen scheuen den Verlust der Kontrolle. Sie befürchten Produktionsverlagerungen und den Abbau hunderter Arbeitsplätze am Sitz ihrer Firma, wo sie vielleicht auch privat verwurzelt sind. Oder sie könnten ihr Lebenswerk einfach nicht loslassen. „Ich hatte schon Verkäufer am Tisch, die waren über 80 und konnten sich noch nicht trennen", sagt BPE-Deutschlandchef Hammermann.

Treffen diese Unternehmer auf Finanzinvestoren, prallen Welten aufeinander. Ein Mittelständler sei langfristig orientiert und entnehme Gewinne nur, soweit es der Lebensunterhalt seiner Familie und die Ansprüche der Miteigentümer erfordern, so beschreibt der Unternehmer Hans Knürr die typische Einstellung in seinem Buch „80 Ansichten eines gestandenen Unternehmers": „Er ist stolz auf das Erreichte, sonnt sich in seinem gesellschaftlichen Ansehen und freut sich über seine alleinige Herrschaft über die unternehmerischen

Vorgänge. Er wacht sorgsam darüber, dass niemand außer ihm Einblick in das innere Geschehen erhält, da preisgegebene Informationen Begehrlichkeiten bei Banken, Gewerkschaften, Wettbewerbern oder beim Finanzamt wecken können."

Dass dies der Arbeitsweise von Finanzinvestoren widerspricht, liegt auf der Hand. Beteiligungsgesellschaften wollen mittelfristig wieder aussteigen, fordern Transparenz und das Schlimmste: Sie wollen mitreden.

Knürr kennt diese Probleme. Er hat an seinem Unternehmen Knürr AG, einem Hersteller von Netzwerkschränken, Anfang der 90er-Jahre den Schweizer Mittelstandsinvestor Capvis beteiligt, um zusätzliches Kapital an Land zu ziehen. Im Jahr 2000 verkaufte er sein Unternehmen ganz und berät jetzt Capvis. „Stellt man die typischen Anliegen der Familienunternehmer und der Private-Equity-Investoren gegenüber, so scheint es ziemlich unmöglich zu sein, dass die beiden zu einer beiderseits ergebnisstarken, glücklichen Paarung zusammenfinden könnten", folgert er. Wenn der Finanzinvestor die Mehrheit übernimmt, muss der Mittelständler die Herrschaft über seine Firma abgeben – selbst wenn er noch beteiligt bleibt. „Natürlich soll er mitreden, aber letztlich kann er nichts mehr entscheiden", sagt BPE-Manager Hammermann.

Komplizierter wird es, wenn nur ein Minderheitsanteil verkauft wird. „Bei Minderheiten ist ganz entscheidend, dass Unternehmer und Beteiligungsgesellschaft die gleiche Agenda haben", erklärt Robert Stein, Direktor bei 3i. Das heißt: Strategie und Investitionen sowie vor allem die Modalitäten des Ausstiegs müssen schon beim Einstieg des Investors vereinbart und vertraglich geregelt werden. Und die Chemie muss stimmen.

Selbst bei sorgfältiger Vorbereitung sind Mittelständler und Investoren aber vor Überraschungen nicht gefeit. Bei der Einzelhandelskette Das Depot zum Beispiel kam 3i-Manager Stein und Geschäftsführer und Mehrheitseigner Christian Gries das gegenseitige Verständnis recht schnell abhanden. Die „Ehe" von Gries und 3i hielt keine zwei Jahre. „Aufgrund

unterschiedlicher Auffassungen über die weitere Wachstums-
strategie haben sich die beiden Partner auf den Rückkauf der
von 3i gehaltenen Anteile durch Christian Gries geeinigt",
teilten die geschiedenen Partner im Herbst 2006 mit.

Dabei hatte 3is Einstieg bei der auf modische, preisgün-
stige Wohndekoration spezialisierten Kette vielversprechend
begonnen. Die zehn Millionen Euro, die 3i für 40 Prozent der
Anteile ausgab, dienten nur zu einem Teil dazu, Christian
Gries' 56-jährigen Vater Michael auszuzahlen. Mit dem übrigen Betrag sollte die rasante Expansion der Kette finanziert
werden, die die Zahl ihrer Läden immerhin in jener Zeit von
55 auf 75 erhöhte. „3i bot uns mehr Vorteile als die Bank",
hatte Gries junior den Investor zu Beginn gelobt. Man habe
einen strategischen Partner gesucht, „der nicht nur mit Geld
hilft, zu wachsen, sondern auch mit seinen Kontakten und
seiner Erfahrung". Nun will Gries doch lieber wieder ohne
diese Hilfe auskommen.

Dass der Freude über den gelungenen Deal die Ernüch-
terung folgt, kommt häufiger vor. Der Unternehmer Stefan
Messer verkaufte mit seinen Koinvestoren Allianz und Goldman Sachs den Großteil von Messer Griesheim an den Konkurrenten Air Liquide, um die beiden auszuzahlen, und
führt den Rest der Firma nun alleine fort. Danach konsta-
tierte Messer: „Wir sind froh, dass wir als Familie wieder
100-prozentig selbst über das Unternehmen bestimmen können und keine nervösen Aktionäre hinter uns haben." Von
der Börse und Finanzinvestoren habe man „erstmal genug".
Private Equity sei ein guter Partner für die Zeit der Restrukturierung. Doch suchten Private-Equity-Gesellschaften den
schnellen Profit. Deswegen vertrügen sie sich nicht mit der
langfristigen Ausrichtung eines Familienunternehmens,
glaubt Messer.

Dass Finanzinvestoren die Unternehmen von Anfang an
strikt mit Blick auf die beim Ausstieg erzielbare Rendite
steuern, ist für manchen Mittelständler ein mittlerer Kultur-
schock. „Wir waren immer stärker an einer nachhaltigen
Ausrichtung des Unternehmens interessiert", formuliert dies
Hartmut Seidel, der langjährige Geschäftsführer des Chemi-

kalientransporteurs Kraemer & Martin aus Sankt Augustin
bei Bonn. „Die Investoren interessiert vor allem der Gewinn.
Für sie steht die kurzfristige Betrachtung von Bilanz zu
Bilanz im Vordergrund." Seidel hatte Kraemer & Martin
nach 26 Jahren als geschäftsführender Gesellschafter an den
von Finanzinvestoren gesteuerten Azelis-Verbund veräußert,
einen der europäischen Marktführer in der Chemiedistribu-
tion.

Von null auf 900 Millionen Euro Umsatz

Dabei ist Azelis sogar ein positives Beispiel dafür, was mit
dem Geld von Heuschrecken alles möglich ist. Die Firma mit
900 Millionen Euro Jahresumsatz und über 900 Mitarbeitern entstand ursprünglich aus einem Anderthalbmannbe-
trieb, dem italienischen Chemiedistributor Organa.

Azelis' Geschichte begann 1998, als der ehemalige
Hoechst- und Alitalia-Manager Hans Udo Wenzel die Organa seinem Schwiegervater abkaufte. Um den Konkurrenten
Chem-Plast von Hoechst hinzuerwerben zu können, holte
Wenzel Schroder Ventures (die heutige Permira) mit ins Boot.
Später stiegen noch zwei italienische Banken ein, um weitere Akquisitionen zu finanzieren. 2003 schließlich kaufte der
britische Finanzinvestor Cognetas alle Eigner heraus. Unter
der neuen Ägide ging Azelis weiter auf Einkaufstour.

2006 hatte der Distributor mit Holdingsitz in Luxemburg
mit 13 Akquisitionen alle wichtigen Märkte Europas abgedeckt. Nun stellten sich abermals zwei Grundsatzfragen: Sollte Azelis ein rein europäischer Spieler bleiben oder in die USA
expandieren, wo alle großen Konkurrenten wie Brenntag,
Univa und Helm stark vertreten sind? Und sollte Azelis sich
weiter auf Spezialchemie konzentrieren oder doch wie die
Konkurrenz auch stärker Standardprodukte in ihr Repertoire
aufnehmen? Diese wichtigen Entscheidungen über die künf-
tige Strategie wollte Cognetas lieber dem nächsten Eigentümer überlassen.

So mussten Wenzel und seine Mannschaft 2006 wieder
einmal durch einen kräftezehrenden, monatelangen Verkaufs-

prozess – das dritte Mal in neun Jahren. Dennoch will sich der Azelis-Chef nicht beklagen. „Ich hab mir damit einen Wunsch erfüllt: Unternehmer zu sein. Das geht nicht ohne Eigenkapital", sagt der Mittfünfziger. Als neuen Eigentümer hoffte der in Mailand lebende Deutsche wieder auf einen Finanzinvestor – und bekam den auch: Anfang 2007 wurde Azelis an 3i weitergereicht.

Private Equity taugt selten als Sprungbrett zur Börse

Der Weiterverkauf an einen anderen Finanzinvestor hat sich in den vergangenen Jahren im Mittelstand als beliebtester Ausstieg entpuppt. Dagegen schafften nur noch sehr wenige mittelständische Traditionsunternehmen den Königsweg an die Börse. Dazu gehörten der Tiefbauspezialist Bauer aus Schrobenhausen und der aus einem Familienunternehmen und einer Konzerntochter fusionierte Aromaproduzent Symrise. Der Grund: Für die Beteiligungsgesellschaften ist es schlicht einfacher, die Firmen an Branchenkollegen weiterzuveräußern. Sie vermeiden die Launen des Aktienmarktes und werden alle Anteile auf einmal los. Lukrativer ist es meistens auch, da auch die mittelgroßen Private-Equity-Gesellschaften im Geld schwimmen. Hingegen finden kleinere Mittelständler an der Börse nur schwer Beachtung. In der zweiten Hälfte der 90er-Jahre schnitt die Börse in Konkurrenz zu Private Equity noch besser ab. Damals gingen immerhin die Bäckereikette Kamps, die Modehauskette Ludwig Beck, der Maschinenbauer Winkler + Dünnebier und Anfang 2000 der Ablesekonzern Techem an den Aktienmarkt.

Besser sieht die Börsenbilanz nur im Bereich Wagniskapital aus: wenn Wagniskapitalgesellschaften jungen, stark wachsenden Technologieunternehmen Anschubfinanzierung leisten. Solchen – in der Regel noch sehr kleinen – Unternehmen gelingt weit häufiger der Sprung aufs Parket, wie zum Beispiel der biopharmazeutischen Firma Wilex, dem Solartechnikanbieter Conergy oder dem Internet-Hypothekenkreditspezialisten Interhyp.

Nichtsdestotrotz umgarnen Private-Equity-Investoren zweifelnde Unternehmerpatriarchen gerne mit der Aussicht auf einen späteren Börsengang. Denn eine der schwierigsten Hürden ist für viele, dass Finanzinvestoren nach einigen Jahren wieder aussteigen wollen. „Das wollen die meisten Unternehmer nicht", hat Commerzbank-Vorstand Martin Blessing beobachtet. Käme das Unternehmen zumindest danach an den Aktienmarkt, bliebe es eigenständig und das Lebenswerk bewahrt, glauben viele Mittelständler.

So dachten auch die Eigentümer des „Schlumpf"-Herstellers Schleich aus Schwäbisch-Gmünd. Drei der vier Familiengesellschafter wollten aus Altersgründen verkaufen und sahen sich nach einem Investor um. Die drei gaben sich wählerisch, angesichts eines hervorragenden Wachstums gebe es ja keinen Druck. Als Schleich 2006 einen Verkaufsprozess in Gang setzte, war die Nachfrage hoch: 23 Finanzinvestoren reichten ein unverbindliches Angebot ein, mit zwölf schlossen die Schleich-Gesellschafter eine Vertraulichkeitserklärung ab, mit vieren ging man in die Endverhandlungen. Die britische HgCapital erhielt den Zuschlag – und ließ sich auch auf die Bedingung des Trios ein: Der vierte Gesellschafter, Geschäftsführer Paul Kraut junior, blieb mit einer Minderheit beteiligt und im Management.

Geht es allerdings in einigen Jahren um den Ausstieg, könnte es für Kraut junior, Jahrgang 1967, ein böses Erwachen geben. Der Geschäftsführer träumt von einem Börsengang, und den hat HgCapital nicht ausgeschlossen – schon aus diplomatischen Gründen nicht. Jedenfalls will Kraut unbedingt vermeiden, dass sein Unternehmen an einen anderen Finanzinvestor weiterverkauft wird. „Dann wäre Schleich eine Zitrone, die man immer weiter presst – und wir hätten tatsächlich das Heuschrecken-Szenario", sagt er.

Betrachtet man die Entwicklung der letzten Jahre, klingt das äußerst optimistisch. Selbst größere Ex-Familiengesellschaften als der Spielwarenhersteller, der für 2007 einen Umsatzzuwachs von 80 auf 96 Millionen Euro prognostiziert, haben es in der Vergangenheit nicht an die Börse geschafft. Der Brillenhersteller Rodenstock, die Modefirma CBR („Street

One") und selbst das Milliardenunternehmen Auto-Teile-Unger wurden letztlich von einer zur nächsten Private-Equity-Gesellschaft weitergereicht. Dass es mit dem nächsten Eigner an die Börse geht, ist auch nicht gesagt. Der Chemietransporteur Azelis, der Autozulieferer Edscha und der Brandschutztechniker Minimax haben mittlerweile den dritten Finanzinvestor an Bord.

Falsche Versprechungen

Der größte Haken am Verkauf ist, dass er endgültig ist. Was der Finanzinvestor dann mit dem Unternehmen macht, ist seine Sache. Seine Versprechen, mit denen er um ein Unternehmen buhlte, hat er ein paar Jahre später oft „vergessen".

Insofern haben auch beim Ulmer Gartengerätehersteller Gardena die Führung um Vorstandschef Wolfgang Jahrreiss und die Belegschaft mit Zitronen gehandelt. Als die beiden Unternehmensgründer Werner Kress und Eberhard Kastner 2002 aussteigen wollten, wehrten sich Gardena-Chef Wolfgang Jahrreiss und seine Betriebsräte vehement gegen die Offerte des schwedischen Elektrokonzerns Electrolux. Die Schweden könnten mit ihrer Gartengerätesparte Synergien heben und bei Gardena Arbeitsplätze streichen, wurde befürchtet. „Wir werden alles dafür tun, dass Sie nicht eine weitere Perle des deutschen Mittelstands zerschlagen, und fordern Sie daher auf, Ihre Kaufabsichten zu überdenken", schrieben die Betriebsräte damals in einem Brief an Electrolux, der auch im schwedischen Wirtschaftsblatt „Finanstidningen" abgedruckt wurde. Hintergrund: Electrolux schloss zu jener Zeit die ehemalige AEG-Staubsaugerfabrik in Rothenburg ob der Tauber. Auch im AEG-Werk in Nürnberg haben die Schweden jahrelang Arbeitsplätze abgebaut und es 2007 endgültig dicht gemacht.

Nach monatelangem Hin und Her machte bei Gardena schließlich die schwedische Beteiligungsgesellschaft Industri Kapital (IK) das Rennen – auch da sie einen Börsengang versprach. „Mit Industri Kapital als Investor gibt es nun Klarheit über die weitere strategische Ausrichtung", teilte

Gardena nach dem Zuschlag an die Schweden begeistert mit. „Gardena wird eigenständig bleiben." Auch zwei Jahre später beteuerte IK-Deutschlandchef Detlef Dinsel noch seine Börsenabsichten: „An unserem Ziel, Gardena vier bis sieben Jahre nach unserem Einstieg nach Möglichkeit über die Börse zu verkaufen, hat sich nichts geändert."

An seine Zusage, Gardena über organisches Wachstum und Zukäufe zu einem internationalen Topanbieter zu machen, wollte Dinsel indes bald nicht mehr erinnert werden. Stattdessen fuhr er Kostensparprogramme.

Als die Schweden Gardena 2006 wieder zum Verkauf stellten, wurde ein Gang aufs Parkett gar nicht mehr groß diskutiert. Stattdessen landete der europäische Marktführer für Gartenbewässerung da, wo er zumindest im Jahr 2002 niemals ankommen wollte: bei dem schwedischen Husqvarna-Konzern. In diesem Unternehmen mit 3,2 Milliarden Euro Jahresumsatz und 11 700 Mitarbeitern hatte Electrolux seine Sparte für Gartentraktoren und Rasenmäher mittlerweile ausgegliedert.

Husqvarna bot mit 730 Millionen Euro den höchsten Preis für das schwäbische Unternehmen mit 422 Millionen Euro Umsatz und 2 900 Mitarbeitern. Nun geht Gardena in Husqvarna auf und wird Teil einer Konzernsparte. Nach der Erfahrung mit IK sehen Gardenas Betriebsräte den Verlust der Selbstständigkeit als das geringere Übel an. „Wir sind erleichtert", kommentierte Betriebsratschef Hermann Sailer den Zuschlag für den – nunmehr erhofften – strategischen Investor.

Am stärksten gefährdet es mittelständische Unternehmen aber, wenn es keine klare Nachfolgeregelung gibt oder sich gar Familieneigentümer über die Zukunft des Unternehmens zerstreiten. „Das größte Risiko ist, zu lange zu warten", sagt Gardena-Gründer Kress. Wenn es erst zum Erbfall komme, seien die Familienangehörigen durch die Erbschaftsteuer massiv belastet, oft sogar überfordert.

Der Fall Märklin weckt den Mittelstand auf

Dafür ist der Modelleisenbahnhersteller Märklin aus Göppingen ein besonders abschreckendes Beispiel. Das 1859 gegründete schwäbische Traditionsunternehmen stürzte in eine existenzbedrohende Krise, weil sich die 22 Eigentümer monatelang nicht darauf einigen konnten, wie es weitergeht: Die Umsätze brachen immer stärker ein, von 2002 bis 2005 um ein Viertel auf 123 Millionen Euro. Dafür stiegen Verluste und Schulden, obwohl Märklin in dieser Zeit bereits 600 der ehemals 2 000 Arbeitsplätze abgebaut hat. Im Jahr 2005 betrug die Eigenkapitalquote nur noch 7,3 Prozent.

Die Banken, bei denen Märklin mit etwa 50 Millionen Euro in der Kreide stand, wurden zunehmend nervöser und drangen schließlich auf einen Verkauf von Märklin. Einige Mitglieder der Gesellschafterfamilien jedoch beharrten auf Preisen im mittleren zweistelligen Millionenbereich. Dies wurde aber mit jedem Tag utopischer, den Märklin tiefer in die Krise schlitterte.

Einen sehr ernsthaften Interessenten gab es wohl: Matthias Hink, Mitgründer des auf Problemfälle spezialisierten Investors Kingsbridge Capital, hatte Märklin als eines seiner ersten Investments ausgeguckt – allerdings nicht zu den aufgerufenen Preisen. Um den Gesellschaftern auf die Sprünge zu helfen, griff Hink mit Unterstützung der Investmentbank Goldman Sachs zu einer weniger feinen Methode: Er beauftragte Goldman Sachs, einen signifikanten Teil der Märklin-Kredite von Märklins Hausbanken DZ Bank und Volksbank Göppingen aufzukaufen. Solchermaßen verstärkt, stellte schließlich der gesamte Bankenpool den Märklin-Eigentümern im April 2006 ein Ultimatum: Wenn das Unternehmen drei Wochen später immer noch nicht verkauft sei, wollten die Banken die Kredite nicht mehr verlängern oder selber ihr Pfandrecht auf die Anteile ausüben.

Doch drei Gesellschafter mit zusammen 23 Prozent der Anteile stellten sich auch danach noch quer: Claudius und Peter Märklin und Dieter Stradinger. Stradinger ist bei Märklin seit Mitte der 90er-Jahre mit Hausverbot belegt. Als damals die Zeiten schwieriger wurden und die übliche Ausschüttung an die Gesellschafter ausblieb, war Stradinger bei Märklin sogar eingebrochen, um sich die Dividende selbst zu besorgen.

Solcherlei Egoismen kamen auch bei den Mitarbeitern gar nicht gut an. Die Belegschaft appellierte im Mai per Demonstration an die Eigner, sich doch endlich auf den Verkauf an einen Finanzinvestor zu einigen. Damit es überhaupt wieder vorwärtsgeht. Kurz vor Toresschluss stimmten die drei widerspenstigen Familienmitglieder dem Verkauf an Kingsbridge und Goldman Sachs doch noch zu. 13 Millionen Euro kassierte die Gesellschafterschar dafür. Als Vorbehalt für bislang unentdeckte Risiken behielten die Investoren weitere zwei Millionen Euro vorläufig ein. Gelingt ihnen drei bis sieben Jahre später ein lukrativer Ausstieg, können die Nachkommen der Gründer nochmals bis zu 15 Millionen Euro dazuverdienen.

Kaum war der Deal durch, fackelten Kingsbridge und Goldman nicht mehr lange. Sie übertrugen einem Managerteam um die Sanierungsexperten Ulrich Wlecke und Jan Kantowsky von der US-Beratung AlixPartners die Leitung der Traditionsfirma. Als Beiratsvorsitzenden holten sie darüber hinaus Michel Perraudin, der von 1989 bis 2005 Vorstand beim Sportartikelkonzern Adidas war.

Die Neuen verringerten den Liquiditätsbedarf, wodurch die Schulden auf 37 Millionen Euro gedrückt werden konnten. Sie trieben die Vermarktung voran und installierten in großen Kaufhäusern eigene Märklin-Abteilungen, sogenannte Shop-in-Shops, sowie auf der Märklin-Homepage erstmals einen Online-Shop. Im Januar 2007 wurde zudem mit dem früheren Müllermilch-Geschäftsführer Axel Dietz ein Vertriebs- und Marketing-Spezialist als neuer Märklin-Chef präsentiert. Dietz soll das Vorhaben der Investoren umsetzen, Vertrieb und Marke von Märklin wieder zu stärken.

Denn den neuen Herren ging es bei Märklin nicht nur ums Sparen: Sie stockten auch das Investitionsbudget für 2007 um 50 Prozent auf 15 Millionen Euro auf, um die veralteten Produktionsmaschinen auf den neuesten Stand zu

bringen. Allerdings wurden auch 310 der 1 300 Stellen gestrichen. Das Werk im thüringischen Sonneberg wurde ganz
geschlossen. Das große Ziel: 2008 soll in der Ergebnisrechnung unter dem Strich wieder ein Gewinn stehen, der erste
seit mindestens fünf Jahren.

Der Fall hat manchem Mittelständler in Deutschland die
Augen geöffnet. „Märklin war ein Riesenweckruf für die mittelständischen Unternehmer, dass sie heute schon handeln
müssen", glaubt Marija Korsch, Partnerin des eigentümer-
geführten Frankfurter Bankhauses Metzler. So dürfte nicht
nur das Interesse vonseiten der Familienfirmen an Private
Equity in den nächsten Jahren weiter zunehmen. Auch die
Erzkapitalisten wollen sich mehr auf die Unternehmer zube-
wegen und deren Ziele von Langfristigkeit und Befriedigung
aller Stakeholder stärker berücksichtigen. „Für einen Unternehmer ist die Nachfolge ein entscheidender, sehr emotio-
naler Vorgang", sagt Michael Hildisch, Geschäftsführer des
maßgeblich von Sal. Oppenheim finanzierten Mittelstandsinvestors Argantis. „Der verkauft seine Firma nicht wie einen Gebrauchtwagen nur zum höchsten Preis. Ihm geht es
auch um eine Fortführung seiner Unternehmenskultur."

Hedgefonds und andere Heuschrecken entern den Mittelstand

Eine weitere Lehre der Märklin-Geschichte ist: Der kalte
Wind der Kapitalmärkte erfasst zunehmend den traditionellen deutschen Mittelstand. Angesichts der Heuschrecken
Kingsbridge und Goldman Sachs vor den Toren hatten Märklins Familiengesellschafter nur noch die Wahl zwischen Verkauf oder Insolvenz.

Solche Fälle dürfte es künftig noch häufiger geben. Denn
das alte „Hausbank"-Prinzip, nach dem Bank und Unternehmen in guten und schlechten Zeiten zusammenarbeiteten,
löst sich immer weiter auf. Nicht nur die deutschen Banken
haben dieses jahrzehntealte Prinzip aufgekündigt, nachdem

sie im Rezessionsjahr 2003 infolge ihrer zu großzügigen
Kreditvergabe in die Krise gestürzt waren. Größere Mittel-
ständler genießen selber die Segnungen der Globalisierung
und nehmen gerne Leistungen internationaler Häuser wie
Royal Bank of Scotland, BNP Paribas oder JP Morgan in
Anspruch, die in Deutschland mit niedrigen Kreditzinsen zum
Angriff blasen.

Die Folge: Gerät ein Unternehmen in eine schwierige Lage, ziehen sich die Banken schnell zurück, um ihren Schaden
zu begrenzen. Das Vakuum füllen internationale Hedgefonds
und Investmentbanken. „Früher hat man sich mit den Bankern zusammengesetzt, um das Unternehmen wieder flottzu-
kriegen", beklagt Hans-Werner Klose, Vorstand des jahrelang
kriselnden Mainzer Kabelnetzbetreibers Primacom.

Jene Banker jedoch entsorgen nun die problematischen
Kredite schnell und flexibel bei Hedgefonds, oft genug ohne
Absprache mit der Führung des Unternehmens. Dem Stuttgarter Anlagenbauer Dürr ging es so, den familiengeführten
Autozulieferern Schefenacker und HP Pelzer, dem Strumpfhersteller Kunert und auch Europas größtem Möbelprodu-
zenten Schieder Möbel. „Das Verhältnis Unternehmen – Bank
ist sehr kurzlebig geworden", konstatiert Primacom-Vor-
stand Klose. Die neuen Herren sind wenig zimperlich, drin-
gen oft auf drastische Sparprogramme und tauschen auch gerne die Geschäftsführung aus.

Abseits vom Licht der Öffentlichkeit sind in den vergangenen Jahren viele tausend Mittelständler über das Einfalls-
tor Kredit im Einflussbereich von Hedgefonds oder Investmentbanken gelandet. Einer der größten Deals gelang im Jahr
2005 die US-Investmentbank Goldman Sachs. Damals erwarb sie vom Einlagensicherungsfonds der privaten Banken
die Delmora, eine Abwicklungsbank im oberfränkischen Hof
mit ungefähr 1 000 Unternehmenskrediten. Vorangegangen
war einer der größten Bankzusammenbrüche in der deutschen Geschichte. Die private SchmidtBank hatte über Jahre
Kredite an schwächelnde Unternehmen vergeben und musste
im Herbst 2001 vom Einlagensicherungsfonds aufgefangen
werden. Der frühere DG-Bank-Chef Paul Wieandt zerteilte

die Bank danach in ihre gesunden und faulen Bestandteile – und veräußerte den schlechten Teil 2005 an Goldman Sachs.

Die „Goldmänner" machten sich schnell ans Aufräumen: Unternehmern, deren Geschäftslage die Banker als aussichtslos beurteilten, wurden die Kredite sofort fällig gestellt. Ihnen blieb nur noch der Gang zum Insolvenzrichter. Viele Mittelständler hatten Überlebenschancen, wenn sie ihr Geschäft restrukturierten. Hier traten die Banker in oft sehr harte Verhandlungen ein. So berichten Unternehmer, dass sie für 70 oder sogar 90 Prozent ihres ursprünglichen Schuldenvolumens einen neuen Kreditgeber finden sollten. Für Goldman Sachs ein glänzendes Geschäft. Schließlich hatten sie für das gesamte Kreditpaket nur ein Drittel seines Nominalwerts von 2,3 Milliarden Euro bezahlt.

Dieses Geschäft tragen die elitären Banker auf dem Rücken zehntausender Mitarbeiter aus. Da die betroffenen Unternehmer aus Angst vor ihren Finanziers – und wohl auch aus Scham – nicht an die Öffentlichkeit gehen, sind Details kaum öffentlich bekannt. Goldman Sachs und Lone Star, der zweite große Aufkäufer in Deutschland, verweigern über ihr Geschäft mit faulen Krediten jede Auskunft. Delmora, der heutigen Archon Capital Bank, halten Betroffene zumindest noch eine gewisse Geduld zugute. Dagegen wird Lone Star in der Branche ein besonders rigides Vorgehen nachgesagt. Kredite werden von heute auf morgen fällig gestellt, und längerfristige Kreditverlängerungen bietet der US-Hedgefonds oft nur zu exorbitant hohen Zinsen an.

Spätestens seit dem Jahr 2006 gehört der deutsche Mittelstand zu den heißesten Themen an den Handelstischen in London – nicht nur bei Kredit-, sondern auch bei Aktienhändlern. Bei börsennotierten Mittelständlern versuchen die Hedgefonds gerne mit Minderheitsbeteiligungen, Umbaumaßnahmen durchzusetzen und Sonderausschüttungen herauszupressen. Zu den Zielen zählten der Mobilfunkdienstleister Drillisch und der Maschinenbauer Süss Microtec ebenso wie der Modeproduzent Gerry Weber und der Fußballklub Borussia Dortmund.

Schlagzeilen machte Anfang 2007 der Fall des Fotoverarbeiters CeWe Color, der im SDax für kleinere Unternehmen gelistet ist. Bei dem Mittelständler im norddeutschen Oldenburg hatten sich die Hedgefonds MarCap (früher: M2), K Capital, Seneca Capital Investment Partnership, Standard Capital Partners und der US-Aktionärsaktivist Guy Wyser-Pratte zeitweise mit zusammen 30 Prozent eingekauft. Monatelang rangen die angelsächsischen Turbokapitalisten um Sonderdividenden, eine Änderung der Unternehmensstrategie sowie einen Umbau von Aufsichtsrat und Vorstand. Vor Hedgefonds zu 100 Prozent sicher können sich nur noch Mittelständler fühlen, die so gut wie kein externes Kapital brauchen.

Fallstudie: Auto-Teile-Unger – Börsentraum ade

Da ist er ihm entwischt, der fatale Satz. „Hätte ich gewusst, dass ich so gesund bleibe", murmelt Peter Unger leise, „hätte ich das Unternehmen vielleicht auch selber an die Börse gebracht." Es ist ein sonniger Wintertag im Februar 2004, und Auto-Teile-Unger (ATU) steckt im Endspurt für den Börsengang.

Von Juni an soll auch die internationale Investorengemeinde wissen, wo Weiden in der Oberpfalz liegt: der Sitz von ATU, der größten deutschen herstellerunabhängigen Autowerkstättenkette. Weiden ist ein ruhiges Städtchen mit 43 000 Einwohnern im Nordosten Bayerns. Von dort aus sind es nach Tschechien noch 35 Kilometer.

Doch nicht Gründer Unger steuert den Börsengang, sondern der britische Finanzinvestor Doughty Hanson. An den hatte der Unternehmer seine 1985 gegründete Firma Mitte 2002 verkauft. Grund war weniger das Geld. Ungers Privatvermögen war ohnehin größer, als er es je ausgeben wollte, so wird es in Weiden kolportiert. Ein Schloss in Schönreuth, das Unger einst dem schwerkranken Startenor Peter Hofmann abkaufte, ein großer Mercedes, viel mehr braucht es ohnehin nicht. Was sollte Unger mit einer Villa auf „Malle", wo es doch in Bayern auch schön ist?

Nein, Unger hatte mit seinen damals 58 Jahren Sorge, dass etwas passieren, er zum Beispiel krank werden könnte. Sein Unternehmen, das auf 11 000 Beschäftigte und eine Milliarde Euro Jahresumsatz angewachsen war, musste gesichert werden. Unger hat zwar zwei Kinder, und die Tochter arbeitete sogar bei ATU. Doch beiden fehlt das unternehmerische Interesse, so sagt er. Rund 900 Millionen Euro hatte Unger 2002 eingenommen. Einen kleinen Teil davon reinvestierte er und erwarb 19 Prozent an ATU zurück.

Auch zwei Jahre nach seiner vielleicht voreiligen Verkaufsentscheidung ist der kleine, quirlige Mann noch Unternehmer mit Leib und Seele. Täglich kommt er in sein altes Chefbüro in der ATU-Zentrale, obwohl er „nur" noch dem Beirat vorsitzt. Immer wieder blickt er auf den Parkplatz vor der ATU-Filiale, die in dem Glasbau der Hauptverwaltung untergebracht ist. „Hier hole ich mir meinen Adrenalinstoß", sagt Unger. Sind die Parkplätze voll, klingelt die Kasse. Nach dem Börsengang soll Unger den Aufsichtsrat führen. Die Aktienmärkte sind noch recht schwankungsanfällig, doch Unger hofft, dass alles glattgeht. Und holt, ganz der Hausherr, am Ende des Interviews für die Journalistin noch schnell eine Flasche Rotwein aus seinem Weinkeller.

Auch nüchtern betrachtet: ATUs Erfolgsgeschichte ist tipptopp. Trotzdem fehlen im Sommer 2004 ausreichend Anleger, die sie glauben. Den schweren Einbruch der Aktienmärkte während der Jahre 2000 bis 2003 im Hinterkopf, packen die großen Fondsgesellschaften jeden Neuling mit spitzen Fingern an. ATU ganz besonders: Sie fordern Risikoabschläge von 25 bis 30 Prozent vom errechneten Unternehmenswert. Üblich sind allenfalls zehn Prozent. Nun rächt sich, dass Doughty Hanson eine katastrophale Börsenbilanz aufzuweisen hat. Drei Unternehmen haben die Briten Ende der 90er-Jahre an deutsche Börsen gebracht, die Maschinenbauer Elexis und Winkler + Dünnebier sowie den Bodenbelaghersteller Tarkett. Mit allen dreien haben Aktionäre kräftig Geld verloren. Diesbezüglich sind professionelle Anleger nachtragend.

So kommt es, wie es wohl kommen musste. Am 26. Mai 2004 sagt ATU kurz vor knapp den Börsengang ab. Nur verschoben sei er, ATU wolle „eher in Wochen als in Monaten" einen neuen Versuch wagen, teilt das Unternehmen mit. Wunschdenken von Unger und seinem Freund und Nachfolger an der Unternehmensspitze, Werner Aichinger? Jedenfalls rennen die Interessenten Doughty Hanson längst die Bude ein: allen voran KKR, die 2002 noch unterlegen war, und BC Partners. Und Doughty Hanson will raus, egal wie. Die Beteiligungsfirma ist gerade bei ihren Anlegern auf Sammeltour für ihren Fonds und benötigt dringend Erfolge respektive ordentliche Geldrückflüsse.

Zurück zu Peter Unger: Der will immer noch an die Börse, aber das zählt nicht mehr. 19 Prozent Firmenanteil und Beiratsvorsitz hin oder her. Bei seiner Rückbeteiligung hat er 2002 die üblichen „Tag-along/Drag-along"-Klauseln unterschreiben müssen. Das heißt, dass er seine Anteile mitveräußern darf – aber auch muss, wenn Doughty Hanson aussteigen will. Bereits fünf Wochen nach der offiziellen „Verschiebung" des Aktienlistings ist der Verkauf an KKR für 1,45 Milliarden Euro perfekt. Ein außerordentlich lukratives Geschäft für Doughty Hanson und damit auch für Unger persönlich. Der Finanzinvestor teilt mit, er habe seinen Eigenkapitaleinsatz mit dem Faktor 3,5 vervielfacht. Über zwei Jahre macht das eine jährliche Rendite von 87 Prozent.

Das Risiko, das Doughty Hanson für diese Spitzenrendite eingehen musste, hielt sich ebenso in Grenzen wie die Arbeit, die die Briten mit ihrer Investition in Weiden hatten. Denn ATU verfolgt ein ebenso einfaches wie cleveres Geschäftskonzept. Die Kette kauft nur Originalteile von den Autozulieferern, die auch die Autohersteller beliefern. Aufgrund großer Zentrallager in Weiden und Werl bei Dortmund kann ATU ähnlich wie die Autohersteller große Mengen abnehmen und entsprechende Rabatte verhandeln. Die geben die Weidener teilweise an ihre Kunden weiter und sind damit nach eigenen Angaben preislich um 20 Prozent billiger als die Vertragswerkstätten. Die können nicht so günstig anbieten, weil sie die

Teile in der Regel mit Zuschlägen von den Autoherstellern – statt wie ATU von den Zulieferern – kaufen müssen.

Ein weiterer wichtiger Bestandteil des Konzepts: ATU eröffnet seit vielen Jahren jährlich 30 bis 40 neue Filialen im In- und im Ausland. Je größer ATU aber wird, desto größer ist die Verhandlungsmacht gegenüber den Teilelieferanten. Nennenswerte Konkurrenz gibt es wenig. Insofern steigt bei ATU die Marge mit wachsenden Umsätzen strukturell – und der Gewinn nimmt eher überproportional zu.

So konnte Unger seine Firma allein durch die stetig fließenden Gewinnströme von 1985 bis 2002 von einem Reifenhandel mit nur vier Filialen zu einer Kette mit 396 „Autofahrer-Fachmärkten" ausbauen, davon 13 in Österreich und Tschechien. Doughty Hanson brauchte den Takt quasi nur fortzusetzen, und tat dies auch: Beim Verkauf an KKR Mitte 2004 hatte ATU schon 468 Filialen. Um den Kapitalbedarf zu begrenzen, werden neue Filialen schon seit Längerem durch eine Leasinggesellschaft finanziert, die diese an ATU vermietet.

Mit anderen Worten: Auch ein Finanzinvestor kann da nicht viel falsch machen. Doughty Hanson half ATU darüber hinaus vor allem, das Berichtssystem zu verbessern und auf den an der Börse geforderten Bilanzstandard International Accounting Standards (heute: IFRS) umzustellen, sowie bei den Vorbereitungen für den Börsengang.

Sobald jedoch KKR das Ruder übernimmt, weht in Weiden ein schärferer Wind. Die Amerikaner regieren bei ihren Portfoliounternehmen stärker als andere Finanzinvestoren ins operative Geschäft hinein. Bei ATU glauben sie, dass sie noch mehr herausholen können, wollen den Filialausbau beschleunigen und neue Geschäftsfelder entwickeln. Bei Ungers Nachfolger Aichinger stehen die neuen Herren von KKR monatlich auf der Matte. Aichinger muss ihnen stets ausführlich Bericht erstatten. Darüber hinaus will Jungmanager Oliver Haarmann, der ATU neben KKR-Europachef Johannes Huth betreut, ständig per Telefon und E-Mail in die täglichen Entscheidungen eingebunden sein.

Bald wird offensichtlich, dass es einfach nicht passt zwischen Aichinger und KKR: dem ruhigen, langjährigen Finanzbeamten, der an seiner Heimat hängt, und den kühl kalkulierenden Renditejägern aus Amerika. Aichinger ziehe sich „aus persönlichen Gründen" aus dem operativen Geschäft zurück und wechsle in den Beirat, teilt ATU im Oktober 2005 mit. Peter Unger hatte den Juristen 1999 aus dem Staatsdienst losgeeist, um ihn als Nachfolger aufzubauen. „Der Werner spricht unsere Sprache, kommt aus unserer Gegend", begründete der Firmengründer damals. Aichinger stammt aus einer Unternehmerfamilie. Er sei nie ein richtiger Beamter gewesen, viel eher ein guter Verkäufer, findet Unger. Für Aichinger ist mit dem abgesagten Börsengang auch ein Lebenstraum zerplatzt.

KKR indes ist frei von solchen Sentimentalitäten. Als Nachfolger holen Huth und Haarmann einen ehemaligen Konzernmanager: Karsten Engel, den Leiter der größten BMW-Niederlassung in München. Der Automann gibt in Weiden richtig Gas. War ursprünglich geplant, die Zahl der Filialen bis 2008 auf 600 zu erhöhen, wird die 600. Geschäftsstelle nun schon Anfang 2007 eröffnet. Von 2005 bis 2007 expandiert ATU in die Niederlande, Tschechien, Italien und in die Schweiz. Darüber hinaus steigt die Kette in neue Geschäftsfelder ein, bietet unter anderem erstmals Unternehmen einen Fuhrparkservice an.

ATU wächst und wächst: 2006 beträgt der Umsatz schon 1,39 Milliarden Euro. Erstmals allerdings wird das Plus von 5,4 Prozent ausschließlich durch neue Filialen erzielt, und beim Profit muss ATU dem enormen Tempo Tribut zollen: Der operative Gewinn (Ebitda) schrumpft um fast zwölf Prozent auf 160 Millionen Euro, der erste Rückgang seit mehr als fünf Jahren.

Aus den 11 000 Mitarbeitern im Jahr 2002 sind inzwischen 13 700 geworden. Dabei wird ATU immer noch außerordentlich schlank geführt: 12 900 ATU-Beschäftigte sind in den Filialen tätig, also direkt für die Kunden. Rund 150 organisieren die Logistik für die Massen an Autoteilen, 120 entsorgen die Autoteile wie Reifen und Ölfilter. Für das lukrative Geschäft der Reifenwiederverwertung wird Anfang 2007 die Kapazität der eigenen Recyclinganlagen sogar verdoppelt. Nur 500 Menschen arbeiten an zentralen Verwaltungsaufgaben sowie der Entwicklung der immer neuen Filialstandorte. Der Stress hat auch seine guten Seiten: „Es geht voran, das motiviert die Mitarbeiter", heißt es in Weiden.

Und was macht Peter Unger? Mit dem Verkauf von ATU an KKR hat er seine Anteile und jegliche Arbeit für ATU aufgegeben. Der mittlerweile 63-Jährige lebt immer noch in der Nähe von Weiden, fährt täglich zu einem großen verglasten Bürogebäude, das er auf einen kleinen Hügel über der Stadt gebaut hat. „Pompös" finden die Weidener den Bau, doch ist er wohl seiner Bedeutung angemessen: Unger verwaltet dort sein Vermögen. Das ist so stattlich, dass der Oberpfälzer Selfmademan sogar auf der Milliardärsliste der amerikanischen Wirtschaftszeitschrift „Forbes" auftaucht. Mit geschätzten 1,3 Milliarden Dollar führt „Forbes" ihn weltweit auf Platz 754.

Sein Unternehmen floriert – insofern ist Ungers Wunsch in Erfüllung gegangen. Womöglich wird ATU irgendwann auch an die Börse gebracht werden. Womöglich aber erst, wenn alle potenziellen Absatzmärkte ausreichend abgedeckt sind und der Wert des Unternehmens damit langsamer wächst. Womöglich wird ATU bis dahin noch mindestens eine weitere Beteiligungsgesellschaft zum Eigentümer haben.

Welche Rolle spielen die Banken?

„Buy it, strip it, flip it." Kauf es, zieh es aus, wirf es weg, so lautet eine beliebte Strategie erfahrener Private-Equity-Manager für heiß gelaufene Märkte. Diese Strategie verspricht maximalen Gewinn in minimaler Zeit bei minimalem Aufwand. Sie funktioniert aber nur, wenn die Banken mitspielen.

Die tun das gerne, wenn nur ordentlich Gebühren rausspringen. Damit auch wirklich nichts schiefgehen kann, nehme der Private-Equity-Manager am besten eine Bank in sein Investorenkonsortium auf. Dann ist die Abzocke perfekt, und alle Beteiligten verdienen sich goldene Nasen.

Wie aus dem Lehrbuch führten die drei US-Finanzinvestoren Carlyle, Clayton, Dubilier & Rice und Merrill Lynch Global Private Equity diese Strategie im Fall des amerikanischen Autovermieters Hertz vor. Das Trio kaufte Hertz dem Autokonzern Ford Ende 2005 in dessen schwerer Krise ab – für 15 Milliarden Dollar einschließlich übernommener Verbindlichkeiten. Dafür brachten die drei Finanzinvestoren gerade einmal 2,3 Milliarden Dollar Eigenkapital auf, jeder 770 Millionen. Der Rest wurde über Schulden finanziert. Hertz' Verschuldung, angesichts der existenziellen Probleme der Mutter Ford mit 9,4 Milliarden Dollar ohnehin schon üppig, stieg dadurch noch auf 12,7 Milliarden Dollar.

Nur sechs Monate später, im Juni 2006, nahm Hertz bei der Deutschen Bank und anderen Häusern – darunter Merrill Lynch – einen weiteren Kredit von einer Milliarde Dollar auf. Nicht etwa für Investitionen: Der weltgrößte Autovermieter schüttete den Betrag direkt an die drei Investoren aus. Die hatten damit ein halbes Jahr nach dem Erwerb schon mehr als 40 Prozent ihres Einsatzes wieder zurück. Das zum Thema „strip it".

Bis zum „flip it" dauerte es danach nur noch fünf Monate: Im November 2006 ging Hertz an die New Yorker Börse. Raten Sie, wer zu den drei führenden Emissionsbanken gehörte? Merrill Lynch. Mit dem Platzierungserlös von 1,3 Milliarden Dollar wurde der – relativ teure – Extrakredit wieder zurückgezahlt. Daran verdiente unter anderem? Merrill Lynch. Auch die restlichen 300 Millionen Dollar kamen nicht etwa der Weiterentwicklung des Unternehmens zugute, das durch seine exorbitanten Schulden stranguliert war. Stattdessen sahnten die Finanzinvestoren ein zweites Mal per Sonderausschüttung ab. Elf Monate nach ihrem Einstieg hatten sie damit mehr als die Hälfte ihres Einsatzes wieder heraus, saßen bei Hertz aber noch mit einer großen Mehrheit von knapp 75 Prozent am Steuer. Die Anleger, die die Aktien zeichnen sollten, waren allerdings weniger begeistert. Hertz musste den Ausgabepreis sogar unter die ursprüngliche Preisspanne senken. „Strip, Flip, Flop", kommentierte dies höhnisch die Frankfurter „Börsen-Zeitung".

Goldman Sachs sahnt bei Cognis ab

Bei Hertz hatten Merrill und Konsorten das Glück, dass die Märkte ihr Spiel mitmachten. Das „flip it" entpuppt sich oft als der Teil der Strategie, der am schwersten umzusetzen ist. Die Alternative dazu ist, alle nur erdenklichen Varianten des „strip it" anzuwenden. Beim Chemiekonzern Cognis zogen die elitären Investmentbanker von Goldman Sachs alle Register ihrer Kreativität.

Nach dem Kauf der Henkel-Tochter Ende 2001 für 2,5 Milliarden Euro, gemeinsam mit Permira, reihte sich die Bank nicht nur in die Arrangeure des Milliardenkredits für Cognis ein. Sie verkaufte dem Hersteller von Inhaltsstoffen für Lebens- und Waschmittel, Seifen und Kosmetika auch Zinsderivate und Fremdwährungsderivate. Die Zinsderivate in einem Volumen von – je nach Zinsentwicklung – 100 bis 400 Millionen Euro sollten den Chemiehersteller gegen Risiken absichern, die ihm aufgrund der von Permira und Goldman Sachs aufgeladenen hohen Verschuldung bei Zinserhöhungen blühten. Mit Goldman Sachs' Fremdwährungsderivaten, die pro Jahr zwischen 35 und 125 Millionen Euro

betrugen, sorgte Cognis für größere Wechselkursschwankun-
gen vor.

Damit waren Goldman Sachs' Gewinne auf Kosten von
Cognis aber noch längst nicht erschöpft. Allein an Investment-
bankinggebühren kamen über die Jahre weit über 50 Millionen Euro zusammen. Für „Finanzberatungsleistungen", die
Cognis in seinen Geschäftsberichten nicht näher spezifiziert,
kassierte die Bank in den Jahren 2003 bis 2006 insgesamt
mehr als sechs Millionen Euro Gebühren. Dazu stellten die
Goldmänner 2006 noch zwei Millionen für die Beratung bei
einem Gemeinschaftsunternehmen in der Oleochemie in Rechnung. Als Cognis im Mai 2004 über neue Schulden eine Sonderdividende finanzierte, hielt Goldman Sachs gleich doppelt
die Hand auf: Der Beteiligungsarm GS Capital Partners
erhielt von der gesamten Ausschüttung von 320 Millionen
Euro seinen Anteil von knapp der Hälfte. Und die Investmentbank berechnete für ihre Leistungen bei der Umschuldung, bei der sie als „Joint Bookrunner, Lead Manager und
Underwriter" fungierte, 15 Millionen Euro Provisionen.

Nach diesen Finanztricks brauchte Goldman Sachs immerhin acht Monate, um eine neue Idee zu entwickeln, wie
Cognis weiter ausgesaugt werden könnte. Die Amerikaner
arrangierten mit einer anderen Investmentbank für Cognis
eine „PIK-Note" von 530 Millionen Euro. Eine PIK-Note ist
das Riskanteste, was es auf dem Kreditmarkt gibt, und war
damals auf dem deutschen Markt ein Novum: Bei dieser Anleihe müssen während der Laufzeit keinerlei Zinsen gezahlt
werden. Die Zinsen laufen auf und werden erst ganz am Ende beglichen („Pay-In-Kind"), zusammen mit der Tilgung.
Die Einnahmen aus der PIK-Note von 530 Millionen Euro
flossen abermals Permira und GS Capital Partners zu. Gut
drei Jahre nach Kauf hatten sich die Cognis-Eigentümer auf
diese Weise schon fast das Doppelte ihres Einsatzes zurück-
geholt – und hielten zugleich noch alle Anteile.

Langsam wurde es allerdings für die geschäftstüchtigen
Goldmänner schwieriger, noch mehr aus Cognis herauszuholen. Die Chemiefirma war nun so hoch mit Krediten beladen, dass sie nicht weiter an der Schuldenschraube drehen

konnten. Doch irgendwann wollen Finanzinvestoren ja auch
wieder aussteigen, und so leitete Cognis im Frühjahr 2006
einen Verkaufsprozess ein. Beziehungsweise: Cognis und seine Investoren prüften „strategische Optionen", wie offiziell
verlautbart wurde. Überflüssig zu erwähnen, dass Goldman
Sachs eine der zwei Banken war, die diese Prüfung durchführ-
ten. Der Verkauf platzte, und so arrangierte Goldman Sachs
wenig später nochmals eine Refinanzierung mit, um einen
Teil der extrem teuren PIK-Note mit günstigeren Darlehen
abzulösen.

Sind Banken auf der Finanzierungs- und der Investoren-
seite zugleich aktiv wie bei Hertz oder Cognis, herrscht in
puncto Abzocke Alarmstufe Rot. Denn dann können die Institute als Miteigentümer sogar noch mitentscheiden, welche
finanziellen Drahtseilakte auf dem Rücken der Unternehmen
durchgeführt werden. Egal, auf welches Kunststück man sich
schließlich einigt: Die Banken kassieren doppelt – als Arrangeure der Transaktion und als Investoren. Dummerweise sieht
alles danach aus, als ob es von solchen Fällen künftig eher
noch mehr geben wird. Denn nicht nur Goldman Sachs und
Merrill Lynch, auch viele andere der Topinvestmentbanken
bauen ihr Beteiligungsgeschäft stark aus.

Wo die Provisionen nur so sprudeln

Dabei lässt sich bereits in den klassischen Investmentban-
kingdisziplinen Beratung und Fremdfinanzierung mit Private-
Equity-Kunden hervorragend Geld verdienen. Da gibt es
ständig etwas zu tun. Die Banken beraten Private-Equity-
Gesellschaften beim Kauf von Unternehmen und arrangieren
zur Finanzierung der Kaufpreise die riesigen Fremdkapital-
pakete. Die reichen sie dann später an andere Banken oder
Hedgefonds weiter oder platzieren Anleihen am Kapitalmarkt. Will die Private-Equity-Gesellschaft wenige Jahre später wieder aussteigen, begleiten die Institute den Verkaufsprozess und stellen oft sogar für den nächsten Eigentümer
wieder die Schuldenpakete zur Verfügung. Oder sie führen
das Portfoliounternehmen an die Börse. Wenn ein Institut viel

Glück hat, darf es zwischendrin auch noch eine „Rekapitalisierung" arrangieren.

Für jede einzelne dieser Leistungen kassieren die Banken
satte Gebühren – die nicht die Private-Equity-Gesellschaft
selbst, sondern meist die betroffenen Unternehmen tragen
müssen. Bei jeder Finanzierung behalten die Institute ein bis
zwei Prozent des Finanzierungsvolumens für sich, bei mittelgroßen Deals auch bis zu 2,5 Prozent. Da kommen die Millionen schnell zusammen. Für die reine Beratung beim Kauf
oder Verkauf müssen weitere 0,5 bis ein Prozent des Transaktionsvolumens berappt werden.

So ließ der Private-Equity-Boom der vergangenen Jahre
auch die Gebührentöpfe der Banken massiv anschwellen.
2006 machten die Institute mit Private Equity bereits 15 Prozent ihrer gesamten Investmentbankingumsätze. Die weltgrößten Beteiligungsgesellschaften sind für sie so wichtig
geworden wie General Electric, der größte Industriekonzern
der Welt. KKR und seine Portfoliofirmen überwiesen im Re-
kordjahr 2006 ungefähr 900 Millionen Dollar an Gebühren.
Schätzungen zufolge verdienten die Banken an Private-Equi-
ty-Transaktionen weltweit über elf Milliarden Dollar an Provisionen.

Für Investmentbanker sind die großen Private-Equity-Gesellschaften sogar attraktivere Kunden als viele Industriekon-
zerne. Denn Private Equity verspricht quasi im Wochen- und
Monatsrhythmus neue Deals. Unternehmen, die mehrfach
von einem Investor zum anderen weitergereicht werden, werden so für manche Banker gar zur Dauerertragsquelle. Denn
in vielen Fällen greifen die Investoren gerne auf Berater zurück, die das Unternehmen schon von den früheren Transaktionen her gut kennen.

Der britische Einzelhändler Debenhams zum Beispiel wurde für Morgan Stanley zu einer Lizenz zum Gelddrucken. Die
US-Investmentbank beriet TPG und CVC 2003 beim Kauf
von Debenhams für 1,7 Milliarden Pfund. Neben den Beratungsgebühren kassierte die Bank auch Geld dafür, dass sie
für die Finanzierung des Deals Kredite von 1,3 Milliarden
Pfund arrangierte. Zwei Jahre später organisierte wiederum

Morgan Stanley ein neues Schuldenpaket, damit sich TPG und CVC eine Sonderdividende ausschütten konnten. 2006 schließlich half Morgan Stanley, Debenhams wieder zurück an die Börse zu bringen.

No risk, no fun

Da ist es wenig verwunderlich, dass die Banker Private Equity stärker hofieren als manchen verdienten Industriekapitän – von Mittelständlern ganz zu schweigen. Im Mittelstand sind die Institute mit ihren Krediten knauserig, wenn ihnen die Eigenkapitalquoten zu niedrig erscheinen. Den Beteiligungsgesellschaften werfen sie die Schuldenpakete nur so hinterher. Einige Private-Equity-Manager berichten von Fällen, in denen das angebotene Kreditpaket größer war als der Kaufpreis, den sie für ein Unternehmen zu zahlen bereit waren. Wer sich da noch treu bleiben will, muss den Deal schweren Herzens sausen lassen.

Selbst Bankern fehlt es inzwischen nicht mehr an der Selbsterkenntnis, dass dies alles auf Dauer nicht gut gehen kann. Es brauchen nur die Zinsen noch weiter zu steigen und die Gewinne zu sinken, dann kann es für die Unternehmen schnell eng werden. Bei manchen Transaktionen seien die Verschuldungsgrade „grenzwertig", räumte im Frühjahr 2007 sogar Jochen König von der Royal Bank of Scotland (RBS) ein. Die RBS ist für solche Schuldenpakete, im Jargon „Leveraged Loans" genannt, in Europa Marktführer und König für den entsprechenden Bereich Leveraged Finance in Deutschland zuständig. Er findet, dass die teilweise erreichten hohen Kaufpreismultiplikatoren und die „sehr positiven" Geschäftsprognosen Risiken bergen könnten. „Der Markt muss wachsam sein."

Dennoch wird König weitermachen mit den immer waghalsigeren Kreditkonstrukten, weil seine Bank Marktführer bleiben will und sein Bonus davon abhängt. Ebenso wie die Konkurrenten Merrill Lynch, Goldman Sachs, Credit Suisse, Morgan Stanley, JP Morgan, Deutsche Bank und viele andere Institute. Sie werden das Geschäft weiter treiben, wie sie En-

de der 90er-Jahre schon den Börsenboom immer weiter ge-
pusht haben mit Börsengängen und Kapitalerhöhungen von
Schrottfirmen und Empfehlungen für Schrottaktien.

Hedgefonds gieren nach „Leveraged Loans"

Die Banken können sich das leisten, denn für ihre eigenen
Bilanzen gehen sie damit praktisch kein Risiko mehr ein.
Hedgefonds und institutionelle Vermögensverwalter reißen
ihnen die „Leveraged Loans" nur so aus den Händen. Mittlerweile behalten bei solchen Schuldenpaketen die arrangie-
renden Institute maximal zehn Prozent der ausgereichten
Kredite auf ihren Büchern, oft auch viel weniger. Den Rest
syndizieren sie weiter: vornehmlich an Hedgefonds und institutionelle Investoren, die die Kredite in strukturierten An-
lagevehikeln halten, sogenannten Collateralized-Loan-Obli-
gation-Fonds (CLO-Fonds). Banken indes stellen als Über-
nehmer der Kredite inzwischen die Minderheit dar: In den
USA sind nur noch zehn Prozent der Leveraged Loans in
Bankenhand. In Europa halten Institute knapp die Hälfte –
Tendenz weiter stark abnehmend.

   In den vergangenen Jahren hat sich der institutionelle Kreditmarkt sehr stark entwickelt. Getrieben wurde diese Entwicklung unter anderem durch die massiven Mittelzuflüsse
für die Hedgefonds. Den Anstoß dazu gab der jahrelange Abschwung der Aktienbörsen: Die enttäuschten Anleger zogen
ihre Mittel ab und setzten auf Hedgefonds, da diese auch in
fallenden Märkten Geld verdienen können. In Europa kam
noch hinzu, dass die Gemeinschaftswährung Euro aus fragmentierten nationalen Märkten einen einheitlichen europäischen Kreditmarkt schuf. Dieser war nicht nur viel größer,
sondern auch viel liquider als die einzelnen Märkte – und zog
weltweit große institutionelle Anleger an.

   Dieser Trend hat eine fatale Folge: Die Kredite für Private-Equity-Deals unterstehen kaum noch dem Einflussbereich
der Aufsichtsbehörden. Zu Beginn des Jahrtausends dagegen
war der Leveraged-Loan-Markt weitestgehend in Bankenhand – und damit hoch reguliert. Denn weltweit werden Ban-

ken von ihren nationalen Behörden gemaßregelt, keine zu großen Risiken einzugehen. Dagegen unterliegen die institutionellen Fonds keinerlei aufsichtsrechtlicher Kontrolle. Eine solche einzuführen wäre auch äußerst komplex. Denn die Kredite werden mittlerweile so breit verteilt, dass ihr Verbleib kaum mehr nachzuvollziehen ist. Banker berichten, dass sie für die Weitersyndizierung der Kredite Einladungslisten mit 15 bis 20 Seiten zusammenstellen.

Finanzaufseher weltweit schlagen Alarm, doch eine Lösung ist nicht in Sicht. „Kann überhaupt noch jemand erkennen, bei wem die Risiken endgelagert sind?", klagte Jochen Sanio, der Präsident der deutschen Finanzaufsicht BaFin. „Der Risikokartograf muss noch gefunden werden, der uns dafür eine verlässliche Karte zeichnen könnte. Die Marktteilnehmer bewegen sich in einer ‚Terra incognita‘. Ich frage mich, wie dort Marktdisziplin auch nur ansatzweise funktionieren soll."

Was zusätzlich beunruhigt: Die Marktdisziplin ist bei vielen Hedgefonds durch ihre Gebührenstrukturen außer Kraft gesetzt. Statt ihre Risiken richtig zu kalkulieren, werden die Fondsmanager durch die Aussicht auf kurzfristige Gewinne verlockt, unkalkulierbare Risiken einzugehen. Am besten lässt sich dies am Instrument der PIK-Note erklären, die kaum eine Bank freiwillig auf ihre Bücher nähme. Welcher konservative Banker könnte es ertragen, nicht nur auf die Tilgung, sondern auf die komplette Zinsleistung viele Jahre zu warten?

Für Hedgefonds ist das kein Problem, im Gegenteil. Kauft ein Hedgefonds-Manager eine mit zehn Prozent verzinste, fünf Jahre laufende PIK-Note, so erhält er dafür fünf Jahre lang jeweils 1,5 Prozent Managementgebühr und zusätzlich eine Gewinnbeteiligung (Carried Interest) von 20 Prozent – also 20 Prozent der kumulierten Zinsen. Das macht über den gesamten Zeitraum fast 20 Prozent der investierten Kundengelder. Das Beste daran: Diese Beträge werden quartalsweise ausgezahlt. Wenn die Investoren des Hedgefonds nach den fünf Jahren feststellen, dass sie ihr Geld nicht mehr wiedersehen, haben zumindest die Fondsmanager schon kräftig abkassiert.

Wer keine Interessenkonflikte hat, hat kein Geschäft

All diese Indizien könnten zu der Einschätzung verleiten, dass sich die Märkte für Leveraged Loans und Private Equity auf einem Höhepunkt befinden. Wer daran trotzdem noch Zweifel hat, dem sei ein weiterer untrüglicher Indikator genannt: Die Investmentbanken weltweit drängen mit Macht ins Beteiligungsgeschäft zurück.

Zu Beginn des Jahrtausends hatten die meisten großen Wall-Street-Banken es aufgegeben, selber Private-Equity-Beteiligungen einzugehen. Nur Goldman Sachs und Merrill Lynch – beides Häuser mit ausgeprägter Händlerkultur – trieben dieses Geschäft gegen den Trend weiter voran. Der Grund für die Rückzugswelle waren nicht zuletzt Interessenkonflikte: Private-Equity-Gesellschaften beschwerten sich, wenn ihre „Berater" plötzlich in Auktionen mit ihnen konkurrierten und die Preise hochtrieben. Als einige Banken in der Krise der Jahre 2002 und 2003 auch noch Verluste hinnehmen mussten, stand ihr Entschluss fest: Die Deutsche Bank spaltete DB Capital Partners unter dem Namen MidOcean Partners ab, HSBC veräußerte ihre Sparte unter dem Namen Montagu an deren Management, Morgan Stanley gliederte Metalmark Capital aus und JP Morgan entließ JP Morgan Partners in die Selbstständigkeit. So manches Institut kostete die Auflösung seines Private-Equity-Engagements auf dem Tiefpunkt des Marktes richtig Geld.

Kaum ist jedoch der Boom da, sind die Verluste und guten Vorsätze vergessen. Interessenkonflikte hin oder her: Morgan Stanley, Lehman Brothers, Bear Stearns – sie alle sind wieder im Geschäft. Die Citigroup, die das Geschäft jahrelang auf Sparflamme gefahren hatte, legte 2007 einen Fonds über drei Milliarden Dollar auf. JP Morgan freute sich, die kleinere Private-Equity-Tochter One Equity Partners behalten zu haben. Die Deutsche Bank versucht sich erneut, allerdings in kleinerem Stil: mit „Equity-Bridge"-Finanzierungen. Dabei hilft sie Finanzinvestoren mit Eigenkapital aus, wenn die vorübergehend eine Lücke haben.

Während die Konkurrenten noch Wiederaufbau betreiben, scheint Goldman Sachs überhaupt keine Grenzen mehr zu kennen. Mit einem 2007 geschlossenen 20-Milliarden-Dollar-Fonds ist Goldman heute schon eher eine Private-Equity-Gesellschaft als eine Investmentbank. So verzichten die Goldmänner notfalls auch auf ein Beratungsmandat, wenn einer ihrer Fonds für ein Unternehmen mitbietet.

Aber nur, wenn es wirklich unbedingt sein muss. Denn ihre schweren Interessenkonflikte erträgt kaum eine Investmentbank auf der Welt so tapfer wie Goldman Sachs. „Wer keine Konflikte hat, hat kein Geschäft", sagt Goldman Sachs' Deutschlandchef Alexander Dibelius. Anders ausgedrückt, bedeutet das: Am meisten verdient man, wenn man an allen Fronten die Hand aufhält.

Wie das geht, führten Dibelius' amerikanische Kollegen beim texanischen Energiekonzern Kinder Morgan geradezu mustergültig vor. Da der Aktienkurs des Unternehmens zu wünschen übrig ließ, überlegte Goldman Sachs im Auftrag der Kinder-Morgan-Führung, wie man den Wert des Unternehmens am besten steigern könnte. Die Investmentbanker schlugen ein Buy-out mit anschließendem Delisting vor, also ein Public-to-Private. Kaum willigte Firmenchef Rich Kinder ein, wechselte Goldman mit dieser Insiderinformation die Seiten und stellte eine Käufergruppe zusammen. Neben Managern von Kinder Morgan sowie den Investoren Carlyle, Riverstone und AIG gehörte diesem Konsortium selbstverständlich auch Goldmans' Private-Equity-Arm GS Capital Partners an. So schaffte Goldman das Kunststück, nicht nur von den Käufern, sondern auch von Kinder Morgan Beratungsgebühren zu kassieren. Selbstverständlich gehörte Goldman Sachs auch zu den Konsortialführern für die Fremdfinanzierung.

Der Fall erinnert an die wilden Zeiten Anfang des Jahrtausends. Damals scheffelten Analysten an der Wall Street und anderswo reihenweise mit Insiderhandel Millionen. Dass Analysten Aktien empfahlen, um Investmentbankinggeschäfte anzulocken, gehörte zum guten Ton. Den weltweiten Börsenhype um die Jahrtausendwende haben die Banken auf

diese Weise maßgeblich mitgetrieben – und nach dem Aktiencrash die Quittung erhalten. Ihr Geschäft brach stärker ein
als jemals zuvor, viele Analysten und Manager verloren ihre
Jobs.

Die Institute scheinen aus ihren Fehlern kaum etwas gelernt zu haben. Insiderdeals wie der von Goldman bei Kinder Morgan sind nicht strafbar – das bedeutet automatisch,
dass sie erlaubt sind. Und so kommt es immer öfter vor, dass
Investmentbanker börsennotierten Konzernen eine Übernahme vorschlagen und diese Informationen für ihren Beteiligungsarm verwenden. Da braucht sich die Branche über
ihre Image von Raubrittern bis zu Heuschrecken nicht mehr
zu wundern.

Was passiert, wenn ein Deal schiefläuft?

Meistens beginnt es ganz unspektakulär. Eine oder mehrere Banken werden unruhig; ihre Zweifel wachsen, ob ein Unternehmen seinen Schuldendienst erfüllen kann. Da rufen sie bei einem Kredithändler in London an und fragen, zu welchem Abschlag vom Kreditnennwert es denn Kaufgebote gäbe. Der wiederum kontaktiert seine einschlägigen Hedgefonds-Kunden. Zeigen die Interesse, müssen sich die Beteiligten nur noch über den Discount einig werden, den die Bank vom Kreditnennwert macht. Dann findet das Geschäft statt, der Kredit wandert in die Hände der Hedgefonds. Die Bank ist aus dem Schneider.

Das Ganze funktioniert auch auf dem umgekehrten Weg, denn die Hedgefonds sind ständig dabei, die deutsche Unternehmenslandschaft rauf- und runterzurechnen. Vor allem Private-Equity-finanzierte Unternehmen stehen unter verschärfter Beobachtung, sind sie doch mit ihren hohen Schulden viel anfälliger gegen plötzliche Einbrüche der Marktnachfrage oder steigende Rohstoffpreise als andere Firmen.

Entsprechend rege ist der Handel, dessen Resultate die Investmentbanken in sogenannten „Axe Sheets" auflisten. Der Badarmaturhersteller Grohe stand monatelang auf diesen Listen, der Textileinzelhändler Takko, die Autozulieferer Edscha, Honsel, Kiekert, TMD Friction und Neumayer Tekfor und der Folienhersteller Treofan. Neben all diesen Private-Equity-finanzierten Unternehmen tauchten natürlich auch andere Firmen auf, deren Schulden in Problemen steckten. Darunter waren die börsennotierten Konzerne KarstadtQuelle und Premiere sowie die in Familienhand befindlichen Autozulieferer Schefenacker und HP Pelzer, der Modellbahnhersteller Märklin und der Möbelhersteller Schieder.

Diese Axe Sheets ähneln Tabellen mit Aktienkursen. Nur dass statt eines Aktienpreises aufgelistet ist, zu welchen Preisen Kredite angeboten und nachgefragt werden. Die Listen kursieren in der Szene, die ihr Geld mit Unternehmen in Schwierigkeiten verdient. Diese recht überschaubare Zahl von Bankern, Rechtsanwälten, Beratern und Wirtschaftsprüfern wird im Jargon auch „Distressed"-Branche genannt. Steht ein Unternehmen einmal auf einem Axe Sheet, wissen alle, dass es Probleme hat. Oft werden dadurch auch Banken nervös, die ihre Kredite bislang noch nicht verkauft haben, und bieten sie ebenfalls mit Abschlägen an.

Ist der Handel eröffnet, ist das oft der Anfang vom Ende – für den Eigentümer der Firma und meist auch für ziemlich viele Arbeitsplätze. Denn die Hedgefonds haben ähnlich wie Geier ein gutes Gespür, wo es demnächst was zu holen gibt. Oft läuft es so: Es wird absehbar, dass das Unternehmen seine Planzahlen nicht erreicht – die ersten Hedgefonds steigen ein. Dann zeichnet sich ab, dass das Unternehmen die mit seinen Kreditgebern vereinbarten Kennzahlen (Covenants) wie Verschuldung zu operativem Gewinn (Ebitda) oder Ebitda zu Zinsaufwand nicht einhalten kann. Infolgedessen wächst der Abschlag, zu dem die Kredite gehandelt werden. Die Gläubiger fangen an, Gruppen zu bilden und über eine Refinanzierung der gesamten Schuldenseite zu verhandeln. In der Regel streben sie dabei zumindest die Kontrolle über die Firma an, womöglich sogar alle Anteile.

Spätestens wenn die Covenants gebrochen sind, haben die Eigentümer nicht mehr viel zu sagen. Von da an ist es nur noch eine Frage der Zeit, bis es zu einem „Debt-to-Equity-Swap" kommt, das heißt, die Gläubiger drängen die Alteigentümer hinaus und übernehmen die Eigenkapitalanteile. Geschehen ist das bei Treofan, Kiekert, TMD Friction und Schefenacker.

Nur wenige Unternehmen kriegen in dieser Phase noch die Kurve, wie Grohe und Takko. Beide konnten den Bruch der Covenants gerade noch vermeiden. In der Folge legten sie Restrukturierungspläne vor, die die Gläubiger überzeugten, und konnten später ihre gesamte Schuldenseite zu par – also zu 100 Prozent des Nennwerts – mit neuen Darlehen refinanzieren. Für die Hedgefonds, die zum Discount eingestiegen sind, ist auch das ein ordentliches Geschäft.

Im Abschwung brachen viele Private-Equity-finanzierte Firmen zusammen

Der Kredithandel ist eine relativ neue Entwicklung. Seinen Aufschwung nahm er in Deutschland erst ab Mitte dieses Jahrzehnts. Davor gab es natürlich auch schon Reinfälle. In den 80er- und 90er-Jahren waren die Private-Equity-Deals aber noch so klein, dass auch von den Pleiten kaum jemand Notiz nahm.

Das änderte sich mit der ersten großen Einkaufstour der Branche Ende der 90er-Jahre und dem Ende des Börsenbooms im Jahr 2000. Die Welle von Großinsolvenzen, die im anschließenden konjunkturellen Abschwung Deutschland überrollte, traf auch einige Private-Equity-finanzierte Unternehmen. Den Anfang machte der Nürnberger Elektrogroßhändler I-Center im Herbst 2001 mit 1 250 Mitarbeitern. Dann stellte der Flugzeugbauer Fairchild Dornier aus Oberpfaffenhofen bei München Insolvenzantrag – die bislang größte Private-Equity-Insolvenz der deutschen Geschichte. Der Baugroßhändler Thyssen Schulte Bautechnik wurde 2004 für einen Euro weitergereicht.

Die Übergabe an einen Treuhänder war damals beliebt, um den ganz großen öffentlichen Aufschrei zu vermeiden. Auch Authentos, die ehemalige Bundesdruckerei, ging von Apax so recht still und leise in die Hände eines Rechtsanwalts der Kanzlei Clifford Chance über. Letztlich verhinderte nur ein Rangrücktritt des Bundes, der Apax einen Teil des Kaufpreises von einer Milliarde Euro gestundet hatte, einen Insolvenzantrag.

Debt-to-Equity-Swaps auf dem Vormarsch

Seit es den Kredithandel gibt, kommt es bei größeren Gesellschaften nur noch selten zu Insolvenzen. Dafür dürfte es die Debt-to-Equity-Swaps in den nächsten Jahren dafür umso öfter geben. Denn durch die extrem hohe Verschuldung bei vielen Private-Equity-Übernahmen ist nach Ansicht vieler Experten eine Blase entstanden, die spätestens beim nächsten konjunkturellen Abschwung platzen wird. Eine Anfang 2007

veröffentlichte Umfrage von „Debtwire", einem Branchen-
dienst für die Distressed-Branche, zeigt, dass die Aufkäufer
fauler Kredite im nächsten Jahr neues Geschäft vor allem mit
Private-Equity-finanzierten Unternehmen erwarten. Zwei Drittel der 100 befragten Hedgefonds-Manager glaubten, dass
Secondary Buy-outs (SBO) und Rekapitalisierungen die wichtigsten Quellen neuer Restrukturierungsdeals sein werden. Bei
SBO werden Unternehmen von einem Finanzinvestor zum
nächsten weitergereicht.

Der Zusammenbruch der Schuldenwelle scheint also nur
eine Frage der Zeit. Im Jahr 2007 nährte die Kredithausse
noch die Kredithausse: Unternehmen erhielten frische Liquidität, obwohl ihr Geschäft schon schwächelte. Auch wurden
für Private-Equity-Übernahmen überwiegend Kredite vergeben, die während der Laufzeit überhaupt nicht mehr getilgt
werden. Auch dies lässt den Schuldenberg, der in ein paar Jahren zurückgezahlt werden muss, dramatisch wachsen.

Nach Daten der Ratingagentur S&P mussten in Europa
im Jahr 2006 77 Prozent aller Private-Equity-Kredite keine
laufende Tilgung zahlen. In den USA galt dies sogar für 99 Prozent. Denn die Hedgefonds, bei denen die Kredite zum großen Teil landen, legen keinen Wert auf Tilgungen – sie müssten dieses Geld ja nur neu anlegen. Darüber hinaus wurde
ab 2007 häufig ganz auf Covenants verzichtet und auch dieses Frühwarnsystem außer Betrieb gesetzt. „Es ist menschlich,
wenn Investoren froh sind, dass nicht heute, sondern erst
später etwas schiefgeht", sagt Peter Wallner von BNP Paribas, der das Geschäft mit den Private-Equity-Krediten schon
seit 1995 betreibt. Doch all diese Erleichterungen für die Unternehmen verschieben ihre Probleme meist nur zeitlich nach
hinten – dann dürften sie in vielen Fällen umso größer werden.

Firmen werden zum Spielball von angloamerikanischen Investoren

Werden die Kredite erst einmal zwischen Hedgefonds und Investmentbanken gehandelt, wird es ungemütlich. „Manche Investoren treten extrem aggressiv auf und versuchen, die Führung des Bankenkonsortiums an sich zu reißen, um Gebühren und Eigenkapital herauszupressen", berichtet Roman Zeller, Geschäftsführer der auf Sanierungsberatung spezialisierten AlixPartners. Bevor ein Unternehmen wirklich pleitegeht, will jeder noch daran verdienen.

Allen voran die Investmentbanken, die bei solchen Deals oft doppelt absahnen. In Deutschland sind vor allem die auf Distressed-Investitionen spezialisierten Investmentbanker der Deutschen Bank in London, Goldman Sachs und Morgan Stanley sowie die Schweizer Credit Suisse gut im Geschäft. Sie streichen schon beim Arrangement der komplexen finanziellen Restrukturierungen satte Gebühren ein: Die Unternehmen kostet das fünf bis zehn Prozent des gesamten Refinanzierungsvolumens. Zum Beispiel musste der Rückspiegelhersteller Schefenacker für seine Umschuldung einen mittleren zweistelligen Millionenbetrag an die beteiligten Banker, Rechtsanwälte, Berater und Wirtschaftsprüfer überweisen. Am Ende der nervenzehrenden Verhandlungen haben die Unternehmen zwar meist niedrigere Schulden in der Bilanz, dafür aber die Investmentbanken und ihre Koinvestoren als neue Eigentümer. Die spekulieren darauf, die Unternehmen nach einer Radikalkur mit Gewinn wieder verkaufen zu können. Dabei sollen dann noch einmal 20 bis 30 Prozent Rendite jährlich herausspringen.

Angesichts dieser Renditevorstellungen wird umso härter gezockt. Bei den Verhandlungen über einen Überbrückungskredit für den zahlungsunfähigen Möbelhersteller Schieder aus der Nähe von Detmold bekämpften sich die Erzkonkurrenten Deutsche Bank London und die Goldman Sachs mit einer solchen Schärfe, dass die Belange des Unternehmens zeitweise völlig in den Hintergrund traten. „Das ist im Grunde schon fast lächerlich, wenn es nicht so ernst wäre", be-

klagte ein Teilnehmer die zeitweise aussichtslos scheinenden
Gespräche. Längst hatten sich fast alle der 40 bis 60 Gläubiger – darunter mehrheitlich Hedgefonds – auf den Kredit
geeinigt, den Goldman Sachs vorgeschlagen hatte. Doch die
Deutsche Bank und der Firmenkreditspezialist IKB sträub-
ten sich und versuchten, an Details herumzufeilschen. Welche
Sicherheiten darf Goldman im Fall eines Kollapses verwerten; wie viele andere Gläubiger müssen dafür zustimmen?
Deutsche Bank und Goldman stehen sich in solchen Konstel-
lationen immer wieder gegenüber. „Das bei Schieder wirkte
wie ein Stellvertreterkrieg", sagte ein Beteiligter.

Schieder war ursprünglich in Familienhand, doch bei Um-
schuldungsverhandlungen von Private-Equity-finanzierten
Unternehmen wie Kiekert, TMD Friction oder Treofan geht
es nicht anders zu. Als Kiekert im Herbst 2005 die Covenants
brach, wurde erst einmal wochenlang darüber verhandelt, welche Prämie der Autozulieferer seinen Gläubigern dafür zahlen
muss, dass sie die Kredite nicht sofort fällig stellen. Zugleich
versuchten die Alteigentümer Permira und Hans-Werner Sterzenbach, den Hersteller von Autotürschlössern zu verkaufen.
Interessenten gab es, doch deren Gebote deckten Kiekerts
Schulden nicht ganz ab. Das heißt: Nicht nur Permira und
Sterzenbach hätten ihr Eigenkapital komplett abschreiben
müssen. Auch die Gläubiger des nachrangigen Mezzanine-
Kapitals hätten ihr Geld nicht ganz zurückbekommen. Das
passte den Mezzanine-Gebern nicht, und so wurde weiter-
verhandelt. Und Kiekert rutschte immer weiter in die Krise.

Nach monatelangem Geschacher legten im Juli 2006
schließlich die Mezzanine-Gläubiger ein eigenes Angebot vor.
Respektive die „Distressed Asset Group" der Deutschen Bank
in London und der Londoner Hedgefonds Silver Point reichten den Vorschlag ein – die beiden hatten in den vorangegangenen Monaten den Großteil der Mezzanine-Kredite aufgekauft. Ihr Konzept sah vor, dass die Mezzanine-Gläubiger
Kiekert zu 90 Prozent übernehmen, die Gläubiger der erst-
rangigen Schuldentranche (Senior Debt) auszahlen und die
Firma refinanzieren. Doch auch diese Lösung platzte. „Solche Situationen sind, wie wenn zwei Seiten mit voller Fahrt

auf eine Wand zufahren, und wer zuerst zuckt, hat verloren", kommentierte ein Banker.

Zugleich ging es Kiekert immer schlechter, und so verlor auch das Mezzanine immer weiter an Wert. Am Ende hatten sich Deutsche Bank London und Silver Point verzockt: Im Oktober mussten sie auf ihre Forderungen komplett verzichten und wurden dafür nur mit 42,5 Prozent der Eigenkapitalanteile abgefunden. Auch die Senior-Gläubiger schrieben 20 Prozent ihrer Forderungen ab, erhielten dafür aber mit 57,5 Prozent die Mehrheit an dem Unternehmen. Auch in dieser Gläubigergruppe waren kaum noch Kreditinstitute übrig geblieben. Dominiert wurde sie von dem Londoner Hedgefonds BlueBay und der US-Investmentbank Morgan Stanley.

In solch einem Prozess ist ein wichtiger Knackpunkt die Frage, was das Unternehmen noch wert ist. Erst wenn sich alle Beteiligten auf einen Wert geeinigt haben, kann verhandelt werden, wem welcher Teil davon zusteht. Dabei bewerten die Investoren die Unternehmen nach ihrer Fähigkeit, Mittelzuflüsse respektive Cash zu generieren. Das heißt: Sinken die Cashflows, sinkt auch der Wert der Firma. Spätestens wenn der so errechnete Wert den Nennbetrag der Schulden nicht mehr deckt, läuten bei den Gläubigern alle Alarmglocken – oft werden dann die Kredite massiv unter Hedgefonds gehandelt. Die Eigentümer sollten sich dann schon mal auf einen Antrittsbesuch eines Vertreters dieser neuen Kreditgeber vorbereiten.

Selbstverständlich ändert sich die Einschätzung der Hedgefonds über den Wert der Firma und damit den Wert der einzelnen Schuldenbestandteile ständig. Deswegen werden die Kredite während einer solchen Restrukturierung immer weiter gehandelt. Dies erschwert eine Einigung zusätzlich. Denn dadurch sitzen in den Banken-Meetings immer wieder neue Leute. Zumindest war bei Kiekert die Finanzierungsstruktur noch relativ einfach: Im Wesentlichen gab es eine vorrangige Schuldentranche (Senior Debt) und eine nachrangige Mezzanine-Tranche, alle nach deutschem Recht. Das ist schon bei Schieder Möbel viel komplizierter, mit Schulden in drei Rangstufen in deutschem und englischem

Recht sowie Genussscheinen. „Die Kreditverträge von Schieder sind so dick wie das Telefonbuch von Frankfurt", sagt ein Insider. „Diese Finanzierungsstruktur macht es sehr schwer, eine Lösung zu finden."

Bei den Private-Equity-Käufen der vergangenen Jahre waren oft sogar noch mehr verschiedene Tranchen üblich, vom Senior Debt in drei Stufen mit drei verschiedenen Tilgungsvereinbarungen und Laufzeiten über diverse Nachrangtranchen wie Mezzanine und „Second Lien" bis hin zur hoch riskanten „PIK-Note". PIK steht für „Pay-In-Kind", Zinsen und Tilgung werden am Ende der Laufzeit gezahlt. „In der Vergangenheit war es oft schon schwer, sich mit drei bis vier Banken zu einigen", sagt Guy Hands, Chef der britischen Beteiligungsgesellschaft Terra Firma. „Bei sieben Tranchen mit unzähligen Hedgefonds am Tisch scheint es geradezu unmöglich. In ein paar Jahren könnte es passieren, dass die Private-Equity-Branche die Politik anfleht, ihre Deals zu retten."

Wer trägt das Risiko?

Private-Equity-Gesellschaften reklamieren gerne für sich, dass die zu hohen Schulden für die Unternehmen kein Problem seien. Schließlich seien sie ja die Eigenkapitalgeber – und trügen somit das Risiko. „Private Equity tritt ins Risiko, und manchmal tritt dieses Risiko auch ein", formuliert dies Jens Reidel, Chairman von BC Partners. In der Tat musste auch Permira bei Kiekert mehr als 150 Millionen Euro eigenes Geld abschreiben.

Doch dass derartige Restrukturierungen den Unternehmen nicht schaden, ist eine Mär. Durch die Verhandlungen kann sich das Management monatelang kaum ums eigentliche Geschäft und die Kunden kümmern. Größere Investitionen müssen aus Geldmangel auf Eis gelegt werden. Strategische Entscheidungen zu treffen, wenn man nicht einmal weiß, wer genau der Eigentümer ist, scheint geradezu unmöglich. „Dem Management bleibt weniger Geld und Zeit für das operative Geschäft, wenn es über eine neue Finanzierung verhandeln muss", sagt Alix-Berater Zeller.

Darüber hinaus kostet die Zockerei richtig Geld. Bei HP Pelzer zum Beispiel, einem Unternehmen mit rund 600 Millionen Euro Jahresumsatz und 4 000 Mitarbeitern, drückten Kosten für die Koordination der Banken von mehr als 13 Millionen Euro im Jahr 2006 den noch vorhandenen Jahresüberschuss ins Minus. Der Imageschaden bei den Kunden und die Verunsicherung der Mitarbeiter lassen sich ohnehin nicht in Zahlen ausdrücken.

Und wenn die Hedgefonds erst einmal das Sagen haben, gibt es für einen weiteren drastischen Arbeitsplatzabbau kein Halten mehr. Bei Kiekert wurde noch mehr Produktion gen Osten verlagert, 200 der 1 500 Arbeitsplätze in und um den Firmensitz im rheinischen Heiligenhaus fielen weg. Der von seinen Gläubigern um Goldman Sachs übernommene Bremsbelaghersteller TMD Friction baute ein neues Werk in Rumänien, was 300 heimische Arbeitsplätze kostete. Beim Strumpfhersteller Kunert verlagerten nach dem Debt-to-Equity-Swap die neuen Herren um die Deutsche Bank und Kingsbridge weitere Teile der Produktion nach Marokko und China. Alle Standorte in Deutschland mit Ausnahme des Firmensitzes in Immenstadt im Allgäu wurden geschlossen und Kunerts Belegschaft wurde um 600 auf 1 100 Mitarbeiter reduziert.

Viele dieser Distressed-Investoren haben wirklich kein Gesicht – jedenfalls keines, das sie der Öffentlichkeit, Mitarbeitern oder Journalisten zeigen würden. Für sie kommt es ganz allein darauf an, möglichst schnell wieder mit Gewinn auszusteigen. Und dieser Zweck heiligt fast alle Mittel.

Mit Blick auf die bevorstehende Welle fauler Kredite aus LBOs haben sie deutlich aufgerüstet. Kaum eine finanzielle Restrukturierung, bei der nicht wieder ein neuer Name auftaucht. So war Kiekert für BlueBay der erste große Deal hierzulande. Dieser Hedgefonds ist spezialisiert auf gekippte LBOs. Beim Autozulieferer Schefenacker ist der New Yorker Hedgefonds Davidson Kempner stark im Geschäft. Der US-Fonds Matlin Patterson wurde beim insolventen Geldtransporteur Heros fündig, der mittlerweile SecurLog heißt. Strategic Value Partners (SVP) übernahm den Spielwarenhersteller Nici und die W. Goebel Porzellanfabrik, Hersteller der „Hummel"-Figuren.

Auch viele Private-Equity-Gesellschaften haben diesen Markt für sich entdeckt und in den vergangenen Jahren Distressed-Fonds aufgelegt: zum Beispiel Carlyle, EQT, Blackstone und die Texas Pacific Group. So wollen sie von der Schuldenwelle, die ihnen in den vergangenen Jahren Traumrenditen beschert hat, bei deren Zusammenbruch noch einmal profitieren.

Fallstudie: Kiekert – Hedgefonds kennen keine Gnade

Klack, klack. Routiniert steckt die junge Frau einen weißen Plastikring in den schwarzen Kunststoffrohling. Sie blickt auch nicht auf, als Kiekert-Chef Wolfgang Theis mit ein paar Besuchern vorbeikommt. Kaum jemand schaut auf. Es ist der Karnevalsdienstag des Jahres 2007, doch im rheinischen Heiligenhaus ist von Frohsinn keine Spur. Bei aller Geschäftigkeit, trotz des Surrens der Maschinen: In der Fabrikhalle liegt Verunsicherung, ja Beklemmung in der Luft.

Die Mitarbeiter von Kiekert, dem weltgrößten Hersteller von Türschlössern, wissen nicht, wie es weitergeht. Theis will den bis 2009 geltenden Standortsicherungsvertrag ändern und kurzfristig auslaufende Montagebänder nach Tschechien verlegen. 200 der 1 500 Mitarbeiter in und um Heiligenhaus sind betroffen, und der erst zwölf Monate alte Vertrag ist Makulatur. Als sich die Belegschaft sperrte, drohte Theis gar, die gesamte Fertigung in Niedriglohnländer zu verlagern. „Das war grob fahrlässig, dadurch hat die Glaubwürdigkeit der Geschäftsführung sehr gelitten", sagt Betriebsrat Axel Husemann.

Die miese Stimmung ist dem Vorstandschef, einem verschlossen wirkenden Ingenieur, nicht entgangen. Doch Theis steht unter dem Druck seiner neuen Eigentümer. Seit fünf Monaten haben bei Kiekert die zwei Londoner Hedgefonds

BlueBay Asset Management und Silver Point sowie die US-Investmentbank Morgan Stanley das Sagen. Sie hatten, als es Kiekert immer schlechter ging, einen Großteil der Schulden mit Abschlägen eingekauft und Großaktionär Permira hinausgedrängt.

Die Heuschrecke ist weg, es leben die Heuschrecken. Die Neuen allerdings, die sich jetzt bei Kiekert breitmachen, sind von der ungemütlicheren Sorte. Schon seit November haben sie ein Beraterteam engagiert, das alle denkbaren Sparmöglichkeiten prüfen soll. Zwei der Berater rückten später sogar in den Vorstand auf. Die Zeit drängt, denn spätestens 2009 wollen BlueBay und Silver Point wieder aussteigen. So untersuchen Theis und seine Leute eine Verlagerung von Teilen der Produktion aus Deutschland und den USA nach Tschechien und Mexiko. Sie prüfen, mehr Teile und Entwicklungsleistungen aus Osteuropa, China und Indien zu beziehen. Und sie verhandeln mit Betriebsrat und IG Metall.

Die neuen Herren von Kiekert indes halten sich mit Macht im Hintergrund. „Da will ich keinen Kommentar abgeben", weist der neue Kiekert-Aufsichtsratschef Nikolaus Woloszczuk von BlueBay Journalistenanfragen barsch ab. Zu seinem Aufsichtsratskollegen Christian Petersmann von Silver Point ist schon in der Telefonzentrale kein Durchkommen mehr. Woloszczuk sagt mit österreichischem Akzent, am liebsten wolle er nicht mal seinen Namen publiziert sehen. Leute, die ihn kennen, schätzen ihn auf Mitte, Ende 20.

Kiekerts Misere ging los, kurz nachdem Permira im Jahr 2000 eingestiegen war. Der wichtigste Kunde Ford begann klammheimlich, dem Schlosshersteller nach und nach fast alle Aufträge zu entziehen. Der Autohersteller trug Kiekert einen Lieferstreik aus dem Jahr 1998 nach. Zehn Tage lang stoppte Kiekert damals, während laufender Verhandlungen über neue Verträge, die Lieferung von Türschlössern. Fords Bänder standen tagelang still, 10 000 Autos konnten nicht gebaut werden. Offiziell begründete der damalige Kiekert-Chef und -Großaktionär Hans Werner Sterzenbach dies damit, wegen eines Blitzschlags ins Stromnetz sei ein Computerprogramm ausgefallen.

Es war ein großer Fehler von Permira, unter diesen Umständen überhaupt noch einzusteigen, so beurteilen es heutzutage Branchenkollegen. „Natürlich wusste man, dass Ford ein Risiko ist", sagt auch Permira-Deutschlandchef Thomas Krenz später. „Dass Ford aber so verärgert ist, dass sie eigene Risiken eingehen, haben auch wir unterschätzt." Einer der neuen Lieferanten musste sogar Kiekerts Patente brechen, um das Gewünschte liefern zu können.

Krenz konnte damals nicht viel mehr als zusehen, wie Kiekerts Umsatz um ein Drittel schrumpfte, von 682 Millionen Euro im Jahr 2001 auf 480 Millionen Euro 2004. Ab 2004 brachen angesichts verstärkten Drucks der Autohersteller und steigender Rohstoff- und Energiekosten auch noch die Margen ein. Permiras Geschäftspläne waren endgültig Makulatur. Die Schulden, die Permira zur Finanzierung des Kaufpreises von 530 Millionen Euro aufnahm und Kiekert auflud, drückten immer stärker.

Mit Kostensenkungen war den finanziellen Problemen nicht mehr beizukommen. 600 Stellen hatte Theis in Heiligenhaus und der Nachbarstadt Velbert seit 2001 schon abgebaut. Das reichte nicht. Im Herbst 2005 konnte Kiekert die Bedingungen in den Kreditverträgen endgültig nicht mehr einhalten. Kiekert war überschuldet und das Eigenkapital von Permira und Alteigner Sterzenbach nichts mehr wert.

Als sich nach dem Bruch der Kreditkonditionen der Mezzanine-Fonds ICG zum Verkauf seiner nachrangig besicherten Kredite entschied, war der Damm gebrochen. Immer mehr Banken boten ihre Kredite an, und es entwickelte sich ein reger Handel.

Das war selbst für Permira-Mann Krenz Neuland. „Im Frühjahr 2006 saß mir ein 25-jähriger Mitarbeiter eines großen Hedgefonds gegenüber, der mir vorrechnete, dass unser Eigenkapital wertlos sei. Ich solle ihm das also überschreiben", erzählt Krenz. So einfach wollte er es dem Hedgefonds-Manager aber nicht machen. Er solle erst einmal ein Konzept vorlegen, wie er alle Beteiligten unter einen Hut bringen und das Unternehmen anschließend weiterführen wollte, bedeutete Krenz seinem überraschten Gegenüber.

Das dauerte, denn die Zusammensetzung der Kreditseite änderte sich ständig. „In den verschiedenen Banken-Meetings gab es immer neue Beteiligte", berichtet Theis. Für eine schnelle Lösung wenig förderlich: „Man musste vieles immer wieder erklären." Die Neuen, in der Regel jung-dynamische Hedgefonds-Manager, kamen ohne Krawatte und traten entsprechend hemdsärmelig auf. „Das Durchschnittsalter sank von Meeting zu Meeting", sagt ein Banker.

An einen Verkauf von Kiekert, den Permira noch im Herbst 2005 sondiert hatte, war unter diesen Umständen nicht mehr zu denken. Erst im Oktober 2006 gab es eine Einigung. Die neuen Eigentümer verkürzten Kiekerts Schulden von 290 auf 150 Millionen Euro und schossen auch 40 Millionen Euro frisches Geld ein, davon die Hälfte als Eigenkapital. Theis ist erleichtert, dass der Poker um die Kontrolle über Kiekert vorüber ist. „Heute sind die Beteiligungen fix und die Interessen der Investoren klar – und vor allem gleichgerichtet."

Das ist wichtig, denn im eigentlichen Geschäft geht es für Kiekert endlich wieder aufwärts. Die Krise hat die Autohersteller, die bei ihren Zulieferern auch einiges gewöhnt sind, nicht nachhaltig verstört. „Wir haben bis heute alle Aufträge bekommen, die wir wollten", sagt Theis. Seit 2005 ist sogar Ford versöhnt und vergibt wieder große Entwicklungsaufträge an Kiekert – die sich wegen des Vorlaufs von etwa drei Jahren aber erst mittelfristig im Umsatz niederschlagen werden.

Als Technologieführer mit fast 40 Prozent Marktanteil in Europa und 25 Prozent weltweit sieht sich Kiekert selbst in den zunehmend weltweit ausgeschriebenen Vergabeprozessen gut positioniert, zumal unter Permiras Ägide die Investitionen in die Vorentwicklung nicht reduziert wurden. Technologisch sei Kiekert für die Zukunft bestens gewappnet, konzediert einer der Berater.

Doch wie die aussieht, steht für die Kiekert-Mitarbeiter in den Sternen. Mitte 2007 muss Theis gehen und wird durch Karl Krause ersetzt, einen rigiden Sanierer vom US-Autozulieferer Visteon. Zugleich gibt Kiekert, 150 Jahre nach der

Gründung im Jahr 1857, den Stammsitz in Heiligenhaus'
Zentrum auf und fasste alle deutschen Produktionsbänder
auf dem ehemaligen Gelände einer ABB-Tochter am Stadt-
rand zusammen. Einen Hoffnungsschimmer gibt es immerhin: Die neue Fabrik ist auf 20 Jahre angemietet.

Was passiert, wenn eine Heuschrecke Eigentümer meiner Wohnung wird?

Auf den ersten Blick sieht Robert Kauffman nicht bedrohlich aus. Der Amerikaner ist eher klein, drahtig, trägt die dunklen Haare kurz geschnitten. Kauffman ist ständig in Aktion, und wenn er sich nur seinem BlackBerry-Computer widmet. Der Schein trügt: Der Mitgründer des amerikanischen Finanzinvestors Fortress ist eine Macht auf dem deutschen Wohnungsmarkt. Als erster der großen Aufkäufer brachte er im Oktober 2006 Fortress' 151 000 deutsche Wohnungen unter dem Dach der Luxemburger Gagfah-Holding an die Frankfurter Börse. Als Kauffman Fortress 1998 mit zwei Partnern ins Leben rief, war er gerade einmal 34 Jahre alt.

Kauffman kommt stets blitzschnell zur Sache, und wer mit ihm Geschäfte macht, muss sich an seine Regeln halten. Lange Diskussionen sind ihm zuwider. „Wenn man Schwachsinn redet, wird Kauffman sofort ungeduldig", berichtet ein Banker, der mit ihm schon gearbeitet hat. Wer ihm widerspricht, sollte sich warm anziehen. Einem Anwalt, der ihm dazwischenquatschte, warf Kauffman einmal einen Kugelschreiber an den Kopf, dass der Jurist blutete. Im Prinzip gibt es nur eine einzige Regel, und die ist simpel: „Es geht ihm absolut um nichts anderes als den maximalen Profit", sagt einer, der bei der Vermarktung der Gagfah-Aktien dabei war. Den macht Kauffman. Sein Privatvermögen wird auf zig Millionen geschätzt.

Mit seinem großen Widersacher Guy Hands scheint Kauffman eine gewisse Arroganz des Erfolges zu vereinen – und die Liebe für deutsche Mietwohnungen. Ansonsten ist Hands schon optisch das genaue Gegenteil des Fortress-Europachefs. Der Brite ist blond, groß, beleibt, fünf Jahre älter als Kauffman und ein glänzender Redner. Er ist nicht nur einer der größten Sammler von Karaoke-Liedern, sondern mit 230 000 Wohnungen auch der größte Immobilienbesitzer in Deutschland.

Das sind schlappe 80 000 mehr als der Besitz von Kauffmans Gagfah. Hands war nämlich schon viel früher da. Schon 1998 bot die von ihm geführte Principal Finance Group, damals der Private-Equity-Arm der japanischen Nomura-Bank, intensiv um ein Portfolio von 115 000 Eisenbahnerwohnungen mit. Hands legte mit 8,1 Milliarden DM auch die höchste Offerte vor. Wegen massiver Proteste der Mieter, die von den örtlichen Genossen noch kräftig angeheizt wurden, erteilte das Bundesverkehrsministerium unter der Ägide von CDU-Politiker Matthias Wissmann trotzdem einem Konsortium um die baden-württembergische Landesentwicklungsgesellschaft (LEG) und die Hamburger Beteiligungsfirma WCM den Zuschlag – obwohl dieses nur 7,1 Milliarden DM zahlen wollte.

Nach drei Jahren Hin und Her wurde dieser Deal durch die Brüsseler Wettbewerbshüter gekippt, und Hands durfte elf regionale Gesellschaften mit 64 000 Wohnungen aus dem früheren Bundeseisenbahnvermögen erwerben. Das war die Geburtsstunde der Deutschen Annington in Bochum. Zum Leidwesen von Kauffman sicherte sich Hands 2005 auch noch die E.on-Tochter Viterra, mit 138 000 Wohnungen die größte Gesellschaft dieser Art in Deutschland. Fabulöse sieben Milliarden Euro zahlte er für den Zuschlag.

Zumindest mit dem Börsengang war Kauffman schneller als Rivale Hands. Der Amerikaner wollte das deutsche Gesetz für steuerbegünstigte Immobilien-AGs, sogenannte Real Estate Investment Trusts (REITs), nicht mehr abwarten. Er entwickelte sein eigenes Steuersparmodell und hängte seinen gesamten deutschen Wohnungsbestand an eine Luxemburger Holding – die er im Oktober 2006 in Frankfurt an die Börse brachte.

Kauffman tat gut daran, in mehrfacher Hinsicht. Als Vorreiter an der Börse sackte er die Pioniergewinne ein, auf Kosten seines Widersachers Hands. Nach der Euphorie der ersten Wochen, als der Kurs der Gagfah-Aktie gegenüber dem Emissionspreis von 19 Euro auf gut 25 Euro zulegte, ging die Aktie erst einmal auf Tauchstation. Hands wollte die Deutsche Annington eigentlich 2007 an die Börse bringen, musste das Listing aber schon während der Vorbereitungen abbrechen. Grund für die Absage war nicht nur, dass der Appetit der Anleger auf Wohnungsaktien augenscheinlich abgenommen hatte. Hands' Berater bezweifelten auch, dass eine Luxemburger Steuersparkonstruktion auf Dauer halten würde.

Im Dutzend billiger

Von 2002 bis 2006 haben internationale Finanzinvestoren wie Fortress, Terra Firma, Cerberus und Oaktree in Deutschland über 600 000 Wohnungen im Wert von mehr als 20 Milliarden Euro erworben, mehr als 200 000 davon in Berlin. Hands, Kauffman und die anderen legen keinen Wert auf Stuckdecken, Fußbodenheizung oder Grün vor der Tür. Sie haben es auf ehemalige Werks- und Sozialwohnungen abgesehen – dafür in Tausender- und Zehntausenderpaketen.

Große Wohnungsdeals der vergangenen Jahre

Portfolio	Käufer	Verkäufer	Jahr	Zahl Wohnungen	Kaufpreis*
WCM-Wohnungen	Konsortium um Aviva	Blackstone	2007	31 000	1,6 Milliarden Euro
Thyssen-Krupp-Wohnungen	Foncière Dévelop. Logements	Corpus, Morgan Stanley	2006	40 000	2,1 Milliarden Euro
Woba Dresden	Gagfah (Fortress)	Stadt Dresden	2006	48 000	1,7 Milliarden Euro
BauBeCon	Cerberus	BGAG**	2005	20 000	1 Milliarde Euro
Nileg	Gagfah (Fortress)	NordLB	2005	28 500	1,5 Milliarden Euro
Viterra	Deutsche Annington (Terra Firma)	E.on	2005	138 000	7 Milliarden Euro
Gehag	Oaktree	HSH Nordbank	2005	21 000	1 Milliarde Euro

Portfolio	Käufer	Verkäufer	Jahr	Zahl Wohnungen	Kaufpreis*
GSW	Cerberus, Whitehall	Land Berlin	2004	66 000	2,1 Milliarden Euro
Werkswohnungen	Corpus, Morgan Stanley	Thyssen-Krupp	2004	48 000	2,1 Milliarden Euro
Gagfah	Fortress	BfA***	2004	82 000	3,7 Milliarden Euro
Wohnungsbestand	Blackstone	WCM	2004	31 000	1,4 Milliarden Euro
Eisenbahnerwohnungen	Deutsche Annington (Terra Firma)	Bund	2001	64 000	2,25 Milliarden Euro

*   inklusive übernommener Schulden
**   Beteiligungsgesellschaft der Gewerkschaften
***   Bundesversicherungsanstalt für Angestellte, heute Deutsche Rentenversicherung Bund
Quelle: HSH Nordbank, eigene Recherchen

Trostlose Mietskasernen wie die sechsstöckigen Blocks in undefinierbarem Beige-Grau im Essener Arbeiterviertel Katernberg gehören jetzt Terra Firma. In Berlin erwarben Cerberus und die zu Goldman Sachs gehörenden Whitehall Funds unter anderem die Siedlung „Grüne Stadt" in der Greifswalder Straße in Prenzlauer Berg: verschmuddelte, im Karree gebaute 30er-Jahre-Bauten. Über die 16-stöckigen Mietshäuser in der Robert-Koch-Straße in Kiel, die die Stadt in den 60er-Jahren für Bedürftige gebaut hat, gebot jahrelang Blackstone, bis die Amerikaner ihr Wohnungspaket 2007 an ein Konsortium um eine Tochter des britischen Versicherers Aviva weiterreichten. „Da will man nicht einziehen, da muss man einziehen", sagen Nachbarn über solche Behausungen.

Warum geben global agierende Finanzinvestoren für solche Kästen Milliardensummen aus? Zunächst scheint es ein Rätsel, wie sie damit überhaupt Geld verdienen können. Wenn man sich als Privatmann eine Wohnung kauft, um sie anschließend zu vermieten, übersteigt die Rendite oft kaum den

Zins für die Fremdfinanzierung. Die Investoren jedoch zielen auf mindestens 20 Prozent Rendite jährlich.

Ein Grund für den Run: Deutsche Mietwohnungen sind deutlich billiger als vergleichbare Behausungen in Großbritannien, Frankreich oder den USA. 2004/2005, am Start der großen Kaufwelle, waren die deutschen Immobilienpreise auf dem Stand des Jahres 1993. Hands, Kauffman und den anderen kamen auch die leeren Kassen von Kommunen, Bund, Ländern und Gewerkschaften zupass. Auch Großkonzerne wie E.on oder ThyssenKrupp betrachten die Wohnungen nicht mehr als ihr Kerngeschäft und stoßen sie ab.

Attraktiv für die Investoren ist, dass die monatlichen Mieten einen stabilen Geldzufluss bieten. Deutsche Mieter gelten als gute Zahler. 98 Prozent begleichen ihre Miete pünktlich, 90 Prozent per Dauerauftrag. Dies ermöglicht es den Investoren, die Preise für die Wohnungsunternehmen noch viel stärker mit Schulden zu finanzieren, als dies etwa beim Kauf von Industrieunternehmen üblich ist. Mit den Mieten lassen sich Zins und Tilgung dafür bestens bedienen.

Um ihre hohen Zielrenditen zu schaffen, arbeiten die Wohnungsinvestoren im Prinzip wie die anderen Private-Equity-Gesellschaften: Sie versuchen, die Einnahmen zu erhöhen, Kosten zu sparen und aus dem dann profitableren Portfolio irgendwann wieder auszusteigen. Zusammen mit dem bekannten Schuldenhebel (Leverage) kann man damit auf 20 Prozent kommen, so das Kalkül.

Mieterhöhungen sind Trumpf

Die Umsatzzuwächse kommen nur zum Teil daher, dass die Investoren durch ein besseres Management den Leerstand zu verringern suchen. Auch Mieterhöhungen sind ein wesentlicher Bestandteil – was Fortress, Terra Firma, Cerberus, Oaktree und die anderen Spezialisten gerne herunterspielen. Zwar unterliegen die internationalen Investoren dem restriktiven deutschen Mieterrecht und haben darüber hinaus häufig mit den Verkäufern sogar extramieterfreundliche Regeln, sogenannte „Sozialchartas", vereinbart. Einzelfälle kann es trotzdem hart treffen. Die Mieter ehemaliger Viterra-Wohnungen in Bochum sahen sich kurz nach dem Verkauf einer Erhöhung ihrer Kaltmiete um 20 Prozent gegenüber. Die Anpassung an den örtlichen Mietspiegel sei rechtlich nicht zu beanstanden, hieß es beim Bochumer Mietverein GSC.

Nach dem deutschen Mietrecht darf der Vermieter die Miete im Laufe des Mietverhältnisses auf die ortsübliche Vergleichsmiete anheben. Dabei darf die Miete innerhalb von drei Jahren um maximal 20 Prozent steigen. Nach Angaben des Mieterbundes werden mehr als eine Million Mieterhöhungen im Jahr verschickt.

Insofern sind die Heuschrecken keinesfalls die Ausnahme. Sie gehen aber systematischer vor als weniger professionelle Vermieter. Manchmal scheuen sie auch vor unfairen Tricks nicht zurück und überreden Mieter zum Beispiel zu Wohnungsvergrößerungen oder der Miete von Parkplätzen, die diese gar nicht wollen. Steigen die Mieten in Deutschland im Jahr durchschnittlich um ein Prozent, hat zum Beispiel die Gagfah ihre Mieten 2005 um 3,3 Prozent erhöht. Damit hielt die Wohnungsfirma von Fortress ihre „Sozialcharta" gerade noch ein: Diese sieht vor, dass pro Jahr über das gesamte Portfolio hinweg maximal drei Prozent zuzüglich der Inflationsrate aufgeschlagen werden dürfen. Die Charta der Deutschen Annington enthält dieselbe Bedingung.

Diese Restriktionen ändern nichts daran, dass die Mieter nun regelmäßig mit solchen Briefen rechnen müssen. In ihrem Börsenprospekt schrieben die Gagfah-Manager im Herbst 2006, dass der Gewinn auch durch Mieterhöhungen gesteigert werden solle. Das gesamte Portfolio sei im Schnitt um neun Prozent unter Marktniveau. In den nächsten Jahren soll die Miete nach Angaben von Gagfah-Chef Burkhard Drescher im Durchschnitt um 1,5 Prozent jährlich aufgestockt werden.

Doch das ist eben nur ein Durchschnitt. So hat die Gagfah bei der Dresdner Wohnungsgesellschaft Woba knapp ein Jahr nach dem Erwerb eine Welle von Mieterhöhungen angekündigt. In 3 400 der 49 000 Woba-Wohnungen sollten die Mieter mehr zahlen. Zum Teil waren die Erhöhungen saftig, um bis zu 15 Prozent. So stieg die Miete für 48-Quadratmeter-Wohnungen im Dresdner Plattenbaubezirk Prohlis von 167 auf 190 Euro. Der Verkäufer, der Dresdner Finanz-bürgermeister Hartmut Vorjohann (CDU), sah sich wegen öffentlicher Proteste genötigt, die Heuschrecke zu verteidi-gen. Die Mieten hätten deutlich unter den Möglichkeiten ge-legen und seien von der Stadt quasi subventioniert worden.

Allerdings stehen in Städten wie Dresden, Berlin und im Ruhrgebiet so viele Wohnungen leer, dass die Investoren die Mieten nicht beliebig aufstocken können. So musste die Gagfah die Erhöhungen 2006 schon auf durchschnittlich 1,2 Prozent begrenzen, um keine Auszugswelle zu riskieren.

Der noch schnellere Weg zu noch höheren Mieten sind Modernisierungsmaßnahmen bis hin zu Luxussanierungen. Neue Heizungen, Balkone, Aufzüge, Vollwärmeschutz, neue Fenster – so lassen sich schnell ein paar Euro pro Quadrat-meter mehr verlangen. In der „Grünen Stadt" an der Greifs-walder Straße im Berliner Prenzlauer Berg zum Beispiel mus-sten deswegen sozial schwache Mieter reihenweise ihre Kis-ten packen. Die GSW Gemeinnützige Siedlungs- und Woh-nungsgesellschaft erhöhte die Nettokaltmieten nach dem Einstieg von Cerberus und den Whitehall Funds um bis zu 2,60 Euro, das entsprach bei vielen Wohnungen fast einer Verdopplung. Alles legal – denn das Land Berlin hatte beim Verkauf nicht darauf gedrungen, solche Luxussanierungen auszuschließen. Anderswo war dies dagegen der Fall, etwa bei Deutsche Annington und Gagfah. Bei Gagfah gibt es sogar einen generellen Kündigungsschutz für Mieter über 60 Jahren. Annington darf binnen zehn Jahren höchstens 20 Prozent der Wohnungen weiterverkaufen.

Bei GSW agierten Cerberus und Whitehall besonders ri-gide und stockten in den ersten beiden Jahren die Mieten im Schnitt um mehr als drei Prozent pro Jahr auf. Dabei sind rund 40 Prozent der GSW-Mieter Rentner, 20 Prozent sind arbeitslos. Die Folge: Rund zehn Prozent der Mieter zahlen gar nicht mehr – mit unangenehmen Folgen für beide Seiten.

Was die Rendite sonst noch treibt

Auch mit den Mitarbeitern der Wohnungsgesellschaften selbst gehen die Investoren nicht zimperlich um. Beim Verkauf von Viterra an die Deutsche Annington wurden 575 der knapp 1 900 Arbeitsplätze überflüssig. Fortress strich im Zuge der Integration der Gagfah mit den später akquirierten Wohnungsfirmen Nileg und Woba Dresden 300 der insgesamt 1 800 Arbeitsplätze.

Ihr Drang zu immer größeren Beständen verschafft den Private-Equity-Gesellschaften Skaleneffekte. Größere Bestände lassen sich effizienter verwalten als kleinere: Man braucht nur ein IT-System, eine Datenverwaltung et cetera. Die Investoren optimieren zudem die Steuerung der Zahlungsströme und verfügen mit ihren Zehntausenden Wohnungen über eine erhebliche Einkaufsmacht: Für Reinigungsleistungen und Versicherungen lassen sich im Paket ebenso bessere Konditionen aushandeln wie für Reparaturen. Wenn eine Renovierung der Bäder in einem Wohnblock ansteht, werden diese alle gleich ausgestattet. Das senkt die Kosten pro Badrenovierung.

Darüber hinaus spekulieren die Investoren darauf, dass der Wert der Wohnungen steigt. Und darauf, dass sie einen Teil auch weiterverkaufen können – blöckeweise oder einzeln, an die Mieter. In Deutschland wohnen viel weniger Menschen in den eigenen vier Wänden als anderswo in Europa. Die Wohneigentumsquote liegt hierzulande nur bei 44 Prozent, der europäische Durchschnitt beträgt 63 Prozent.

Die Mieterprivatisierung ist ein aufwendiges und kleinteiliges, aber auch einträgliches Geschäft. Annington verkaufte die Wohnungen in den vergangenen Jahren für durchschnittlich 1 120 Euro pro Quadratmeter. Gegenüber dem Einkauf ist das ein deutlicher Aufschlag: Für die Viterra-Wohnungen hat Annington rund 700 Euro je Quadratmeter gezahlt, für die Eisenbahnerwohnungen nur 500 Euro.

Vom Start weg war Annington erfolgreich beim Verkauf der Wohnungen an ihre Mieter, die man dabei auch mit Kreditfinanzierungsangeboten unterstützte. Zwischen 2002 und 2005 veräußerte Annington 20 000 Wohnungen an Mieter

und private Kapitalanleger, Viterra etwa 14 000. 2006 jedoch fuhr Annington die Mieterprivatisierung zurück und
gab nur noch 4 000 Wohnungen ab. Hands schwenkte um
auf die Strategie des Rivalen Gagfah, der mit seiner Wachs-
tumsstrategie hohe Bewertungsaufschläge an der Börse erzielte. Der Gagfah-Konzern brachte es 2006 nur auf 1 000 pri-
vatisierte Wohnungen statt der geplanten 2 900. Gagfah
betrachtete dies aber von Anfang an nicht als Hauptge-
schäft.

Der Haken an dem Konzept scheint auch in der deutschen
Mentalität begründet zu sein: Die Deutschen mieten einfach
grundsätzlich lieber, als dass sie kaufen. Die Scheu vor privaten Schulden ist hierzulande weit ausgeprägter als etwa in
Großbritannien, Italien oder den USA.

Auch das Geschäft mit den Mietwohnungen wird erst
durch den „Leverage-Effekt" richtig rentabel. Damit nutzen
die Fonds die niedrigen Fremdkapitalzinsen, um die Rendite
auf ihr Eigenkapital zu hebeln. Der Vorteil der Immobilien
ist, dass sie einen noch größeren Schuldenhebel erlauben als
Unternehmen. So finanzierte die Deutsche Annington den
Kauf von Viterra fast ausschließlich auf Pump: Danach kam
die gemeinsame Firma nur noch auf eine Eigenkapitalquote
von 5,9 Prozent.

Dadurch, dass sich Finanzinvestoren über Großverbrie-
fungen am Kapitalmarkt günstig refinanzieren können, haben
sie meist auch niedrigere Fremdkapitalkosten als kommunale
Wohnungsgesellschaften. Zum Vergleich: Die Berliner GSW
kam im Jahr 2006 auf vier Prozent. Bei der Kommunalen
Wohnungsgesellschaft (KoWo) in Erfurt lagen die Kosten bei
sechs Prozent.

Heuschrecken-Opfer GSW

Die GSW ist einer der ganz wenigen Fälle in der Wohnungs-
welt, bei dem sogar eine Rekapitalisierung funktioniert hat.
Für den Kauf der GSW im Jahr 2004 für 2,1 Milliarden Euro
setzten die Investoren nur 400 Millionen Euro Eigenkapital
ein. Diesen Einsatz plus einer Verzinsung in unbekannter Hö-

he hatten die beiden Investoren nur zweieinhalb Jahre später wieder herausgeholt.

Das schafften die Investoren durch eine Kombination aus schnellen Paketverkäufen, Mieterhöhungen, Effizienzgewinnen in der Bestandsbewirtschaftung und allerlei Finanzakrobatik. Und das ging so: Bereits ein halbes Jahr nach dem Erwerb installierten Cerberus und Whitehall/Goldman Sachs ein neues Management mit Thomas Zinnöcker an der Spitze, der bis dahin die Geschäfte der Telekom-Tochter DeTe Immobilien geführt hatte. Die neue Führung machte sich sofort daran, über Verkäufe wieder Geld in die Kassen zu bekommen. Sogar die Firmenzentrale in der Kochstraße wurde für 60 Millionen Euro veräußert – um die eigenen Firmenräume für zunächst zehn Jahre zurückzumieten.

Binnen zwei Jahren schlug das Unternehmen 10 000 der 66 000 Wohnungen an neue Eigentümer los: 4 000 Wohneinheiten gingen an einen dänischen Kapitalanleger, 5 000 an die Berliner Wohnungsfirma Gehag, hinter der Oaktree stand, und 1 800 an einen Privatinvestor. Weitere 860 übernahm der Münchner Fondsinitiator DCM, der sie später über zwei Wohnimmobilienfonds an Privatanleger weiterreichte.

DCM zahlte laut Prospekt schon 807 Euro je Quadratmeter. Bei durchschnittlich 60 Quadratmetern je Wohnung erzielten Cerberus und Goldman allein aus diesem Geschäft 16 Millionen Euro Gewinn. Durch das schnelle Durchhandeln der Pakete konnte das Unternehmen 2005 ein operatives Ergebnis von 66,5 Millionen Euro ausweisen. Im Jahr 2003 waren es dagegen nur 5,25 Millionen Euro gewesen.

Derweil unternahm ein Konsortium um die Investmentbank Lehman Brothers die Rekapitalisierung. Dabei gingen die Banken anhand der erzielten Preise bei den vorangegangenen Paketverkäufen davon aus, dass die GSW wesentlich mehr wert ist als zwei Jahre zuvor. Auf diese Weise konnte das Wohnungsunternehmen über 400 Millionen Euro Eigenkapital an seine beiden Eigentümer ausschütten – und danach trotzdem noch ein Eigenkapital von 400 Millionen Euro ausweisen. Stille Reserven dürfte die GSW nach diesem Finanzkunststück nicht mehr haben. Als nächsten Schritt peilen die

Eigner den Börsengang der bereits ordentlich ausgesaugten Firma an.

Der Aufschwung erlahmt

Der Boom der Jahre 2004 bis 2006 hat die Quadratmeterpreise, die die Fonds zahlen, stark getrieben. Wurden die Eisenbahnerwohnungen und die GSW noch mit Preisen von 500 Euro je Quadratmeter veranschlagt, kosteten die Wohnungen von Gagfah, WCM und Viterra 2004/2005 schon 700 Euro. Im Jahr 2007 erzielte Blackstone für den WCM-Bestand rund 1 000 Euro, und die Gagfah zahlte für 5 900 Wohnungen in Berlin 1 027 Euro je Quadratmeter. Da wird die Luft für weitere Wertzuwächse schon dünn. Zugleich wurde die Finanzierung angesichts steigender Zinsen immer weniger zum Selbstläufer.

Kein Wunder also, dass Fortress mit dem Börsengang der Gagfah den Einstieg zum Ausstieg eingeleitet hat. Zugleich hat eine erste Konzentrationswelle unter den internationalen Wohnungsaufkäufern eingesetzt. Die 5 900 Berliner Wohnungen übernahm die Gagfah von der amerikanischen Apellas-Gruppe, die zu einem Fonds des US-Milliardärs George Soros gehört und die kritische Masse von mehreren Zehntausend Einheiten in Deutschland nicht erreicht hat. Dasselbe gilt für Blackstone und Oaktreee, die ihre Wohnungen deswegen ebenfalls weiterverkauften.

Dies alles zeigt, dass sich der Markt schon gedreht hat. Wer es nicht zu ausreichend großen Portfolios gebracht hat, trennt sich von seinen Beständen. Die Großen dagegen, Annington und Gagfah, müssen weiter zukaufen, um über Skaleneffekte auch weiter jedes Jahr zweistellige Wertsteigerungen zu erzielen. So hat die Gagfah beim Börsengang angekündigt, ihren Bestand jedes Jahr um 25 000 Wohnungen aufzustocken und dafür jährlich 1,4 Milliarden Euro auszugeben. Dies soll zum Teil über Kapitalerhöhungen finanziert werden, an denen Fortress nicht teilnimmt. Auf diese Weise sinkt der Anteil der Amerikaner immer weiter. Dafür wird die Gagfah mehr wert – so ist zumindest der Plan.

Gagfah will mittelfristig 300 000 Einheiten verwalten. Die
Deutsche Annington strebt eine Verdopplung ihres Bestan-
des auf 500 000 Wohnungen an.

Theoretisch ist das Potenzial immer noch riesig. Die
HSH Nordbank schätzt, dass noch 3,3 Millionen Wohnungen aus dem Bestand der öffentlichen Hand oder Unternehmen für große Portfoliotransaktionen infrage kommen. Fortress setzt das Potenzial sogar mit 4,8 Millionen Wohnungen
im Wert von 240 Milliarden Euro an. Doch in vielen Kommunen proben inzwischen Lokalpolitiker den Widerstand
gegen die Wohnungsverkäufe. In Freiburg konnten Privati-
sierungsgegner Ende 2006 per Bürgerentscheid den Verkauf
von knapp 8 000 städtischen Wohnungen verhindern. Wenig
später stoppte in Rostock die Bürgerschaft den bereits ausgehandelten Verkauf von 3 200 kommunalen Wohnungen an
die Deutsche Annington.

Zumindest Dresdens Finanzbürgermeister Vorjohann be-
reut den Verkauf der Woba nicht. Schließlich strich er dafür
982 Millionen Euro in bar ein. Darüber hinaus übernahm die
Gagfah Wobas Schulden von knapp 800 Millionen Euro.
Durch den Deal wurde Dresden im Jahr 2006 auf einen
Schlag schuldenfrei. Das verschafft Luft für Investitionen.
Vorjohann sagt, dadurch habe er jährlich 60 Millionen Euro
zur Verfügung, um etwa Kindertagesstätten und Schulen zu
sanieren.

Wie werde ich selbst zur Heuschrecke?

Das hätten Sie doch auch gerne: überdurchschnittliche Renditen, und das am besten dauerhaft? Welcher Aktienbesitzer hätte in den Blütezeiten des Neuen Marktes nicht damit geprahlt, welche Gewinne er mit seinen Aktien eingefahren hat? 100, 200 Prozent in einem Jahr oder manchmal auch in ein paar Wochen waren damals drin. Leider waren die Gewinne meist noch viel schneller wieder weg.

Mit Private Equity ist das Geld nicht annähernd so leicht verdient, aber spektakuläre Renditen lassen sich auch da erzielen. Und die halten meistens auch länger vor. Am besten, man investiert in die „Könige des Buy-outs", Blackstone, Bain Capital, KKR, TPG, Permira und noch manche andere. Einer Statistik der TPG zufolge haben die zwölf größten Private-Equity-Fonds der Welt zuletzt 40,7 Prozent jährlich an Wertsteigerung erzielt. Dabei hat TPG Fonds der Auflagejahre 2001 bis 2004 angeschaut und deren Renditen bis Juni 2006 in die Rechnung einbezogen.

Dabei bilden die Megafonds nur die Spitze der Branche. Auch die Renditen, die das beste Viertel der europäischen Buy-out-Fonds schafft, können sich sehen lassen: Sie haben von 1980 bis 2006 im Schnitt 37,6 Prozent pro Jahr erzielt, hat der Datendienstleister Thomson Financial ermittelt. Allerdings gibt es nur wenige Branchen, in denen der Unterschied zwischen den Besten und dem Rest so groß ist wie bei Private Equity. Die schlechtesten Fonds haben jahrelang gar kein Geld verdient. So zeigt die Statistik für die gesamte europäische Buy-out-Branche für denselben Zeitraum „nur" 13,7 Prozent Rendite.

Die Kunst ist also, in die richtigen Fonds zu investieren. Am besten so wie der Stiftungsfonds der amerikanischen Universität Yale, der als einer der erfahrensten und geschicktesten Private-Equity-Anleger der Welt gilt. Seit 1973 und damit seit den kleinsten Anfängen von Private Equity in den

USA legt die Stiftung Geld in nicht börsennotierten Unternehmen an. Yale hat mit Private Equity seither im Durchschnitt jedes Jahr 31 Prozent gemacht. Dem Yale-Chefstrategen David Swensen trug dies den Ruf eines „Private-Equity-Genies" ein. Damit hat das Beteiligungsgeschäft einen Gutteil dazu beigesteuert, dass Yale auch für sein Gesamtportfolio Fabelrenditen vorweist: 17,2 Prozent jährlich waren es für das Jahrzehnt 1997 bis 2006, während der breite amerikanische Aktienindex S&P 500 mit 8,3 Prozent rentierte.

Der Stiftungsfonds, der seit vielen Jahren von Swensen gemanagt wird, legt 17 Prozent seiner Mittel in Private Equity an. Selbst im Vergleich zu anderen amerikanischen Pensions- und Stiftungsfonds ist das eine enorm hohe Quote. Doch Swensen verfolgt auch sonst eine risikofreudige Anlagestrategie. Die sicheren Anleihen, die bei den meisten deutschen Versicherern mindestens drei Viertel der Anlageportfolios bestimmen, machen bei Yale nur noch vier Prozent der gesamten investierten Mittel von 18 Milliarden Dollar aus. Denn Swensen findet, dass Anleihen im Verhältnis zu ihren Wertschwankungen zu niedrige Renditen bringen. Yales Anlageguru setzt lieber auf Aktien, Hedgefonds und „Real Assets" wie Immobilien, Rohstoffe oder Wälder.

Nun ist Yale ein zwar sehr erfolgreicher, aber relativ kleiner Fonds. Deswegen mag der Vergleich mit deutschen Versicherern oder Pensionskassen hinken. Doch in den USA investieren auch Pensionsfonds, die zu den größten der Welt gehören, Milliardensummen mit hohen Renditen in Private Equity: Calpers zum Beispiel, der die Pensionen für 1,5 Millionen Beamte in Kalifornien verwaltet. Calpers hat 230 Milliarden Dollar unter Management und damit ungefähr doppelt so viel wie der größte deutsche Lebensversicherer Allianz Leben. Auch Calpers investierte zuletzt nur noch 23 Prozent in Rentenpapiere.

Stattdessen hat der kalifornische Pensionsfonds fast sechs Prozent seiner Gelder in Private Equity angelegt und berichtet für seine voll realisierten Private-Equity-Investitionen seit dem Start im Jahr 1990 eine jährliche Rendite von 18 Prozent. Damit ist Calpers nicht nur einer der größten Private-

Equity-Investoren der Welt, sondern auch noch außerordentlich erfolgreich. Der Münchner Versicherer Allianz, der erst seit 1998 systematisch in Private Equity investiert, ist mit seinen Private-Equity-Investitionen schon zufrieden, wenn diese auf lange Frist fünf Prozent mehr Rendite bringen als die gängigen Aktienindizes.

Dennoch: Wahrscheinlich würde auch Ihnen das durchaus schon genügen. Wie also können auch Sie in dieses Geschäft einsteigen? Die traurige Antwort: Wenn Sie nicht gerade Multimillionär sind, lohnt es sich kaum für Sie. Denn Private Equity ist, was die Konditionen und Zugangsmöglichkeiten betrifft, eine Dreiklassengesellschaft. Am besten kommen die großen institutionellen Investoren weg, also Pensionskassen, Versicherer, Banken, Stiftungen und Versorgungswerke. Die zweitbeste Sorte Angebote geht an sehr reiche Privatleute, die mindestens 250 000 Euro allein in Private Equity anlegen können. Am schlechtesten schneidet die dritte Zielgruppe der Kleinsparer ab. Otto Normalsparer könnte vielleicht noch versuchen, seine Kapitallebensversicherung danach auszusuchen, ob der Versicherer die Beiträge zu einem Teil auch in Private Equity investiert. Doch selbst das dürfte ein schwieriges Unterfangen werden, aber dazu später mehr.

Um in Fonds wie KKR, Blackstone, Carlyle oder Permira direkt investieren zu dürfen, müssten Sie mindestens zehn, 15 oder sogar 20 Millionen Euro aufbringen. Dann hätten Sie aber nur in einen einzigen Fonds einer einzigen – obendrein risikoreichen – Anlageklasse investiert. Und selbst das ist nur theoretisch: Die besten Fonds können sich dank ihrer historischen Überrenditen ihre Investoren aussuchen. Sie wählen am liebsten kapitalkräftige Kapitalsammelstellen, zu denen sie langjährige Beziehungen pflegen und die ihnen beim nächsten Fonds auch noch Geld geben.

Sie könnten es also eine Nummer kleiner versuchen und in einen der deutschen Mittelstandsfonds investieren. Aber selbst die machen es nicht unter 500 000 bis eine Million Euro, größere Fonds verlangen noch höhere Mindestzeichnungssummen. So bleibt also nur der Gang zu Ihrer Bank, zu einem Dachfonds für Privatanleger, oder Sie kaufen Aktien einer börsennotierten Private-Equity-Gesellschaft.

Milchmädchenhausse bei Private-Equity-Dachfonds

Einen Dachfonds wird Ihnen Ihr „unabhängiger Finanzberater" gerne verkaufen. Denn seine Schiffs- und Medienfonds bekommt er kaum mehr los, seit 2005 deren Steuervorteile gestrichen wurden. Und von irgendetwas muss er schließlich leben – und seine solventen Kunden müssen ihr Geld unterbringen. Deswegen erleben Private-Equity-Dachfonds für Privatanleger in Deutschland einen bisher einmaligen Boom. Ihr Mittelzufluss hat sich nach Daten des Fondsratingspezialisten Scope 2006 gegenüber dem Vorjahr von 1,1 auf 2,12 Milliarden Euro nahezu verdoppelt. Für 2007 rechnen die Fondshäuser mit weiteren Steigerungen.

Vorteil der Dachfonds ist, dass sie das Risiko breit streuen. Sie legen die Gelder in zehn bis 20 Private-Equity-Fonds an, die ihrerseits wiederum mindestens in zehn bis 20 Unternehmen investieren. So ist der Zeichner eines Dachfondsanteils indirekt an etwa 150 bis 300 Unternehmen beteiligt. Trotzdem raten die meisten Experten zur Vorsicht. Dass Private Equity seit seinem Entstehen in den USA Ende der 60er-Jahre fast ausschließlich von institutionellen Investoren bestritten wurde, hat viele gute Gründe. Kurz zusammengefasst: Diese Anlageklasse ist kompliziert, illiquide, riskant und taugt nur mit sehr langem Atem für Überrenditen.

Zudem sind Renditen wie die 40,7 Prozent der Megafonds in den vergangenen Jahren die Ausnahme. Inklusive der Wagniskapitalfonds, deren Renditen sich vom Rückschlag des Technologiecrashs zu Beginn des Jahrtausends noch nicht erholt haben, hat Beteiligungskapital seit 1980 in Europa im Durchschnitt nur 10,3 Prozent jährlich gebracht. Dies ist immer noch mehr als bei europäischen Aktien: Der marktbreite europäische Index Dow Jones STOXX 600 legte von 1986 bis 2006 im Durchschnitt um 7,7 Prozent jährlich zu.

Eine eher geringe Überrendite kann bei Privatanlegerprodukten schnell zerrinnen. Denn in je kleinere Portionen

Private Equity aufgeteilt werden muss, um für Privatanleger erschwinglich zu sein, desto höher sind die Gebühren. Banken wie Deutsche Bank, UBS und Sal. Oppenheim bedienen Privatleute deshalb mit ihren Private-Equity-Programmen erst, wenn sie mindestens 200 000 Euro in Private Equity investieren können. Dafür aber sollte ein Anleger ein Millionenvermögen besitzen und nur Geld anlegen, das er langfristig nicht braucht.

Dachfonds für Retail-Anleger mit kleineren Kontoständen ermöglichen zwar Investitionen in Private Equity schon ab 10 000 Euro. RWB aus Oberhaching bei München bietet Fondsanteile sogar schon ab 1 000 Euro an. Doch diese kleine Stückelung lassen sich die Fondsinitiatoren und ihre Vertriebspartner teuer bezahlen. Einer Scope-Erhebung zufolge gehen bei geschlossenen Private-Equity-Fonds inklusive des Ausgabeaufschlags (Agios) von fünf Prozent insgesamt 11,19 Prozent vorab von der ursprünglichen Investitionssumme ab. „Davon erholen Sie sich renditemäßig nie wieder", urteilt Peter Laib, Geschäftsführer von Adveq, einer Schweizer Dachfondsgesellschaft für institutionelle Anleger. „Wir versprechen unseren institutionellen Investoren zwölf bis 15 Prozent jährlich. Bei gleicher Qualität der Investitionen bleiben Ihnen bei einem Privatanleger-Dachfonds fünf bis sechs Prozent übrig."

Selbst diese Rendite ist theoretisch. Empirische Daten darüber, wie gut Private-Equity-Dachfonds für Privatanleger abgeschnitten haben, gibt es nicht. Denn diese Konstrukte existieren in Deutschland erst seit Ende der 90er-Jahre. Da die Fonds mindestens zehn Jahre laufen, ist bislang kein einziger deutscher Privatanleger-Dachfonds abgeschlossen worden. Die meisten haben noch kaum Rückflüsse gebracht.

Für die eher beschränkten und unsicheren Renditeaussichten müssen die Fondszeichner in Kauf nehmen, dass sie mindestens zehn Jahre nicht an ihr Geld kommen. Darüber hinaus sollten sie genau untersuchen, in welche Zielfonds der Dachfonds investiert. Denn bei weitem nicht jeder Dachfonds hat überhaupt Zugang zu den Topfonds. Anlagen im besten Viertel aller Zielfonds versprechen die meisten Dachfonds – doch vielfach bleibt es bei der Ankündigung. Gerade Newco-

mer haben häufig keine andere Chance, als auf weniger erfolgreiche Private-Equity-Fonds auszuweichen.

Trotz dieser Nachteile bauen die Spezialisten für geschlossene Fonds ihr Angebot immer weiter aus. Gab es im Jahr
2000 gerade einmal eine Handvoll Private-Equity-Dachfonds
auf dem deutschen Markt, darunter etwa RWB, MPC, BVT
und Blue Capital, sind es jetzt etwa 70. „Darunter findet man
auch viele Scharlatane", sagt Adveq-Mann Laib.

Der Run auf die Privatanlegerprodukte veranlasst renommierte Private-Equity-Manager wie Carlyle-Mitgründer David Rubenstein dazu, über eine Blase im Private-Equity-Markt
nachzudenken. Historisch hätten sich Blasen meist auf ihrem
Höhepunkt befunden, wenn Privatinvestoren einstiegen, sagte Rubenstein im Februar 2007 in Frankfurt. Scope-Analyst
Möller glaubt deshalb auch nicht, dass Private Equity für Privatanleger ein langfristiger Trend ist. „Wir beobachten bei
Private Equity die klassische Milchmädchenhausse, die ver-
mutlich in wenigen Jahren in sich zusammenfallen wird."

Private Equity fürs Aktiendepot

In diese Falle mögen Sie wahrscheinlich nicht tappen. Ein Aus-
weg wäre, Aktien einer börsennotierten Private-Equity-Gesellschaft zu kaufen. Öffentlich notiertes „privates Beteiligungskapital" ist eigentlich ein Paradox. Schließlich lebt das
Geschäft davon, dass statt Quartalsberichten und Aktienkurs
eine mittelfristige Wertsteigerung im Vordergrund steht. Zudem scheint es für Aktienanleger nahezu unmöglich, quartalsweise die Wertentwicklung eines Portfolios aus zehn Unternehmen oder mehr zu beurteilen. Zumal diese alles andere
als transparent ist: Die Private-Equity-Firmen müssen zwar
den Wert ihres Portfolios alle drei oder sechs Monate neu be-
rechnen. Wie dieser zustande kommt und wie sich die einzelnen Unternehmen des Portfolios im Detail entwickeln, dazu sind die Informationen eher mager.

Trotzdem sind Private-Equity-Aktien einen Blick wert.
Der Branchenindex für die 50 weltgrößten börsennotierten
Beteiligungsgesellschaften, der LPX 50, hat in den vergange-

nen zwölf Jahren den Deutschen Aktienindex Dax mit einer jährlichen Rendite von 12,7 Prozent locker geschlagen. Der Dax stieg im gleichen Zeitraum um durchschnittlich 9,7 Prozent im Jahr. Der Branchenverband EVCA registrierte 2006 in Europa mehr als 100 börsennotierte Private-Equity-Gesellschaften und -Vehikel, bei 565 Private-Equity-Gesellschaften insgesamt. Tendenz steigend.

In Deutschland gehören die Deutsche Beteiligungs AG (DBAG) und die Indus Holding zu den Beteiligungsfirmen, die aus ihrer eigenen Bilanz investieren. Die DBAG-Aktie war auf lange Frist eine gute Anlage: Die im SDax notierte Firma hat von 1997 bis 2006 nach eigenen Angaben im Schnitt eine jährliche Eigenkapitalrendite nach Steuern von 17,9 Prozent geschafft. In Großbritannien sind die 3i Group, Candover und der Permira-Hauptinvestor SVG Capital am Aktienmarkt notiert, zudem mit der Man Group eine der weltgrößten Hedgefonds-Gesellschaften. Zu den besten Aktien im breit gefassten LPX-Index zählen die schwedische Ratos oder die französische Eurazeo. Börsennotierte Dachfonds wie Schweizer Partners Group oder die Liechtensteiner LGT können für Privatanleger ebenfalls reizvoll sein. LGT hat Investmentvehikel der Marke „Castle" aufgelegt, die in Private-Equity- und Hedgefonds investieren und seit vielen Jahren an der Börse sind. Bei der Partners Group legen Sie Ihr Geld dagegen nicht direkt in Private Equity oder in Hedgefonds an, sondern in einer Managementgesellschaft, die von Verwaltungsgebühren und Gewinnbeteiligungen lebt.

Ein Haken ist aber auch dabei: Diese Unternehmen investieren zwar in alternative Anlagen, dennoch unterliegen ihre Aktienkurse dem normalen Aktienmarktrisiko. Das heißt, die Kursentwicklung ist vom eigentlichen Investitionserfolg des Finanzinvestors losgelöst. Die Historie zeigt, dass die Kurse von Private-Equity-Aktien deren wahre Wertentwicklung in schlechten Zeiten noch schlechter darstellen und in guten Zeiten übertreiben. Während der Börsenkrise am Anfang des Jahrtausends notierte zum Beispiel die Aktie des deutschen Pioniers DBAG jahrelang unter dem Nettovermögenswert seiner Beteiligungen (Net Asset Value, NAV). Mit dem Auf-

schwung von Konjunktur und Aktienmärkten legte nicht nur
jener Net Asset Value deutlich zu. Der Börsenwert stieg in den
Jahren 2006 und 2007 zeitweise sogar um fast ein Fünftel
über den NAV.

Neuerdings bieten die Stars der Branche wie KKR, Blackstone, Apollo und Ripplewood ebenfalls börsengelistete Anteile an, die allerdings völlig unterschiedlicher Natur sind.
KKR, Apollo und Ripplewood haben über Börsengänge von
Investmentvehikeln Gelder aufgenommen, die in Unternehmensbeteiligungen fließen sollen. Blackstone dagegen hat,
ähnlich wie die Partners Group, die komplette Managementgesellschaft an die Börse gebracht. Auch KKR hat den eigenen Börsengang für die zweite Jahreshälfte 2007 angekündigt. Wer diese Aktien kauft, ist somit an den Gewinnen von
Schwarzman, Karis, Roberts und den anderen Managern beteiligt.

KKRs Vehikel KKR Private Equity Investors (KKR PEI)
konnte sich vor Geld kaum retten, als es 2006 an die Vierländerbörse Euronext ging. Reichen Privatanlegern schienen
beim Namen KKR die Dollarzeichen in die Augen zu sprin-
gen, und paradoxerweise griffen auch massenhaft Hedgefonds zu. So nahm KKR statt der geplanten 1,5 Milliarden
Dollar ganze fünf Milliarden Dollar ein. Die Kursentwicklung legte schnell die Krux solcher Konstrukte offen. Der Kurs
der KKR-PEI-Aktie fiel vom ersten Tag an unter den Ausgabepreis von 25 Dollar und erreichte diesen Wert das ganze
erste Jahr nicht wieder. Von 40,7 Prozent jährlicher Rendite keine Spur.

Die sind mit so einem Vehikel wie KKR PEI auch geradezu unmöglich. Denn im Vergleich zu einem normalen
KKR-Fonds ist KKR PEI in mehrfacher Hinsicht im Nachteil:
Zum einen zahlten die Investoren das Geld sofort komplett
ein. Das heißt, es lag auf niedrig verzinsten Festgeldkonten
herum, bis es zum Einsatz kam. Das verwässert die Rendite. Dies vermeiden Private-Equity-Fonds, indem sie die Mittel
von ihren Anlegern erst abrufen, wenn sie das Geld zur Be-
zahlung der Kaufpreise brauchen. Zum Zweiten müssen die
Aktionäre solcher Vehikel doppelt Managementgebühren

zahlen. Denn das Management des Vehikels nimmt ein bis einenhalb Prozent, und da ein guter Teil von KKR PEI in den jeweils aktuellen KKR-Fonds investiert, fallen dort ein zweites Mal Gebühren an.

Aber der wichtigste Grund dafür, dass es bei KKR PEI zu einem Kursrutsch kommen musste, besteht in der zunächst negativen Wertentwicklung. In den ersten Monaten sinkt der Nettovermögenswert des Vehikels – auch wenn investiert wird. Denn zu Beginn fallen keine Erträge, sondern nur Kosten an: für die Managementgebühr, für die Suche nach Investitionsmöglichkeiten und für andere Transaktionskosten. Zugleich werden die Unternehmensbeteiligungen zu Beginn mit Anschaffungskosten bilanziert und noch keine Wertsteigerungen eingebucht. Dies führt dazu, dass der Wert des Investmentvehikels zunächst für längere Zeit unter seinen Einstandspreis sinkt. Normalerweise hebt dieser NAV erst nach einigen Jahren ab: dann nämlich, wenn dem Vehikel lukrative Unternehmensverkäufe gelingen. Diese J-förmige Wertentwicklung ist typisch für Private-Equity-Investitionen und wird auch „J-Curve" genannt.

Wer indes Aktien von Blackstone oder KKR direkt kauft, muss noch risikofreudiger sein. Denn bei einer Managementgesellschaft können die Gewinne von Jahr zu Jahr stark schwanken. Zwar hat vor allem Blackstone so viele verschiedene Fonds am Laufen, dass stete Umsätze aus Verwaltungsgebühren gesichert sind. Richtig interessant wird die Aktie aber erst, wenn Gewinnbeteiligungen anfallen. Doch die gibt es erst, wenn die Fonds ihre Unternehmen oder Immobilien wieder verkauft haben. Wann das mit Gewinnen möglich ist, hängt sehr stark von den Marktbedingungen ab.

Königsweg Pensionsfonds

Es führt kein Weg daran vorbei: Optimal wäre eine Private-Equity-Investition über einen institutionellen Anleger. In den USA profitieren nicht nur Beamte und Lehrer davon, dass ihre Renten von staatlichen Pensionsfonds wie Calpers, Calstrs oder Washington State Investment Board verwaltet werden.

Auch die großen US-Konzerne haben die Rentenansprüche ihrer Beschäftigten in der Regel in Pensionsfonds ausgegliedert.

In Deutschland dagegen bleiben den hart erarbeiteten Rentenbeiträgen der Arbeitnehmer diese lukrativen Anlagemöglichkeiten verschlossen. Im umlagefinanzierten staatlichen Rentensystem werden mit den Beitragszahlungen die Ansprüche der aktuellen Rentner befriedigt. Auch bei den Unternehmen ist in Sachen professioneller Anlage noch zu wenig passiert. Sie nutzen die Vorsorge, die sie für ihre Pensionsberechtigten bilden, lieber zur Innenfinanzierung. Pensionskassen gewinnen erst langsam an Bedeutung. Bislang haben unter anderem DaimlerChrysler, Siemens, Bayer, BASF, Schering und Wacker Chemie solche Fonds gegründet, doch längst nicht alle investieren auch in Private Equity.

Kalifornische Beamte haben es da besser. Auf ihre Beiträge erwirtschaftete Calpers im Jahr 2006 eine Wertsteigerung von 15,4 Prozent. Das war fast das Doppelte von dem, was nötig ist, um die künftigen Ansprüche der 1,5 Millionen Rentner und Beitragzahler abzugelten. Dafür muss Calpers „nur" 7,75 Prozent jährlich schaffen. Doch selbst von diesem Renditeziel können Besitzer deutscher Lebensversicherungen nur träumen. Ihnen wurde in den vergangenen Jahren die Überschussbeteiligung immer weiter gekürzt. Wer 2007 eine Lebensversicherung abschloss, erhielt nur noch eine Mindestverzinsung von 2,25 Prozent jährlich garantiert. Im Durchschnitt schrieben deutsche Lebensversicherer ihren Kunden zuletzt gut vier Prozent im Jahr gut.

Das beliebteste Altersvorsorgeprodukt der Deutschen verzichtet auf den Renditeturbo Private Equity weitestgehend. Denn einige Lebensversicherer haben sich mit Private Equity blutige Nasen geholt, zum Beispiel die Gothaer und die Ergo, eine Tochter der Münchener Rückversicherungs-AG. Sie waren am Ende des letzten Private-Equity-Booms der Jahre 1998 bis 2000 ein- und hektisch wieder ausgestiegen, als mit dem Aktienboom plötzlich auch der Private-Equity-Aufschwung einkrachte. Ein schwerer Fehler, das hätten die Versicherer wissen müssen. Bei einem derartigen Verhalten sind

Verluste unvermeidbar. Denn die Versicherer liefen damit voll in die Falle des „J-Curve"-Effekts.

Deutsche Versicherer, Pensionskassen und Pensionswerke haben nur etwas über ein Prozent ihrer gesamten Anlagen in Private Equity investiert, laut zwei Umfragen von Adveq und CAM Private Equity aus dem Jahr 2006. Beide bieten Private-Equity-Dachfonds für institutionelle Anleger an. Zum Beispiel stammen von den elf Milliarden Euro in Permiras aktuellem Fonds gerade einmal drei Prozent von deutschen Anlegern. „In Deutschland gibt es fast keine Kultur für innovative Finanzprodukte", konstatiert Permira-Deutschland-chef Thomas Krenz. „Die Geldanlagen sind entweder konservativ oder auf Steueroptimierungen ausgerichtet."

Renditechancen für Reiche

Zumindest für Multimillionäre können sich Investitionen in Private Equity lohnen – wenn sie es richtig anstellen. Angesichts des weltweiten Booms haben Großbanken wie Deutsche Bank, UBS, Credit Suisse, Citibank und JP Morgan sowie Privatbanken wie Sal. Oppenheim oder die Berenberg Bank ihre Private-Equity-Anlageangebote für superreiche Privatkunden seit 2003 deutlich ausgebaut. Vorher wurde Private Equity auch von jener Kundengruppe in Deutschland kaum nachgefragt.

Doch auch wirklich reiche Anleger sollten Private-Equity-Investments nicht auf die leichte Schulter nehmen. „Private Equity ist ein sehr langfristiges und risikoreiches Investment. Deswegen sollte man die Risiken geografisch und nach Fondsmanagern streuen", erklärt Michael Rhein, der bei der Deutschen Bank die Produkte für die millionenschweren Kunden der Sparte Private Wealth Management verantwortet. Zudem sollte man in verschiedene Spielarten des außerbörslichen Beteiligungskapitals wie Buy-outs, Venture Capital oder Mezzanine investieren. Besonders wichtig ist zudem die jährliche Streuung. „Deswegen dauert es mindestens vier bis fünf Jahre, bis man ein richtiges Portfolio aufgebaut hat", sagt Deutsch-Banker Rhein.

Um eine Streuung zu gewährleisten, bieten die Anlagepro-
fis selbst mehrfachen Millionären zuerst einmal Dachfonds
an. Bei UBS ist das Einstiegsmodell ein sehr breiter Dachfonds, der von einem US-Partner einmal im Jahr aufgelegt
wird und vier Jahre lang Investitionszusagen für Zielfonds
abgeben kann. Selbst dafür muss ein Anleger aber mindestens 250 000 Dollar lockermachen. Dabei empfiehlt UBS,
maximal fünf Prozent des liquiden Anlagevermögens in Private Equity anzulegen. Anders gerechnet: Wer nicht mindestens fünf Millionen Dollar flüssig hat, sollte nach Ansicht von
UBS gar nicht in Private Equity investieren. Deutsch-Banker
Rhein sieht dies weniger konservativ: „Der Private-Equity-
Anteil eines Portfolios muss mindestens fünf Prozent sein, um
eine Wirkung zu erzielen." Auch Sal. Oppenheim ist optimis-
tischer und setzt die Obergrenze für Private-Equity-Anlagen
bei 20 Prozent des Anlagevermögens.

Die Deutsche Bank dagegen stellt zweimal im Jahr Dachfonds zwischen 200 und 400 Millionen Dollar zusammen, die
sie ihren reichen Kunden weltweit anbietet. Diese investieren
in Zielfonds eines einzigen Fondsmanagers, zum Beispiel der
US-Investoren Carlyle, Blackstone, Apollo, TPG oder der britischen CVC. Abnehmer findet der Dachfonds vor allem in
den USA und Asien. Den deutschen Anteil mag Rhein nicht
beziffern, er liege aber über zehn Prozent. „Deutschland hat
noch keine Private-Equity-Kultur, der Begriff ist immer noch
nicht bekannt genug", begründet er.

Vielleicht ist das auch gar nicht so schlimm. Private-Equi-
ty-Guru David Swensen jedenfalls rät Privatleuten von Private-Equity-Investitionen generell ab. „Buy-out-Fonds stellen für den Normalanleger eine nachteilige Investition dar",
urteilt der Chefstratege des Yale-Stiftungsfonds. Denn die
hätten kaum eine Chance, den vielfältigen Gebühren zu ent-
kommen. „Die Fülle an Entschädigungen ist ein wahres Festmahl für Buy-out-Manager. Hingegen können Buy-out-An-
leger bestenfalls auf kleinere Brocken hoffen, die vom Tisch
fallen."

Epilog: Capital keeps rainin' on my head

Amerikas legendärer Immobilienhai Sam Zell schickt seinen Freunden zu Neujahr gerne Musikboxen, die Lieder mit seinem persönlichen wirtschaftlichen Ausblick parodieren. Im Januar 2000 war auf dem Gerät ein Kind abgebildet, das einen nackten Kaiser anstarrte, der auf einem Stapel von „Wall Street Journal"-Ausgaben saß. Analog zu einem Song von Paul Simon tönte die Box: „I'd like to help you all get rich at 23 / There must be 50 ways to make a billion ... / Just add a dot-com, Tom / Front your name with an ‚e‘" und so weiter (Ich würde euch allen gerne helfen, mit 23 reich zu sein / Es muss 50 Wege geben, eine Milliarde zu machen ... / Schreib einfach ein „.com‘ dazu, Tom / Stelle deinem Namen ein ‚e‘ voran). Wenige Wochen später war die sogenannte Dotcom-Blase geplatzt. Der Internet- und Technologiehype an den Börsen verwandelte sich in einen jahrelangen Dauercrash.

Für das Neujahrsfest 2007 hatte sich Zell abermals etwas Besonderes ausgedacht. Diesmal spielten die Boxen ein Lied mit der Melodie von B. J. Thomas' „Raindrops Keep Fallin' on my Head". Der letzte Vers endete: „Capital keeps rainin' on my head / So much is out there that the world is out of whack / When will we see balance back? / It's gonna be a long time till returns meet expectations / We need to be / Prepared for slim annuities" (Kapital regnet immer weiter auf meinen Kopf / Es gibt so viel, dass die Welt aus dem Gleichgewicht ist / Wann wird das Gleichgewicht zurückkehren? / Es wird lange dauern, bis die Renditen die Erwartungen erfüllen / Wir müssen vorbereitet sein auf magere Jahreszinsen).

Wird Zell auch diesmal recht behalten? Und falls ja, was ist die Folge? Zumindest Zell persönlich werden die schmalen Renditen nicht mehr treffen. Wenige Wochen, nachdem er Anfang 2007 seine Boxen verschickt hatte, erwarb Black-

stone für 39 Milliarden Dollar den von Zell geführten Büroimmobilienkonzern Equity Office. Die Übernahme machte
ihn um 900 Millionen Dollar schwerer.

Alle anderen versuchen noch, so schnell wie möglich reich
zu werden. Vielleicht kommt es sogar noch zu Deals im Wert
von kaum vorstellbaren 50 oder 100 Milliarden Dollar, wie
es manche der Megafonds prophezeien. Denn deren Manager unterliegen einem gravierenden Interessenkonflikt: Je größer sie ihr Geschäft aufblasen, desto höhere Gebühren kassieren sie. Zudem sind sie nur an den Gewinnen beteiligt, nicht
aber an den Verlusten. Das heißt: Die Manager der Megafonds können, falls es schiefläuft, auch mit den Gebühren allein ganz gut leben. Dieser Umstand sowie die Marktentwick-
lungen der letzten Jahre luden zum Missbrauch geradezu ein:
zu exzessiver Verschuldung, zu kurzfristigem Gewinnstreben,
zu Abzockerei eben.

Noch nährt die Hausse die Hausse, vor allem auf den vor
Liquidität nur so überschießenden Kreditmärkten. Doch irgendwann werden Kredite in Schwierigkeiten geraten. Käufer von Unternehmen werden nicht mehr gewillt sein, noch
höhere Kaufpreise zu zahlen, oder es auch gar nicht mehr
können. Dann ist sie wieder da: die Zeit der mageren Renditen im Private-Equity-Geschäft.

Dass sich dieses Szenario mit Riesenschritten nähert, ist
zwangsläufig. In der Historie gab es im Private-Equity-Geschäft drei Werttreiber: Erstes wurden die Kaufpreise zum
Großteil mit Schulden finanziert, die das Unternehmen bereits während der Haltedauer teilweise tilgte. Zweitens versuchten Private-Equity-Firmen, durch Restrukturierungen und
geschicktes Management die operativen Gewinne zu steigern.
Der dritte Werttreiber war der Anstieg der Bewertungsmultiplikatoren. Dieser machte im Zeitraum von 2002 bis 2007
nahezu jede Private-Equity-Investition zu einem Lottoge-
winn.

Von diesen drei Faktoren fallen Nummer eins und Nummer drei für die nächsten Jahre weg. Denn getilgt wird kaum
mehr. Die überhitzten Kreditmärkte erlaubten es den Private-Equity-Investoren in den vergangenen Jahren, für den

größten Teil ihrer Finanzierungen die Tilgung komplett auf das Ende der Kreditlaufzeit zu verlegen. Das ist zwar zum Zeitpunkt des Kaufes komfortabel. Verkauft der Finanzinvestor sein Unternehmen aber nach ein paar Jahren wieder, geht der größte Teil des Verkaufserlöses an die Fremdkapitalgeber.

Der Anstieg der Bewertungsmultiplikatoren hat sich ebenfalls erledigt und dürfte sich sogar ins Gegenteil verkehren. Denn 2006 und 2007 bewegten sich die Bewertungen im Verhältnis zu den Unternehmensgewinnen auf historischen Höchstständen. So bleibt nur Treiber Nummer zwei: die Steigerung des operativen Gewinns. Dass dies ein mühsames Geschäft ist und – anders als bei Nummer eins und drei – die Erfolge nicht vom Himmel fallen, ist allgemein bekannt. Im Übrigen haben die Unternehmen weltweit in den Jahren 2006 und 2007 glänzend verdient, sodass auch bei dieser Wertquelle die Luft dünn wird.

Noch treiben die Private-Equity-Gesellschaften mit ihren Milliarden die Aktienkurse, da Anleger verstärkt auf Übernahmen börsennotierter Firmen spekulieren. Doch wenn sich der Zyklus dreht und die Renditen sinken, werden nur die besten Private-Equity-Gesellschaften von den Pensionsfonds, Versicherern und Stiftungen dieser Welt noch Geld bekommen. Firmen, deren Renditen kaum die Aktienrenditen übertreffen, gehen leer aus. Ein ebenso zwingender wie sinnvoller Ausleseprozess: Schließlich ist der Einsatz von teurem Private Equity nur gerechtfertigt, wenn die Unternehmen auch tatsächlich besser geführt werden als börsennotierte Gesellschaften.

In der jüngeren Vergangenheit profitierten Aktionäre börsennotierter Unternehmen weltweit von dem Drohpotenzial, das von Private-Equity-Gesellschaften ausging. Zur Abwehr unerbetener Aufkäufer oder aktionistischer Hedgefonds greifen immer mehr Spitzenmanager auf das Instrumentarium der Heuschrecken zurück. Kein schlechter Schachzug: Je professioneller börsennotierte Gesellschaften gemanagt werden, desto schlechter die Chancen für Private Equity. Die alten Seilschaften der Deutschland AG, die Günstlingswirtschaft der hiesigen Topmanager und die Kungelei mit den Gewerkschaften sind allerdings das Gegenteil von professionellem Management im Sinne der Aktionäre. Vor einem Ausverkauf der deutschen Wirtschaft muss sich vor allem fürchten, wer solche Angriffsflächen bietet.

Abkürzungsverzeichnis

AA	Automobile Association
ABB	Asea Brown Boveri
ACP	Allianz Capital Partners
AEG	Allgemeine Elektricitäts-Gesellschaft
AHBR	Allgemeine Hypothekenbank Rheinboden
AIG	American International Group
ATU	Auto-Teile-Unger
BA	British Airways
BaFin	Bundesanstalt für Finanzdienstleistungsaufsicht
BAVC	Bundesarbeitgeberverband Chemie
Bawag P.S.K.	Bank für Arbeit und Wirtschaft und Österreichische Postsparkasse AG
BCG	Boston Consulting Group
BDI	Bundesverband der Deutschen Industrie
BfA	Bundesversicherungsanstalt für Angestellte
BGAG	Beteiligungsgesellschaft der Gewerkschaften AG
BMW	Bayerische Motoren Werke
BPE	Barclays Private Equity
BT	Bankers Trust
BVK	Bundesverband Deutscher Kapitalbeteiligungsgesellschaften
Calpers	California Public Employees' Retirement System
Calstrs	California State Teachers' Retirement System
CD	Compact Disc
CD&R	Clayton, Dubilier & Rice
CDO	Collateralized Debt Obligation
CDU	Christlich Demokratische Union
CEFS	Center for Entrepreneurial and Financial Studies
CIA	Central Intelligence Agency
CLO	Collateralized Loan Obligation
CMBOR	Centre for Management Buy-out Research
CNN	Cable News Network
CS	Credit Suisse
CVC	CVC Capital Partners
Dax	Deutscher Aktienindex
DBAG	Deutsche Beteiligungs AG
DCM	Deutsche Capital Management
DIHK	Deutscher Industrie- und Handelskammertag
DN	Dynamit Nobel

Ebitda	Earnings before interest, taxes, depreciation and amortization (Gewinn vor Zinsen, Steuern und Abschreibungen)
EnBW	Energie Baden-Württemberg
EVCA	European Private Equity and Venture Capital Association
FAZ	Frankfurter Allgemeine Zeitung
FDP	Freie Demokratische Partei
FSA	Financial Services Authority
FTSE	Financial Times Stock Exchange
GCG	General Capital Group
GE	General Electric
GP	General Partner
GS	Goldman Sachs
GSW	Gemeinnützige Siedlungs- und Wohnungsgesellschaft
HCA	Hospital Corporation of America
Helaba	Landesbank Hessen-Thüringen
HHLA	Hamburger Hafen und Logistik AG
HKB	Handelskreditbank
HSBC	Hongkong and Shanghai Banking Corporation
HVB	HypoVereinsbank
ICFC	Industrial & Commercial Finance Corporation
ICG	Intermediate Capital Group
IFRS	International Financial Reporting Standards
IK	Industri Kapital
IRR	Internal Rate of Return
IWF	Internationaler Währungsfonds
KDG	Kabel Deutschland GmbH
KfW	Kreditanstalt für Wiederaufbau
KKR PEI	KKR Private Equity Investors
KoWo	Kommunale Wohnungsgesellschaft
LBB	Landesbank Berlin
LBO	Leveraged Buy-out
LEG	Landesentwicklungsgesellschaft NRW
LP	Limited Partner
LPX	Listed Private Equity Index
M&A	Mergers & Acquisitions
MAC	Material Adverse Change
MBA	Master of Business Administration
MBH	Maschinenbau Halberstadt
MBO	Management Buy-out
MDax	Mid-Cap-Dax
MPC	Münchmeyer Petersen Capital
MPM	Mannesmann Plastics Machinery
MTH	München Trust Holding
MTU	Motoren- und Turbinen-Union

NAV	Net Asset Value
NCP	National Car Parks
Nileg	Norddeutsche Landesentwicklungsgesellschaft
PIK	Pay-In-Kind
PR	Public Relations
RBS	Royal Bank of Scotland
REIT	Real Estate Investment Trust
RWB	RenditeWertBeteiligungen
S&P	Standard & Poor's
SBO	Secondary Buy-out
SDax	Small-Cap-Dax
SEC	Securities and Exchange Commission
SPD	Sozialdemokratische Partei Deutschlands
SVP	Strategic Value Partners
TCI	The Children's Investment Fund
TDC	Tele Danmark Communications
TPG	Texas Pacific Group
TU	Technische Universität
VC	Venture Capital
W+D	Winkler + Dünnebier

Literaturverzeichnis

Anderer, Tatjana: *FYB Financial Yearbook Germany 2007. Private Equity – Alternative Finanzierungsformen – Das Nachschlagewerk für Unternehmer und Investoren.* München 2007

Anders, George: *Merchants of Debt. KKR and the Mortgaging of American Business.* New York 1992

Baker, George P.; Smith, George David: *The New Financial Capitalists. Kohlberg Kravis Roberts and the Creation of Corporate Value.* Cambridge 1998

Berg, Achim: *What is Strategy for Buyout Associations?* Berlin 2005

Berg, Achim; Gottschalg, Oliver F.: „Understanding Value Generation in Buyouts". *Journal of Restructuring Finance*, Vol. No. 1 2005

Bishop, Matthew: „The new kings of capitalism". *The Economist*, 27. November 2004

Bundesverband Deutscher Kapitalbeteiligungsgesellschaften (BVK, Hrsg.): *Jahrbuch 2006.* Berlin 2006

Bundesverband Deutscher Kapitalbeteiligungsgesellschaften (BVK, Hrsg.): *Zukunft sichern durch Buy-out. Kapitalbeteiligung im Mittelstand: Unternehmer, Investoren, Experten berichten.* Berlin 2007

Burrough, Bryan; Helyar, John: *Barbarians at the Gate. The Fall of RJR Nabisco.* London 2004

Debtwire: *European Distressed Debt Market Outlook 2007.* London 2007

Europäische Zentralbank: *Large Banks and Private Equity-Sponsored Leveraged Buyouts in the EU.* Frankfurt 2007

Farrell, Christopher; Weiss, Gary; Zigas, David; Vamos, Mark: „King Henry – why KKR's Kravis may be headed for fall – even if he wins the battle for RJR Nabisco". BusinessWeek, 14. November 1988

Goronczy, Stefan: „Wohnungsportfoliotransaktionen in Deutschland. Branchenstudie Immobilien". *HSH Nordbank Real Estate Research*, November 2006.

Kaserer, Christoph (Projektleitung); Achleitner, Ann-Kristin; Einem, Christoph von; Schiereck, Dirk: *Erwerb und Übernahme von Firmen durch Finanzinvestoren (insbesondere Private-Equity-Gesellschaften). Bericht zum Forschungsprojekt 3/06 für das Bundesministerium der Finanzen, Berlin.* München 2007

Kirkland, Rik: „Private Money". *Fortune,* 5. März 2007

Knürr, Hans: *80 Ansichten eines gestandenen Unternehmers. Auffassungen und Anregungen aus 40 Jahren leidenschaftlichen Unternehmertums.* Bonn 2005

Leopold, Günter; Frommann, Holger; Kühr, Thomas: *Private Equity – Venture Capital. Eigenkapital für innovative Unternehmen.* 2. Auflage. München 2003

Loomis, Carol J.: „Buyout Kings (George Roberts and Henry Kravis of Kohlberg Kravis Roberts & Co.)". *Fortune*, 4. Juli 1988

Rügemer, Werner: „Die Plünderer sind da". *metall – Das Monatsmagazin*, Ausgabe 5/2005

Sedlmaier, Hans: *Firmenjäger. Wie Raider Unternehmen kaufen, zerschlagen und verschachern.* Frankfurt 2003

Schäfer, Daniel: *Die Wahrheit über die Heuschrecken. Wie Finanzinvestoren die Deutschland AG umbauen.* Frankfurt 2006.

Swensen, David F.: *Erfolgreich investieren. Neue Wege für ihre langfristige Vermögensanlage.* Hamburg 2006

Regelmäßige Publikationen:

Börsen-Zeitung
BusinessWeek
The Economist
FINANCE
Financial Times
Financial Times Deutschland
Fortune
Frankfurter Allgemeine Zeitung
Frankfurter Allgemeine Sonntagszeitung
Handelsblatt
manager magazin
Der Spiegel
Süddeutsche Zeitung
Reuters
Wall Street Journal
Welt am Sonntag
WirtschaftsWoche
DIE ZEIT

Register

Bundeskartellamt 124
Bundesverband der Deutschen
    Industrie (BDI) 11, 115
Bundesversicherungsanstalt für
    Angestellte (BfA) 236
Burger King 112
Burger-Calderon, Max 74 f.,
    126, 128
Burns, Kevin 37
Burrough, Bryan 68, 158
Bush, Barbara 71
Bush, George 71, 100 ff.
Bush, George W. 102 ff., 115
BVK 27, 87, 152
BVT 250

Calhoun, David 11
Calice, Matthias 39
Callahan 97
Calpers 246, 253 f.
Calstrs 253
CAM Private Equity 255
Candover 73, 123, 136 f., 251
Capio 51, 127 f.
Capstone 158, 169 f.
Capvis 190
Carlucci, Frank 102 ff.
Carlyle Partners 8, 10, 16, 23,
    25 f., 29, 40 ff., 51, 67, 71 ff.,
    81 f., 100–106, 113, 122,
    153, 208, 217, 228, 247,
    250, 256
Carr, Fred 62 f.
Carried Interest 19
Carter, Jimmy 101
Caterair International 102
Cayne, Jimmy 96
CBR 15, 136, 194
Celanese AG 5, 14 f., 98 f., 161,
    173 f., 176, 180
Celanese Corp. 98 f.
Center for Entrepreneurial and
    Financial Studies (CEFS) 177
Centre for Management
    Buy-out-Research (CMBOR)
    188

Cerberus 11 f., 42, 45, 49 f.,
    116 ff., 152, 235 ff., 239, 242
CeWe Color 202
Challenger Financial Services 47
Charterhouse 15, 47, 78, 162,
    178
Chem-Plast 192
Christlich Demokratische Union
    (CDU) 9
Chrysler 1, 3, 45, 116 ff., 154,
    177
CIA 102, 110
Cinven 23, 73, 99, 123, 127, 132,
    135 ff.
Cisco 80
Citibank 255
Citicorp 104
Citicorp Venture Capital 73
Citigroup 4, 134, 216
Clayton, Dubilier & Rice
    (CD&R) 11, 81, 86, 208
Clear Channel 42
Clifford Chance 87, 221
CNN 64
Coats, Daniel 12, 118
Cobblers 59
Coca-Cola 64
Cognetas 192
Cognis 5, 15, 26, 87, 107 f., 121,
    148 ff., 209 ff.
Cohen, Sir Ronald 125 f.
Cole, Jeffrey 62 ff.
Cole National Corporation 62
Commerzbank 4, 151, 194
Conergy 193
Constantin Film 166
Continental 2, 12, 14, 22, 53 ff.,
    182
Continental Airlines 46, 111
Conway, William 26, 102, 104,
    122
Corporate Governance Kodex 12
Corpus 235 f.
Cortefiel 134
Coulter, Jim 111
Covenants 171

Der Ethik-Kompass für die Wirtschaft!

Hemel
Wert und Werte
352 Seiten.
ISBN 978-3-446-41224-8

Wirtschaft und Ethik gehören zusammen. Das sagen alle Manager - in ihren Sonntagsreden. Aber Ethik tut weh: Darf ein Manager einen Unternehmensstandort schließen, der nicht so profitabel arbeitet wie ande-re? Muss er es, wenn dadurch das Unternehmen als Ganzes wettbewerbsfä-higer wird? Darf er in einem Land produzieren, das Kinderarbeit toleriert? Lässt sich die Trennung von einem schwachen Mitarbeiter verantworten, der in die sichere Arbeitslosigkeit entlassen wird?

Ulrich Hemel ist langjähriger Top-Manager internationaler Unternehmen - und gleichzeitig ausgewiesener Philosoph und Theologe. Er kennt beide Welten aus persönlicher Erfahrung wie kaum ein anderer - und er schreibt praxisnah und verständlich. So wird Ethik nutzbar für den Unternehmensalltag!

Spannend wie
ein Wirtschaftskrimi!

Peters
Die Puma-Story
256 Seiten.
ISBN 978-3-446-41144-9

Puma ist die vielleicht aufregendste Unternehmensstory der Nachkriegszeit:
Der fränkische Sportschuhproduzent hat in den vergangenen 10 Jahren
einen atemberaubenden Aufstieg von einer Loser-Marke zu einem der
begehrtesten Sport-Lifestyle-Labels der Welt hingelegt.

Heute liegen Puma-Sneakers und Trikots neben Produkten von Gucci, Prada
oder Dolce & Gabbana. Der Mann, der die Raubkatze aus den Fängen des
Grabbeltisches befreite, heißt Jochen Zeitz. Mit gerade mal 30 Jahren
wurde er Vorstandsvorsitzender der damals maroden Firma. Mit brachialer
Kraft schaffte er die Wende und jazzte den Börsenwert bis heute um mehr
als 4000 Prozent nach oben.

Erstmals durfte ein Autor weit hinter die Kulissen und tief in die Archive
des Aufsteigers aus Herzogenaurach blicken. Hinter der Coolness der Marke
und manch freakig anmutendem Top-Manager verbirgt sich eine gut
geschmierte, hoch professionelle und extrem effiziente Marketingmaschine.

Mehr Informationen zu diesem Buch und zu unserem
Programm unter **www.hanser.de**